デリダ

脱構築と正義

哉

講談社学術文庫

M・M・Mに

まえがき

「私を読んでごらん。きみにそれができるかな？」。

テクストには秘密がある。一度読んだだけですっかり分かってしまい、なんの解釈も要らないようなテクスト、分かったつもりでもやはり謎が残って、くりかえし読むことに誘われてしまう、そんなところがまったくないようなテクストは、およそ読むに価するテクストとはいえないだろう。——デリダはある箇所で、おおよそこんなことをいっている。私は、本書を書くためにデリダを読みなおしたときほど、このことを身に沁《し》みて感じたことはなかった。

テクストがある秘密をめぐって呈示してくる複数の読みの可能性。それらのあいだで選択するということが解釈するということだろう。解釈することなしに読むことはできない。つまり、選択することなしに読むことはできない。このこともまた、あらためて痛感させられたことである。

デリダのテクストは、ほとんどすべて、デリダ自身が読むことから成立している。デリダは読むことの専門家であり、他者のテクストの呼びかけ——「私を読んでごらん」——に応えて解釈を提起し、それをとおして自身の思想を展開していくのが彼のスタイルである（書かれたテクストだけでなく、いわゆる歴史的現実も彼にとってはテクストの構造をもっており、「私を読んでごらん」という呼びかけに応えて解釈すること、つまり選択することなしにそれに接近することはできない）。デリダの読みの重要なテーマになったテクストは、哲学、文学、思想関係に限っても膨大《ぼうだい》な数にのぼる。プラトン、アリストテレス、アウグスティヌス、デカルト、ルソー、カント、ヘーゲル、マルクス、ニーチェ、フロイト、フッサール、ハイデガー、ベンヤミン、バタイユ、レヴィナス、フーコー、ラカン、レヴィ＝ストロース、シェークスピア、ボードレール、カフカ、ジョイス、マラルメ、ヴァレリー、アルトー、ジュネ、ジャベス、ポンジュ、ツェラン、ブランショ……。すぐ思い出せる有名どころだけでも、ざっとこんな具合だ。だから、デリダを読むことは、これらのテクストを読むことである。デリダを読むためには、ある程度、これらの著者を同時に読まなければならない。そして、デリダを解説するためには、ある程度、これらの著者を同時に解説しなければならない！　限られた紙幅のなかで、いったいそんなことができるだろうか？

一九六〇年代から休みなく書きつづけられてきた夥《おびただ》しいテクストの群れ。その一つ一つが、容易に要約を許すものではなく、むしろ要約しようとする意志の裏をかくように書かれている。「私は難解であろうとして難解になっているのではない」といいながら、「高速道路を行くような」哲学早分かりを求める風潮をいましめ、他者の他者性についての自身の思想を実演してみせるかのように、どんなに分かったと思ってもなお謎が残り、秘密を感じさせるテクストを書くのがデリダである。「私を読んでごらん。きみにそれができるかな?」。「できない!」と叫んで匙《さじ》を投げるわけにもいかず、私は、いずれにせよせざるをえない選択を思い切って大胆にすることにした。本書は、デリダのすべてが分かったつもりになるための本ではない。あくまで現時点で、私が、これだけは押さえておきたいと思ったかぎりで、デリダの思想を語ろうとした本である。

選択の要点は、本書の構成に現われている。まず、本書では、評伝部分を第一章にまとめ、第二章以下では、脱構築の基本的な「論理」の筋道を追うことに専心することにした。本書はその意味で、デリダの仕事の広がりと多様性を再現することよりも、彼の思想の核にある「哲学的」モチーフをつかまえることに主眼をおいている。第二章では、初期のデリダが打ち出した「形而上学の脱構築」の見取り図を示すテクスト読解の実例を、プラトンに絞《しぼ》りこんだ。第三章では、つねにデリダの思考の中心にあり、どんな問題を考えるときにもかならず発想の源泉として意識されている「言語」の見方をまとめた。第四、第五章は、日本ではまだほとんど知られていない八〇年代——とくにその半ば——以降のデリダが主題化した、法、政治、倫理、宗教などのテーマにアプローチする。これまで日本語でだけデリダを読んでこられた読者は、この部分だけでも読んでいただければ、従来のデリダのイメージがいかに一面的でしかなかったかを実感してもらえるのではなかろうか。

本書が素描する「脱構築」の思想は、「言語」と「法」を二つの焦点として展開される一種の「正義」論であり、「他者との関係としての正義」のモチーフを潜在的・顕在的に追究し、政治、倫理、宗教、歴史にも独自のアプローチを試みるものである。脱構築は多くの可能性に開かれているが、私はとりあえず、これだけは押さえておきたい、と思ったのである。

デリダの声が聞こえる。「私を読んでごらん。きみにそれができるかな？」。

目次

写真提供・協力

Jacques Derrida（p.22, 25, 29, 48, 229）
講談社総合編纂局（p.70）
Karine Benzaquin／Editions du Seuil

デリダ

脱構築と正義

ジャック・デリダ

第一章　砂漠のなかの砂漠

1　アルジェリアのユダヤ人

デリダ以前のデリダ

ジャック・デリダ（Jacques Derrida）はいつ生まれたのか？

通常の意味では、私たちの哲学者は一九三〇年七月一五日、当時はフランスの植民地であったアルジェリアの主都アルジェ近郊のエル・ビアール（El Biar）で、ユダヤ系のデリダ夫妻、父エメと母ジョルジェット・サファールの三男として生まれた。けれども、彼はまだそのころジャック・デリダではなかった。

このようにいうと、読者は私が、いわゆる「第二の誕生」のこと、「精神的」誕生とか「思想家デリダ」の誕生のことを話題にしたいのだろう、と思われるかもしれない。たしかにそれもある。が、それ以前に、一九三〇年に生まれてからかなり長いあいだ、彼は文字通りの意味でジャック・デリダではなかった。ジャッキー・デリダ（Jackie Derrida）だったのである。

フランスのカルパントラのシナゴーグ（ユダヤ教会）にある、エリヤの椅子

後年語っているところによると、デリダは哲学者として著作を発表しはじめたとき、ジャッキーからジャックにファーストネームを変えた。一九三〇年代のアルジェリアのユダヤ人社会では、アメリカ映画の影響からか、ウィリアムとかジャッキーとか、米国風の名前を子供につける例がけっこうあったらしい。しかし、フランスの知識界で著作家としてやっていくにはジャッキーはふさわしくないと判断したデリダは、きわめてフランス的、キリスト教的、かつシンプルな名であるジャックに変えたという。この名前の変更は「じつはきわめて重大な問題」を提起しているとデリダはいっているが、固有名や署名の問題が彼の思索の一貫したテーマの一つであることを考えればそれもうなずけよう。「ジャック・デリダ」が「なかば偽名」なのだとすれば、デリダが大きな影響を受けたと思われるキルケゴールの著作における偽名問題などともからんでくる。

　さらに、デリダは、後年になるまで彼自身が知らなかった第二の名前をもっていた。エリー（Elie）がそれだ。出生証書に記載されることもなく、両親から教えられることもなかった秘密の名、ユダヤ名である。エリーは聖書の預言者エリヤを意味する。ユダヤ教において、偶像崇拝と徹底対決した預言者として、メシアの先駆けとして再来すると信じられ、過《すぎ》越祭《こしのまつり》（ペサハ）に象徴的な歓待を受けるエリヤは、ユダヤ人の男子が生後八日目に受ける割礼《かつれい》の儀式の庇護《ひご》者でもある。デリダが割礼を受けるときも、彼を抱きかかえた父方の叔父ウジェーヌ・エリヤウ・デリダは、いわゆる「エリヤの椅子」に座っていたのかもしれない。割礼は根源的な書きこみとして「エクリチュール」と密接な関連をもち、『弔鐘《ちょうしょう》』（一九七四）から『シボレート』（一九八六）をへて『割礼告白《シルコンフェッション》』（一九九一）へ、しだいに頻繁に論じられるようになっていく。七六年から計画された割礼にかんする著書は、「エリーの書」と名づけられていたという。これらと並行して「メシア的なもの」のモチーフがますます強くなっていくことなども考えると、デリダは戯《たわむ》れに連想を楽しんでいるふしもあるにせよ、この第二の名前が示唆《しさ》する問題も無視できない。

　ジャッキー・デリダ、エリー・デリダ、ジャック・デリダ、――どれが「本当の」デリダなのか？　これら複数の名前以前に、「本当の」デリダなどいるのだろうか？　彼はあるインタビューに応えて、「愛とはたぶん、sur-nommer（過剰に名づけること＝異名をつけること）にあるのです」と語っている。ともあれ、姓「デリダ」はたいへん気に入っているようである。「私のデリダという姓をいつも私はとても美しいと思うんです。そう思いませんか？」。

フランスへの同化が進んでいたアルジェリアのユダヤ人

アルジェリア生まれのユダヤ系フランス人。デリダの思想をこの出自に還元することはもちろんできないが、この条件が——割礼、言語、場所の記憶などをとおして——デリダの思想に一種の身体的刻印を刻みこんでいることも否定できない。だがそもそも、たとえば読者が私と同じように日本生まれの日系日本人（？）であったりすると、デリダの出自が経験的事実としてどんな事態を意味するのかさえ、なかなか想像することがむずかしいだろう。最低限のことだけ押さえておこう。

フランスによるアルジェリアの植民地化は、ちょうどデリダが生まれる一〇〇年前、一八三〇年のフランス軍によるアルジェ占領にはじまる。オスマン・トルコ勢力を駆逐して支配を確立したフランスは、種々の困難を抱えながらも同化（assimilation）政策をとり、アルジェリアのフランス化をめざした。とはいえ、同化は平等を意味しない。フランス人植民者（コロン）に対して圧倒的多数のアラブ系アルジェリア人は、フランス国民（nationaux français）ではあっても市民権（citoyenneté）をもたないという身分上の差別にあえぎ、イスラム教徒としてフランス文化の押しつけに反発した。

そんななかで、アルジェリアのユダヤ人は特殊な位置におかれることになった。フランス人植民者に対してさえはるかに少数派だったにもかかわらず、一八七〇年の有名なクレミュー法（décret Crémieux）によって、いち早くフランス市民権を付与されたからである（一八七二年に、アルジェリア土着のユダヤ人はフランス人植民者の約四分の一、ほぼ三万五〇

デリダ関連地図

〇〇人。一九三一年には、約六分の一、ほぼ一〇万人。cf., J. Allouche-Benayoun, D. Bensimon, *Juifs d'Algérie, hier et aujourd'hui*, Privat, 1989.)。アラブ系アルジェリア人に市民権が付与されるのは、事実上第二次世界大戦後であり、しかもなお完全な市民権は学歴や軍の階級など一定の条件を満たした者にしか与えられなかった。アルジェリアのユダヤ人は、同じ北アフリカのフランス植民地でも保護領にとどまったモロッコやチュニジアとちがい、アルジェリアがフランスに併合されたがために、集団全体でまるごと市民権が与えられ、早くから「フランス化」への道を進むことになったのである。この結果、アルジェリアには、最上層にフランス人植民者、中間にイタリア人、スペイン人などフランス人以外のヨーロッパ系植民者およびユダヤ人、最下層に圧倒的多数のイスラム教徒アラブ人、ベルベル人という階層秩序が成立する。

クレミュー法によるユダヤ人への市民権付与について、反対したのは本国の右翼保守派とアルジェリアのフランス人植民者で、アラブ系からの反対はほとんどなかったという。市民権が与えられてもフランス人の反ユダヤ主義がなくなるわけではないのは本国と同じで、むしろアルジェリアはその後、フランスの反ユダヤ主義の一震源地となる。ベストセラーとなった反ユダヤ主義のパンフレット『ユダヤ的フランス』(一八八六)が熱狂的に歓迎され、その著者エドゥアール・ドリュモンがアルジェ選出の代議士となったり、同じく反ユダヤ主義者マックス・レジスがアルジェ市長として君臨したりする。

ともあれ、クレミュー法が、制定から約六〇年後に生まれるユダヤ人デリダの存在を直接間接に規定することになったのはまちがいない。単純な事実として、デリダはその生まれによってフランス市民である(もっとも、すぐに述べるように、一時的に市民権を剥奪《はくだつ》されるけれども)。これは、彼と同じときに同じアルジェリアで生まれた多数のアラブ系の子供たちとは異なる境遇なのだ。彼の家系は一八三〇年以前からアルジェリアにいたことが確認されているが、デリダはフランス語を母語とし、彼自身の証言を信じるかぎりヘブライ語もアラビア語も知らず、ユダヤ教やタルムードを学んだこともなく、彼の受けた唯一の教育は「キリスト教―ラテン―フランス風」のそれであった。アルジェリアのユダヤ人社会のフランス化がいかに進んでいたかを示す驚くべき例として、デリダ自身のこんな証言がある。

ユダヤ人たちは、なんと割礼を「洗礼《バテーム》」と、ユダヤ教の成人式に当たるバル・ミツヴァを「聖体拝受《コミュニオン》」と呼んでいたというのである！　彼の家庭も「ごく平凡な意味で（ユダヤ教の）慣習遵守者《プラティカン》」であったにすぎず、それは「真のユダヤ的教養」に裏打ちされたものではなかった。

ただ、フランス化が進んでいたからといって、アルジェリアはフランス本国ではないという厳然たる事実は残る。両者のあいだを広大な地中海の「深淵」が隔《へだ》てていた。デリダにとって唯一の言語フランス語は、パリ＝本国のフランス語ではなく、パリ＝本国のフランス語は「他者の言語」であった（『他者の一言語使用』一九九六）。デリダはこの点をしばしば強調し、自分にとって最初の「幽霊的なもの」はじつは「フランス」ではなかったか、と自問している。こうして彼によれば、「アルジェリアのユダヤ系フランス人」とは、「三重の乖《かい》離《り》」によって特徴づけられた存在である。つまり、まず第一に「アラブあるいはベルベルの（より適切にはマグレブの）言語と文化から」切断され、第二に「フランスさらにはヨーロッパの言語と文化から」切断され、第三に（あるいはまずはじめに）「ユダヤの記憶、そしてユダヤのものと想定されるべき歴史と言語から」切断されている、そうした存在なのである。

ヴィシー政権下の迫害で学校を追放される

一九三〇年当時、「プチブルジョワ」デリダ家の住まいはアルジェのサン・トーギュスタ

アルジェのサン・トーギュスタン通りで遊ぶ幼年のデリダ

妹の誕生(1934年)の前に、エル・ビアール近くのブローニュの森にて。父母、兄とともに

ン通りにあり、デリダが生まれたエル・ビアールは夏のヴァカンスを過ごす場所だった。一家は三四年にエル・ビアールに家を購入し、そこに移る。まもなく妹ジャニーヌが生まれた。幼年期をサン・トーギュスタン通り、つまり「聖アウグスティヌス」通りで過ごしたことは、デリダにとって意味をもたないわけにはいかない。彼はこの同じアルジェリア生まれの教父哲学者を「私の同郷者《コンパトリオット》」と呼び、ひとかたならぬ愛着を示すあまり、自伝的テクスト『割礼告白《シルコンフェッション》』では、自分と母との関係をアウグスティヌスと母モニカの関係に擬《ぎ》し、一種の信仰告白を行なってまでいるのである。ちなみに「割礼告白」(circonfession)とは、割礼(circoncision)と告白(confession)を組みあわせてデリダが造った語である。

　第二次世界大戦勃発時、デリダは九歳、フランス降伏とヴィシー政権成立直後に一〇歳になる。第一次大戦の英雄ペタン元帥を首班とするヴィシー政権は、大革命以来の共和主義的フランスを否定する「国民革命」を掲げ、いくつかの点ではドイツより苛酷といわれる反ユダヤ法を制定し、ユダヤ人狩りを行なって強制収容所に送りこむなど、ユダヤ人迫害政策を実行した。アルジェリアのユダヤ人を直撃したのは、四〇年一〇月七日のクレミュー法の廃止であり、これによって、七〇年間認められてきたユダヤ人の公的諸権利が今度はまるごと剥奪されることになったのである。デリダはこの件に触れて、ほぼつぎのようなことをいっている。個人なら別だが、ある民族的ないし宗教的集団が事前にまったく意見を聴取されず、ある日突然国家によって一方的に市民権を剥奪され、かつ「当該集団が他のいかなる市民権をも回復しない」というケースがかつてあっただろうか？　しかもこの措置は、ドイツ人占領者によってとられたのではなく、ドイツ人の介入や要求はいささかもないまま、もっぱらフランス当局が決定し、フランス人によってとられたのである。「アルジェリアではドイツ軍の制服はまったく見られなかった。どんなアリバイも、どんな否認も、どんな幻想もありえない。この排除の責任を外国人占領者に転嫁することは不可能だったのだ」（『他者の一言語使用』）。歴史家は、市民権の剥奪はアルジェリアのユダヤ人たちに「深い屈辱」を味わわせた、と書いている（Allouche-Benayoun, J., Bensimon, D., *op. cit.*）。クレミュー法が復活するには、連合軍のアルジェリア上陸後もなお曲折を経て、四三年の一〇月を待たねばならなかった。

　デリダはこの間、四一年にはベン・アクヌーン高等中学校《リセ》に入学したが、翌年の一〇月に学校から追放される。ヴァカンス明けに登校すると、この「色黒でとてもアラブ的な小ユダヤ人」は学監の部屋に呼ばれ、「君は家に帰りなさい。事情は両親に伝える」と言いわたされる。どういうことなのか、すぐにはまったく理解できなかったという（『絵葉書』［一九八〇］『割礼告白《シルコンフエッション》』）。全生徒中のユダヤ系の生徒の比率（Numerus Clausus）が、四一年には一四パーセント、四二年には七パーセントに引き下げられ、この二年間に一万八五〇〇人の生徒が学校を追われたのだが、これはフランス本土では最悪の時期にも見られなかった事態であった。デリダ少年が受けたトラウマは察するにあまりある。フランス人――だれのことだろう？――子女には完全に保証されていた学校からの排除が、ある種の「アイデンティティ・トラブル」を引き起こし、また「言語」との関係にも刻印を残したことを疑うことはできない、とデリダは書いている。デリダの母語、彼にとって唯一の言語であるフランス語が、それにもかかわらず「他者の言語」であるとは、レイシズムとコロニアリズムとを分かちがたい、こうした他者の暴力の経験ぬきにいわれていることではけっしてない。

注目したいのは、追放されたデリダ少年の行き先である。当時、追放されたユダヤ系の教師たちはユダヤ人子弟のための教育組織を各地でつくろうとしたが、彼はその一つエミール・モーパス高等中学校《リセ》に登録したものの、その雰囲気に堪《た》えられず、一年近くもひそかにサボっていたという。苦境に立たされたユダヤ人たちであったが、彼らのいわば民族教育のようなものにも違和感を感じたのかもしれない。私が連想するのは、のちのフランス語圏ユダヤ知識人会議（Colloque des intellectuels juifs de langue française）とのデリダの関係である。一九五七年にはじまり、レヴィナスを象徴的存在として戴きながら、フランス語圏のあらゆる分野のユダヤ系知識人を集めて大きな成果をあげてきたこの会議に、デリダが一度も参加したことがないのは偶然ではないだろう。

ともあれ、追放と「不登校」だ。その後のデリダがけっして解放されたことがないという「学校」とのギクシャクした関係が、すでにこの時点ではじまっていたのである。

ベン・アクヌーン高等中学校時代、サッカーに熱中する。左端がデリダ

サッカーと文学と哲学と

アルジェリアの「解放」とともにベン・アクヌーン高等中学校《リセ》に戻る。追放の後遺症もあっただろう、デリダは当時の自分を「不良少年」(voyou) だったと称している。学校が嫌いで、その代わりに熱中したのがサッカーだった。プロのサッカー選手になることを夢見たそうだ。

同時にこの頃から、文学や哲学への関心が目覚めはじめる。最初に読んだのがジッド、ニーチェ、ルソー、ヴァレリー、カミュなど。とくにジッドは、本土からやってきた若い教師が熱烈に称賛していたことや、アルジェリアへの賛美があるせいですべて読み、とくに『地の糧』は暗記するほど読んだという。「宗教と家族への宣戦布告のリリシズム」によって、ジッドはデリダにとって「一つのマニフェストあるいは聖書」となった。ジッドの『背徳者』からおのずとニーチェに進んだが、ニーチェは当時まだほとんど理解できなかったそうである。

「宗教と家族への宣戦布告」がからんだ文学や哲学への目覚めは、長兄ルネとの関係をめぐるエピソードにもかかわってくる（次兄ポールはデリダ——ジャッキー——が生まれる前に亡くなった）。この兄はだれもが褒《ほ》める絵の才能をもっていて、絵筆を握ると「盲目」になってしまう弟とは対照的だった。弟はコンプレックスをもったうえ、家中の部屋に宗教的な額縁に収めて飾られた兄の絵、たとえばデリダ家のなかで宗教的良心の象徴とされていた祖父モイーズ（モーセ）の肖像画を見るとき、逆に兄の「眼」に自分の「兄弟殺しの欲望」を告発されているように感じ、苦痛だったという。弟が絵筆の代わりに文筆をふるうようになったのは、兄へのルサンチマンが作用しているのではないか？（『盲者の記憶』一九九〇）。

四七年、アルジェのゴーティエ高等中学校《リセ》の哲学クラスに編入。サルトルやベルクソンを読むが、この頃はまだどちらかといえば哲学より文学に関心が向いていた。あるとき、たまたまラジオを聞いていると、ビュジョー高等中学校《リセ》のエコール・ノルマル・シュペリュール（高等師範学校）受験準備クラスの教師が、魅力的なクラスの紹介をし、そのクラスにアルベール・カミュがいたことを誇らしげに語っている。デリダは翌日、エコール・ノルマルがなにを意味するのかもまったく知らないまま、さっそくこのクラスに登録したという。エコール・ノルマルについては両親も知らなかったというから、二つの世界のあいだの深淵の深さが知れようというものである。この第三のリセ在学中に、キルケゴールやハイデガーを読んで感銘を受け、哲学への方向づけがしだいに強まっていく。キルケゴールもハイデガーも、脱構築の思想の核心部分に深い影響を刻印することになる哲学者だ。

四九年、デリダはエコール・ノルマル受験準備のためパリに向かって旅立つ。アルジェとエル・ビアール周辺から外にほとんど出たことのなかったデリダだが、これ以後は、折に触れての「里帰り」と二年間の兵役期間をアルジェリアで過ごしたのを別にすれば、あの無限の「深淵」のかなたに夢想していたパリ＝フランス本土の人間となる。デリダ家は、一九五四年一一月のアルジェリア戦争勃発以後もエル・ビアールにとどまるが、六二年七月のアルジェリア独立のさいにかの地を離れ、南フランスのニースに移る。アルジェリア独立時には、ごく少数（約一万五〇〇〇人）のイスラエル移民を除いて、ほぼ一〇万人のアルジェリアのユダヤ人が大挙してフランス本土に移住することになったのである。このとき、二〇〇〇年の歴史をもつアルジェリアのユダヤ人共同体が消滅したといわれる。

デリダはのちに四〇年以上を経ても、「私のなかにはアルジェリアから一度も離れ去っていないなにものかがあります」と語っている（インタビュー「アクチュアリティの脱構築」一九九三）。アルジェリアへの複雑なノスタルジー、彼のいうノスタルジェリア（nostalgérie）は、今日、困難な国情のなかで悲惨な虐殺の日々を経験しつつある故郷の人びとへの思いと切り離せない。

2　パリからパリへ

エコール・ノルマルではフッサールに取り組む

一九歳のデリダは、『ヴィル・ダルジェ』号で地中海をわたる。はじめての船旅だったせいか、それとも未知の世界への不安のためか、マルセイユまで二〇時間のあいだ船酔いの吐き気に苦しめられた。

パリでは、ルイ・ル・グラン高等中学校《リセ》のカーニュ（エコール・ノルマル・シュペリュール文科系受験準備の最終クラス）に入り、寄宿生活をはじめる。陰鬱な寮のなかで最初の一週間はそうとう落ちこみ、「子供の涙」を流したというが、おそらくそれは単なる孤独感ではなかっただろう。アルジェリアからはじめて出てきた少年が、いきなりカルティエ・ラタンの中心部、ソルボンヌをはじめパリ大学各校舎や、コレージュ・ド・フランス、パンテオンなどに囲まれたパリの知的世界のど真ん中に投げこまれ、超難関校の受験に挑まなければならないのである。神経がやられなかったら不思議なくらいだ。

「学校」生活への不適応がしだいに昂進する。一年目の受験失敗後、健康を害して三ヵ月ほどエル・ビアールに帰り、パリに戻ってからは寮を出て一人住まいをはじめるも、精神的安定は得られない。不眠症に陥り、内的危機を経験したようだ。そんななかで興味深いのは、この困難な時期、シモーヌ・ヴェイユや「実存主義者たち」を集中的に読んだといっていることである。「漠然としたキリスト教神秘主義のパトス」のなかでヴェイユを読んだという。

結局デリダは、三年間の苦しいカーニュ期間を経て、一九五二年秋、ユルム街のエコール・ノルマル・シュペリユールに入学する。ちなみにカーニュでは、やがてそれぞれの分野で活躍することになるピエール・ブルデュー、ミシェル・ドゥギー、ピエール・ノラ、ミシェル・セール、ルイ・マラン、ジェラール・グラネルらがいっしょであった。

1949～50年頃、苦しいカーニュ時代に

当時のエコール・ノルマルでは、哲学のアグレガシオン（高等教育教授資格試験）の受験指導を受けもつ「カイマン」は、「構造主義的」マルクス主義で知られるルイ・アルチュセールであった。アルチュセールがアルジェ出身ということもあり、デリダは入学第一日目からこのカイマンの知己を得たが、はじめはたいへん良好だった彼との関係も、しだいに微妙なものになっていったらしい。デリダは一九六四年、アルチュセールの招きで母校の教員となり、以後二〇年にもわたってアルチュセールとは同僚であり続けることになる。その間、アルチュセールのマルクス解釈に理論主義、科学主義の

限界を見て、歴史の歴史性や対象の対象性についての超越論的問題設定が必要だと感じたが、フランス共産党のドグマティズムと果敢な闘争を行なっている彼への批判が反マルクス主義的なものと誤解されるのを懸念して、苦しい沈黙を余儀なくされたと回想している（インタビュー「政治と友愛と」一九九三）。

アルチュセールに「超越論的問題設定」の不在を感じるようになるのは、エコール・ノルマル在学中のデリダがフッサール現象学に熱心に取り組んだこととも関係している。当時のフランス思想界を領導していたサルトルやメルロー＝ポンティは、フッサール現象学を実存主義的に読んでみせたが、デリダはむしろ、そこで切り捨てられた超越論的動機に注目してフッサールを読みなおそうとしていた。デリダの最初の著書は、フッサールの晩年の遺稿を仏訳し、長大な序文を付して一九六二年に刊行した『《幾何学の起源》序説』である。だが、彼はすでにエコール・ノルマルの学生時代にルーヴァン（ベルギー）のフッサール文庫におもむき、後期フッサールの遺稿群を読みこんだうえで、『フッサール哲学における発生の問題』という四〇〇ページに及ぶ論文を書いている。デリダの修士論文に当たるものだが、一九九〇年にこの論文が公刊されることになったさい、デリダはつぎの二点に注意を促《うなが》している。第一に、のちの「差延」の思想の原型といえる「汚染《コンタミナシオン》＝混交の宿命的必然性」というモチーフがすでに出ていること、第二に、レヴィナス、サルトル、メルロー＝ポンティ、リクールではなく、チャン・デュク・タオやカヴァイエスなど「弁証法」論者を相手に議論している点に、五〇年代のフランスで自分がおかれていた「哲学的かつ政治的な地図」

（強調はデリダ）が示されていること。ここに第三点として、「伝承」、「遺産」、「伝統」といったものの可能性の条件への問いが開かれていることを付加すれば、脱構築の哲学者の思想的モチーフは驚くほど早くから胚胎《はいたい》していた、という印象を受けるだろう。

この論文を読んだアルチュセールは、「難解すぎてアグレガシオン用の論文としては危険だ。自分には評価できないからフーコーに聞いてみよう」といい、フーコー——エコール・ノルマルではデリダの四年上で、当時すでにリール大学助教授として母校にも教えに来ていた——は、「優になるか不可になるかのどちらかだろう」といったという。結果的にはたしかに、デリダは五五年のアグレガシオンに失敗している。難解すぎてフランクフルト大学が審査を放棄したというベンヤミンの『ドイツ悲劇の根源』を思い出させるエピソードだ。

アグレガシオン合格から母校への帰還まで

五六年にエコール・ノルマルを卒業。アグレガシオン合格。

同時に、あまり知られていないが、デリダはハーバード大学の特別聴講生の給費を受けて、アメリカで一年を過ごす。『《幾何学の起源》序説』の執筆をはじめたので、ハーバードにあるフッサールの遺稿のマイクロフィルムを調べる必要があったらしいが、むしろそれよりも、この間デリダは大学図書館に足繁く通い、ジェイムズ・ジョイスに読み耽《ふけ》ったという。このときのジョイスとの出会いは、『《幾何学の起源》序説』をはじめ、主題的なジョイス論『ユリシーズ・グラモフォン』以外にも、彼の多くのテクストに刻印を残すことになる。次章でとりあげるプラトン論「プラトンのパルマケイアー」も、ある意味では『フィネガンズ・ウェイク』の一つの読みの試みである、とまでデリダは述べている。

　おそらくハーバード留学の副産物だろう、これもあまり知られていないが、デリダにはクワインの論文「論理学理論の諸境界」の仏訳（一九六四）という業績もある！　当時ハーバードの哲学科教授だった分析哲学の大家クワインは、その自伝によると、パリ訪問時にデリダのオフィスを借りたとのことだが、一九九二年にケンブリッジ大学がデリダに名誉博士号を授与しようとしたさい、デリダの仕事は「理性、真理、学問の諸価値への理解しがたい攻撃にすぎない」という反対声明に署名した人物の一人である。クワインがデリダをどの程度読んだのかは分からないが、このスキャンダル――それは、デリダのいう「アンチ脱構築の役人たち」または「学界版国際警察《アカデミック・インターポール》」が仕かけた山ほどある攻撃のなかの一つにすぎない――は、賛成三三六対反対二〇四で学位授与に落ち着いた。

　ハーバード滞在中の良き思い出は、五七年六月、ボストンでマルグリット・オクチュリエと結婚したことだろう。フランス人の父とチェコ人の母のあいだにプラハで生まれたマルグリットは、エコール・ノルマルの同窓生で親友のミシェル・オクチュリエの姉だった。精神分析家メラニー・クラインの著作の仏訳者として知られることになる彼女とのあいだに、六三年に長男ピエール、六七年に次男ジャンが生まれる。ピエールもジャンも割礼は受けていないらしい。デリダとユダヤ教との関係については慎重な考察を要するが、デリダが「実生活」でいわゆる「世俗的ユダヤ人」であることは疑えない。エル・ビアールのデリダ家がそうであったような「ごく平凡な慣習遵守者《プラティカン》」でさえなくなっているだろう。

帰国後、二年間の兵役では、軍の学校の教員ポストを希望し、アルジェ近くのコレアでアルジェリア人やアルジェリアのフランス人に英語やフランス語を教えた。アルジェリア戦争の真っ最中で、アルジェではピエール・ブルデューにしばしば出会ったという。五九年にフランスに戻り、フランスの哲学者がしばしばそうであるように、リセの哲学教師として教えはじめた。ル・マンのモンテスキュー高等中学校で、イポカーニュ（カーニュの前学年）と最終学年クラスの哲学担当である。注目すべきことに、この学年度の終わりにデリダは「強度の鬱《うつ》状態」に陥《おちい》っている。「学校」とのギクシャクした関係は、教える側になってからも続くのである。

翌年、パリに戻り、ソルボンヌで教えはじめる。ただしこれは、シュザンヌ・バシュラール、ジョルジュ・カンギレーム、ポール・リクール、ジャン・ヴァールが属した「一般哲学・論理学」講座の助手としてであった。六二年に『《幾何学の起源》序説』を公刊、フッサール現象学の解釈に新境地を開くものとして高い評価を受ける（六四年にジャン・カヴァイエス賞を受賞）。雑誌『テル・ケル』を主宰していた作家フィリップ・ソレルスがこの年デリダに接近したのは、『《幾何学の起源》序説』のとくにジョイスへの言及部分――言語の一義的透明性を追求し、言語を貧困化するフッサール的企てに、多義性を解放し、あらゆる文化の記憶を唯一の書物に包摂するジョイス的企てを対置する――に魅了されたからだという。フーコー、アルチュセール、バタイユ、ラカン、クリステヴァ、バルトなどが寄稿し、六〇年代から七〇年代にかけてフランス思想界の焦点となったこの雑誌に、デリダも「フロイトとエクリチュールの光景」、「プラトンのパルマケイアー」、「二重の会」などいくつかの重要なテクストを載せている。が、ソレルスと『テル・ケル』のドグマティックなマルクス主義、フランス共産党支持、毛沢東主義には同調できるはずもなく、七二年には決裂する。

六四年一〇月、デリダはアルチュセールの招きと、コレージュ・ド・フランスに移ったジャン・イポリット（著名なヘーゲル学者）の推薦により、母校エコール・ノルマルの教員となる。そしてその後、八四年に社会科学高等研究院（Ecole des Hautes Etudes en Sciences Sociales）に移るまで、なんと二〇年にわたってこの学校にとどまることになる。大革命期に国民公会が創設したこの学校は輝かしい知的伝統を有し、二〇世紀の世界に名を知られたフランスの哲学者、知識人の圧倒的多数はこの学校の出身者である。また、フランスでは大学ではなく、エコール・ノルマルのようなグランド・ゼコールの方がエリートを生産する。いきおい私たちは、教授職の評価もそれに対応していると思いがちだが、それがじつはそうではないらしい。フランスではやはり大学教授の権威は強く、コレージュ・ド・フランスのような国を代表する教授団もある。デリダがこうした教授ポストに移るにあたっては、さまざまな抵抗や妨害があったことが伝えられており、彼はフランスでこそ孤立しているという感が強い。

3　脱構築の時代

形而上学の脱構築者として登場

『《幾何学の起源》序説』といくつかの雑誌論文で思想界にデビューし、エコール・ノルマルで教えはじめた六〇年代半ばには、名実ともに思想家「ジャック・デリダ」が誕生した。前節まで私は、「デリダ以前のデリダ」の経歴を比較的ていねいに辿《たど》ってきたつもりだが、以後、デリダの活動は思想家ないし著作家のそれとして、著述、講義、講演、他の知識人たちとの交流、「政治的」行動などに及び、しかもそれが世界的スケールで展開されていくので、限られた紙幅でそれを詳しく追っていくことはとうてい不可能である。やや恣意《しい》的になるかもしれないが、ポイントを絞って見ていくことにしたい。

六七年と七二年は、デリダにとってとくに記念すべき年になった。六七年には『エクリチュールと差異』、『グラマトロジーについて』、『声と現象』、七二年には『余白――哲学の／について』、『散種』、『ポジシオン』と、一挙に六冊の著書が出版されて、独創的な思想家としての地歩を完全に固めることになったからだ。これらの著書では、プラトン、アリストテレス、デカルト、ルソー、ヘーゲル、ニーチェ、フッサール、ハイデガー、レヴィナス、フーコー、J・L・オースティン、マラルメ、ヴァレリー、アルトー、バタイユ、ジャベス、ソレルス、フロイト、ソシュール、レヴィ＝ストロースといった、哲学、文学、人間科学にわたる多彩な著者たちのテクストの驚くべき一貫性をもつ読みをとおして、当時の有力な思潮であった構造主義と現象学の対立しあう地平そのものの乗り超えを予感させる「形而上学の脱構築」というラディカルなモチーフが浮かび上がってきていた。ニーチェ、ハイデガーの衣鉢《いはつ》を継ぐ形而上学批判の哲学者というデリダの基本的イメージは、この時点でほぼ定まったように見える。

この時期は、デリダだけでなくフーコー、ラカン、アルチュセール、バルト、ドゥルーズ（―ガタリ）らの主要著作がつぎつぎに世に問われ、戦後フランス思想史上でもとりわけ多産な時期の一つだが、当時の状況として触れておかねばならないのは、六八年五月のいわゆる「五月革命」である。フランスではフーコー、デリダ、ブルデュー、ラカンらを危険な「反人間主義」の思想家として一括し、彼らの著作が、学生反乱からフランス全土のゼネストにまで発展したこの事件の背景にあったとして、「六八年の思想」を語りこれを批判しようとする言説が八〇年代に現われたが、こうした主張は根拠薄弱なだけでなく、ほとんど反動的だといわざるをえない（L・フェリー、A・ルノー『六八年の思想――現代の反人間主義にかんする試論』一九八五）。デリダは、「私はいわゆる〈六八年組〉ではありませんでした」と明言している。彼は運動に反対だったわけではなく、集会や行進にも参加したが、大事件が起きているとは当時は感じなかった。むしろ、「コミュニケーション」の爆発とか、「解放された」パロールとか、回復された「透明性」とかへの熱狂的な陶酔に不安を覚え、距離を感じていたという。「私は全員一致で盛り上がることにはいつも抵抗を覚えるのです」。他方でデリダは、六八年五月以後、哲学者も大学人ももはやそれ以前と同じようには話したり書いたりできなくなったとし、事件の余波はまだ続いているという。そして、とりわけ大学でルサンチマンに駆られた保守的勢力が巻き返しを図ろうとする動きを見て、制度の領域での脱構築の実践を強めたというのだ（インタビュー「〈狂気〉が思考を見守るべきだ」一九九二）。

ノルマンディー地方のスリジー・ラ・サルでのニーチェ・コロキウムにて。左から、ドゥルーズ、リオタール、一人おいてクロソウスキー、デリダ（1972年）

この間、七〇年には、父エメ・デリダが癌のため七四歳で死去している。このことと、七四年の『弔鐘』の出版を結びつける人もいるようだが、どうだろうか（この点は、弔《とむら》いや喪《も》の問題だけでなくデリダのユダヤ性の問題ともかかわってくる。第五章を参照）。

哲学教育への攻撃と闘う

七〇年代で特筆されるのは、フランスで哲学教育の制度的側面をめぐる闘争をリードしたことと、アメリカで彼の思想の影響が急速に広まり、いわゆる「脱構築派」が形成されたことだろう。まず、前者から見ていこう。

デリダの学生時代の経歴をとおしてすでにお分かりのことと思うが、フランスではほぼ日本の中学高校を合わせた期間に当たるリセで哲学教育が行なわれている。これもまたさかのぼればナポレオン一世の学制改革以来の伝統であり、さまざまな曲折をへながらも、哲学は現代でもリセでの学習の総合的な仕上げとして重視されているのである。高校生にも哲学を学ぶ権利と能力があり、それは自由な批判的思考の能力を養うためにも望ましいことだと思っても、それを現実化する社会的条件がほとんどない日本の哲学教師である私から見ると、まことに羨《うらや》ましいかぎりだ。ところが、その哲学教育の国フランスでも、教育の「現代化」や「効率化」などの名目で、七〇年代半ばにリセの哲学教育への抑圧政策が仕かけられた。時間数を削減し、必修制を自由選択制にし、教員の数を減らして哲学への志願者を減らし、ひいては大学の哲学そのものを弱体化させて、産業界の要請にかなう技術的で実用的な教育に変えようというわけである。デリダはこの動きのなかに、あの六八年以来リセで増大した「異議申し立て」と哲学教育そのものに対する「権力の圧力」を見てとり、七四年四月、教員と学生合わせて三〇名ほどで、この問題に対処するための研究グループＧＲＥＰＨ《グレフ》（「哲学教育研究グループ」の仏語表現のイニシャルを組み合わせたもの）を結成した。

翌年、文部大臣による「改革案」が発表されると、ＧＲＥＰＨは公然と反対を表明し、学生、生徒だけでなく、父母やその他の関心をもつ人びとをも含む反対運動を広範に組織しはじめる。デリダはこの過程で、過去の大哲学者たちの大学、学校、（哲学）教育にかんする言説を読みなおし、そうした制度の問われざる諸前提を解明する一方、哲学教育を削減・廃止するのではなく、哲学教育の伝統的内容を批判的に見なおしながら、逆に哲学の時間数を増やし、学習開始年齢を引き下げるという大胆な提言を行なった。「たとえば一七歳か一八歳以前に哲学を学ぶことは不可能であり、危険であると、プラトン以来信じられてきましたが、これにはいったい、どんな政治的ないし性的理由があるのでしょう？［……］実験的試みとして、フランスで第六学級・第七学級と呼ばれている児童、一〇歳や一一歳の子供たちに哲学を教えてみましたが、非常に成功しました。若い少年少女たちは哲学に興味をもつだけでなく、哲学を必要とし、それを楽しんでいました。難解なテクストと思えるものにも十分取り組んでいました」（インタビュー「戯れする貴重な自由――ディコンストラクションと教育／政治」一九八六）。この運動は、七九年六月、ソルボンヌで一二〇〇名の参加者を集めて開かれた公開討論会「哲学の三部会」に結実する。この討論会の準備委員二一名のなかには、デリダのほかに、ドゥルーズ、リクール、ジャンケレヴィッチ、シャトレ、ナンシー、ラクー＝ラバルトなどが含まれていた。こうした運動は海外でも関心を呼び、ヨーロッパ各国、南北アメリカ、アフリカなどにＧＲＥＰＨに呼応する動きが生まれ、一例をあげれば、デリダは七八年一二月、仏語および英語圏アフリカ哲学者連合国際コロキウムに招かれ、「哲学教育の危機」と題する講演をしている（残念ながら日本では、呼応する動きはなかった）。

この運動は、八〇年代に入ると大きな副産物を生むことになる。八一年に登場した左翼のミッテラン政権は、一転してリセの哲学教育の拡大方針を打ち出しただけでなく、この政権の支援を得て、哲学のかつて例のない研究教育組織「国際哲学カレッジ」(Collège international de Philosophie) が創設されたのである。デリダは準備段階で他の三人の哲学者とともに、国内外から集めた七五〇に及ぶ提言を検討して政府に報告書を作成し、八三年一〇月の発足とともに初代の議長に就任した(一年後に、J-F・リオタールに引き継ぐ)。世界の大学や著名な哲学者たちの協力を得て活発に活動しているこの組織の特徴は、既成の学科や文化の領域によって禁止されていたり、周縁化されているような研究テーマを発見し、積極的に取り組むことを奨励するという内容面だけでなく、各国から公募され、たえず更新される講師陣、セミナーへの参加にいかなる資格も問われないことなど多岐にわたるが、デリダはこのカレッジに、哲学の脱構築の制度的可能性を重ねてみているようである。

GREPHの結成から国際哲学カレッジの創設にいたる過程でデリダがおおやけにした文書は、大学、学校、哲学教育にかんする脱構築的考察のテクストとともに、六五〇ページに及ぶ『哲学への権利/法から哲学へ』(一九九〇)にまとめられた。哲学の脱構築とは、哲学のあるラディカルな変形の試みであって、哲学の否定や破壊、死亡宣告ではないことが、この本を読むとよく分かる。

Deconstruction is/in America

デリダは六〇年代末にはフランス思想界で地位を確立するが、彼の思想が世界的影響力をもつようになるには、なんといっても七〇年代にアメリカで受容されたことが大きかった。あのハーバードでの一年から、再びデリダが大西洋を越え頻繁にアメリカを訪れるようになるまでには、さほど時間がかからなかった（このデリダのアメリカとの相性の良さは、彼の最初の名がジャッキー・デリダだったことと関係がありそうだといったら、うがちすぎだろうか？）。

時間が前後するが、一九六六年、ジョンズ・ホプキンズ大学（ボルチモア）で開かれた「批判的言語と人間諸科学」をテーマとするコロキウムは、以後アメリカに、デリダだけでなく、現代フランス思想が浸透していく出発点になったものとして名高い。フランス側出席者には、ラカン、バルト、イポリット、J－P・ヴェルナン、G・プーレ、L・ゴルドマンらがいたが、デリダの発表「人間諸科学の言説における構造、記号、ゲーム」（『エクリチュールと差異』所収）が話題の中心になったために、ラカンが激怒したという証言がある（ヒリス・ミラー）。この発表でデリダは、レヴィ＝ストロースの言説の形而上学的前提を指摘したうえで、最後に「解釈や構造や記号やゲームについての二つの解釈」があるとし、ルソー的・否定的な解釈とニーチェ的・肯定的な解釈とを区別しているのだが、このテクストは、アメリカのデリダ受容のなかで代表的な参照物になったものである。また、デリダがポール・ド・マンとはじめて会ったのもこのコロキウムだ。

デリダはその後、アメリカのいくつかの大学で定期的に教えるようになる。ジョンズ・ホプキンズ大学では三年ごとに一学期、イェール大学では七三年から毎年五週間のセミナー、といった具合だ。そしてイエール大学では、ポール・ド・マン、デリダを中心に、ヒリス・ミラー、ジェフリー・ハートマン、ハロルド・ブルームが加わって、いわゆる「脱構築批評」の「イェール学派」が形成される。「イェール・マフィア」ともあだ名されたこのグループが七九年に出した『脱構築と批評』(*Deconstruction and Criticism*) は、この学派のマニフェストと受けとめられた（デリダの収録テクストは、「生き延びること——境界線上に」)。イェール学派の人びとはそれぞれに独自の存在感をもつ批評家であって、デリダとポール・ド・マンのあいだにも、たとえばルソーの読みをめぐってけっして小さいとはいえない対立があり、一枚岩のグループではもともとなかったのだが、脱構築批評は、いわばポストモダン状況にふさわしいテクスト解釈の方法として、またたくまにアメリカの大学の文学研究を席巻し、夥《おびただ》しい数の「脱構築的」論文が生産されたといわれる。デリダはやがて、脱構築が機械的な適用によってテクストの意味作用を自壊に導く「方法」と化し、「規則」と化すなら、制度化して保守的な政治的機能を果たしかねないとして、その危険をたえず警告するようになる。

七〇年代は、デリダがアメリカの人文社会系学界で最も頻繁に引用される外国人思想家になり、脱構築がほとんどメイド・イン・USAの思想としてフランスに逆輸入されることになる時代である（「ポスト構造主義」という用語は、アメリカ産でフランスに輸入された)。また、脱構築が、一般的な意味で最も文学に接近した時代でもある。『弔鐘』にはじまり『絵葉書』にいたるこの期間は、デリダ自身認めているように、古典的哲学のエクリチュールのスタイルを自覚的に破壊し、実験的なテクストを書こうと意図した時期であった（「句読点――テーズの時間」一九八〇）。デリダ自身は、「哲学」のみならず「文学」をも制度として問いなおそうとしているのだが、それを問いなおすデリダのエクリチュールが、原《アルシ》エクリチュールとのアナロジーでいえば「原－文学性」のようなものを帯びてくるのも事実で、やむをえない面があるとはいえ、脱構築は哲学を文学に還元しようとするものだという誤ったイメージが広がっていく（まったく同じ時期に、いま見たような戦闘的な「哲学」運動を展開していたことだけから見ても、そんなイメージが誤っていることは明白だろう）。

こうした傾向に対する批判として、デリダの仕事の「哲学的」射程を正当に評価しようとする解釈がアメリカで出てくるのは八〇年代以降で、それでもなお、超越論的哲学の徹底者か文学好きの哲学者か、といった二者択一ないし二項対立の枠からなかなか抜け出せない議論が続いた。脱構築は哲学を文学に還元してしまうという共通のイメージに基づいて、ユルゲン・ハーバーマスはそれを非難し、リチャード・ローティはそれを歓迎する（第四章1参照）。七七年に起きた有名なデリダ―サール論争――J・L・オースティンの解釈をめぐって起きた、言語行為論の哲学者ジョン・サールとの論争――も、こうした背景のなかで理解する必要がある。

だれかがジャック・Dを中傷したにちがいなかった、というのは……

八〇年代のデリダは、一言でいってしまえば、しだいに「政治化」したという印象を受ける。著作のテーマとしても、政治、法、正義、宗教といった問題が前面に出てくるし、いわゆる「アンガージュマン」的な政治行動も目につくようになる（ただし、サルトルに象徴される知識人の政治参加としてのアンガージュマン［engagement］は、他者への「ウィ」としての前‐根源的な約束 gage の経験へと脱構築される。第三章3参照）。これは、超越論的哲学の徹底者か文学好きの哲学者か、といったデリダ像にはもはや収まらないデリダである。

もちろんこれは、デリダが八〇年代に入って突然「政治化」したという意味ではない。彼はフランス植民地時代のアルジェリアにユダヤ人として生まれてこのかた、政治に無縁ではけっしてありえなかった人だし、哲学教育をめぐる活動も疑いなく「政治的」次元をもっていた。いやそれ以前に、彼はあの六八年五月に脱稿し、その年の一〇月にニューヨークの仏米哲学者コロキウムで行なった「人間の終末＝目的《ファン》」という講演の冒頭で、「どんな哲学的コロキウムも必然的に政治的意味をもつ」と断言し、その講演の政治的コンテクストとして、哲学の国籍の問題、民主主義の形式性の問題、ヴェトナム和平交渉と反戦運動、公民権運動とキング牧師の暗殺、そしてフランスの五月革命などに注意を促していたのである。

また、「政治化」したといっても、狭義の「政治」を超えるもの、それに収まらないものの感覚をデリダが失ってしまうことはけっしてないだろう。デリダにとって「政治」とは、むしろ政治的なものと政治を超えるもの、政治をはみ出すものとのたえざる「交渉」の場面だといえよう。デリダは政治を超えるもの、政治をはみ出すものとの不断の交渉をとおして政治の必然性を思考し、「行動」を選択するのであって、そこから、「政治化することには終わりがない」（『法の力』）と語る一方、「いい気な意識《ボーヌ・コンシャンス》」の持ち主たちの単純素朴な「政治主義」をも批判する独自のスタンスが出てくるのである。

エピソードとして、プラハの事件をあげよう。八一年一二月末、デリダがプラハ空港で「麻薬不法取引」のかどでチェコスロヴァキアの官憲に逮捕される、という事件が起きた。これはチェコの当局が仕組んだ罠《わな》で、デリダはチェコの反体制知識人グループ「憲章七七」のメンバーとの交流を終えて帰国するところだった。この年、デリダは師の一人でもあるギリシャ学のJ－P・ヴェルナンらとともに、チェコの反体制知識人を支援する「ヤン・フス協会」を結成し、副議長となっていた。税関で「発見」された麻薬は、ホテルで何者かがひそかにデリダのスーツケースに忍びこませたもので、当時のチェコの官憲が弾圧手段としてよく使った手口だという。デリダは刑務所に連行され、「脅《おど》しのきいた役人」から八時間も尋問を受け、裸にされ、無数の写真を撮られ、囚人服を着せられて二四時間拘留《こうりゅう》された後、ミッテラン大統領とフランス政府の介入によって釈放される。

興味深いのは、釈放後の報道機関とのやりとりをめぐるデリダの感想である。彼はある種の混乱のなかで、テレビカメラの前で紋切り型の証言をせざるをえなかった。「私は人権尊重のために現場で闘っている人たちとの連帯からプラハへ行ったのでした」。たしかにそれは「本当だった」のだけれども、同時に彼は、なぜそうした状況で他のタイプの答えが禁じられているようにみえるのか、問いかける。たとえば、「ご存じのように、私は今日の人権の言説のあり方、基礎、役割についていくつかの疑問を感じています」とか、「肝心なことは、向こうで、つまりあの〈主体〉にかんする政治的問題や、それに似たことがらにかんする禁じられたセミナーで言われたことなんですよ」といった発言である。つまりデリダは、たとえば「今日の人権の言説」の妥当性についても、それを自明視するのではなく、その「あり方、基礎、役割」についてたえず問いなおしていく必要があると考えているのだが、これは、昨今の日本の言論人が「人権至上主義批判」を大合唱するような場合とはほとんど逆のベクトルをもっていわれていることに注意したい。「人権の言説」の問いなおしが、「人権尊重」の闘いの現場との連帯のただなかで行なわれ、かつそれが「人権」の解除の要求ではなく、ある意味で「人権」よりももっと厳しい要求に動機づけられていることが重要なのだ（第四章、第五章を参照）。

デリダは当時、カフカの『法の前』（*Vor dem Gesetz*）に取り組んでいたので、テクストを持っていたという。麻薬が入れられたのは、おそらく彼がカフカの墓を見に出かけたときで、尋問中は「カフカ学者に会いにきたのか」と聞かれ、釈放後は、弁護士から「あなたはカフカの物語を体験しているという印象をおもちにちがいない」とか、「事態を悲劇的にとらないでください。一つの文学的経験とお考えになってください」とかいわれたそうだ。法と物語の問題はデリダのカフカ論の焦点そのものであり、このエピソードはテクストのなかでも言及されている（『法の前』一九八五、日本講演は一九八三）。

〈他者〉への暴力に抗する

デリダ流「アンガージュマン」について、もう二つの例をあげておこう。

たとえば、南アフリカのアパルトヘイトを告発するテクストを彼は二つ書いている（いずれも『プシケー』所収）。まず八三年、世界各地を巡回し日本にも来た「アパルトヘイト否、国際美術展」をパリで立ち上げるさいこれに参加し、「人種主義の最後の言葉」を書いた。「この展覧会は、西洋の歴史をまるごと暴露し、記念し、告発し、裏切っているように思われる。アパルトヘイトはヨーロッパの〈創作〉であった。［……］この国家による人種差別という法的偽装も政治的舞台も、人種概念にかんするヨーロッパ的〈言説〉の外に立つかぎり、いかなる意味ももたないし、もてる見こみさえなかっただろう」。「国際会議の演壇上やその他の場所からアパルトヘイトを告発する西洋諸国家の声明は、精神分析的意味での否認の弁証法だ。声明は大騒ぎをして、〈人道に反する罪〉という一九七三年の判決を忘れさせようと試みている。あの判決がいまも効果をあげていないのは、人間やヒューマニズムや人権にかんする通常の言説が、まだ考えられたことのない現実的な限界に、つまり言説がそのなかでのみ意味をもつシステム全体の限界にぶちあたったからなのである」。彼はアパルトヘイトをヨーロッパの歴史と結びつけ、「人道に反する罪」をとおして、しかしまたそれを超えて批判を先鋭化する。

もう一つは、アパルトヘイト反対文化基金創設の運動に参加し、また「ネルソン・マンデラと彼の生が証言する闘争を支持する一五人の著作家」の一人として書いた「ネルソン・マ

1986年、『ネルソン・マンデラのために』出版時のユネスコでの記者会見。左端にE・ジャベス、その隣りがデリダ。右端にエレーヌ・シクスー

ンデラの感嘆あるいは反射＝反省の法」（一九八六年発表）。デリダはここで、ヨーロッパ出自の法的装置としてのアパルトヘイトと闘う「法の人」マンデラの戦略を、深い共感をもって描き出すとともに、国家創設の原暴力を論じ、南アフリカとイスラエルの問題との関連をも指摘している。八九年のニューヨーク講演『法の力』の議論を先取りしつつ、具体的ケースに切りこんだ見事な論考である。いうまでもなく、これらの時期マンデラはまだ獄中にあり、アパルトヘイトの終焉《しゅうえん》は見えていなかった。ちなみに、デリダが九三年四月にアメリカで行なった『マルクスの亡霊たち』の講演全体は、その直前に暗殺された南アフリカのコミュニストで反アパルトヘイトの闘士、シェークスピアの熱心な読者でもあったクリス・ハニの記憶に捧げられている。

警官殺害容疑で逮捕・起訴され、死刑判決を受けたアフリカ系アメリカ人ジャーナリスト、ムミア・アブー＝ジャマルへのデリダの支援活動も、日本ではほとんど知られていない。死刑判決は、アブー＝ジャマルがフィラデルフィア警察の体質の厳しい批判者であった

ための冤罪《えんざい》であることは明らかで、デリダはアブー＝ジャマルの支援救出をめざす国際ネットワークの象徴的存在になっている。最悪なのは、アメリカの死刑制度が人種差別の制度化にほかならないことで、獄中からアメリカの監獄システムの残虐さを告発し続けるアブー＝ジャマルに呼応し、デリダは国際作家議会副議長の一人としていう。「アブー＝ジャマルが指摘しているとおり、南アフリカが死刑を歴史の屑《くず》かごに投げ捨てるまさにその瞬間に、今日ますます死刑を復活させ、執行の一時停止を取り消す傾向にあるアメリカの他の諸州と同様、ペンシルヴァニア州は、より多くの〈黒い血〉を自身の人種差別的酩酊《めいてい》に捧げることを欲している。そしてそれは、合衆国憲法がその地で書かれた州であることをみずから誇っている、その州においてなのだ」。世界に人権尊重の教訓を垂れるアメリカ合衆国の監獄には、いまもその多くがアフリカ系アメリカ人である三〇〇〇人近い死刑囚が、絞首、電気ショック、ガス殺、注射、銃による処刑を待っている。「国際作家議会は、原則として、それの原則それ自体であるものによって、警察と監獄の拷問《ごうもん》にも、死刑にも反対する」。

国際作家議会とは、九三年七月に創設され、翌年二月からサルマン・ラシュディが議長を務める国際的な知識人ネットワークで、世界中に三〇〇人を超える会員を有する。議会の目的は、現在世界中でさまざまな迫害や暴力にさらされている知識人、作家、学者、ジャーナリストらのあいだに具体的な連帯関係を作り出すこと、そしてそれによって具体的な危機に対処することである。デリダは、ブルデューらとともにこの会議の主要メンバーの一人として活動しているのである。今日、知識人への迫害といえば、アルジェリアの状況をおいて考えることはできない。デリダとブルデューは、ともにアルジェリア知識人支援国際委員会（CISIA）でも重要な役割を果たしている。現在のデリダにとって、「私の同郷人」というる人びとが陥っている未曾有《みぞう》の難局は、おそらく最大の政治的関心事であるにちがいない。

ハイデガー論争、ポール・ド・マン論争

八〇年代の出来事で逸することができないのは、八七年にあいついで勃発したハイデガー論争とポール・ド・マン論争だろう。この二つの論争は、ハイデガーであれポール・ド・マンであれ、両者のナチズムとの関係が問われたこと、しかしまた、それと同時に——場合によってはそれ以上に——標的にされたのは、脱構築およびデリダその人だったという共通点をもっている。

ハイデガー論争はフランスで火がついた。八七年一〇月、ハイデガーのナチ加担が従来いわれてきたような一時的で底の浅いものではなく、青年期からの思想的背景をもつ一貫した本格的なものだったことを史料によって証明したと主張する、ヴィクトール・ファリアスの著書『ハイデガーとナチズム』がフランスで出版されると、マスメディアでセンセーショナルにとりあげられ、戦後このかたハイデガー哲学の影響の色濃かったフランス思想界は騒然となった。デリダはいち早く反応し、ファリアスのあげている事実の大部分はすでに知られていたこと、肝心なことはそうした事実とハイデガーの思想の関係を解釈によって解明する

ことなのに、ファリアスの哲学的理解はまったく不十分であること、「ナチズムという途方もない怪物」の本質を解明することこそ必要で、単に弾劾《だんがい》し非難するだけでナチズムの可能性から解放されたと思いこむのはかえって危険であること、などを主張した（インタビュー「ハイデガー、哲学者たちの地獄」）。

「ハイデガーはナチだった。したがって、ハイデガーを読むことはやめるべきだ」というたぐいの暴論に対して、デリダの対応は妥当なものだと思う。他方、彼のファリアス批判にやや過剰反応的な部分があるとすれば、それはファリアスを担《かつ》いだ反ハイデガー派の矛先《ほこさき》が彼自身にも向けられていた面があったからだ。ファリアスの本の序文に、「（ハイデガーの）存在論は形而上学そのものの方法的脱構築において完成される」と書いたC・ジャンベは、毛沢東主義から転向した元「新哲学者」の一人だが、こうしたナチ＝ハイデガー＝デリダという連想の線に沿って脱構築を厄介《やっかい》払いしようとする傾向は、『六八年の思想』でデリダを「フランス版ハイデガー主義」に還元したフェリーとルノーにも、また六九年にフランス共産党機関紙『ユマニテ』でデリダのハイデガーとの親和性をナチズムに結びつけて批判したJ・P・ファーユにも、多かれ少なかれ共通している。だが、ハイデガーからいくつかの思想的モチーフを継承しながら、そこに残存する現前の形而上学やロゴス中心主義的性格については、『グラマトロジーについて』から最近の『アポリア』（一九九六）まで、つねに同時に倦《う》むことなく問題化し続け、ファリアスの本の出版半年前の講演『精神について』（一九八七）では、ハイデガーとナチズムの関係を批判的に主題化さえしているデリダの思考を、

「ハイデガー主義」や「ハイデガーとの親和性」に帰着させようとすること自体、とうてい無理な相談なのだ。

ポール・ド・マン論争は、同年一二月、今度はアメリカではじまった。脱構築批評の第一人者ポール・ド・マンが、一九四一年から四二年にかけて、ナチス・ドイツ占領下のベルギーで親ナチの新聞に寄稿していたこと、記事の一つは明らかに反ユダヤ主義的主張を盛っていることが、ベルギー人研究者の調査で判明し、『ニューヨーク・タイムズ』の一面記事で報道されたのである。ド・マンはすでに八三年に死去し、デリダはやがて『記憶《メモワール》=回想——ポール・ド・マンのために』(一九八八)に収められることになる追悼講演や講義をしていた。「アンチ脱構築の役人たち」にとっては、千載一遇のチャンス到来である。ハイデガーのケースと同じく、「下手人」の亡霊を悪魔祓《ばら》いしようとする攻撃が開始され、若きド・マンのナチ協力と渡米後の沈黙が、脱構築の倫理的不健全さと政治的いかがわしさの疑う余地なき証拠とされた。ナチ=ド・マン=デリダの連想の成立である。これに対してデリダは、ド・マンの当時のテクストに一部「赦《ゆる》しがたい」反ユダヤ主義が存在し、ナチス・ドイツの覇権下でのヨーロッパ新秩序、フラマン・ナショナリズムといった全体主義的諸要素も広範に見られることを基本的に承認し、「苦痛に満ちた驚き」を味わったとしながらも、ド・マンのテクストはけっして単純に等質的ではなく、そこには右の諸要素をみずから裏切るような諸契機も同様に存在する、と主張する。そして、その後のド・マンが完全に手を切った二〇歳台はじめの過《あやま》ちを理由に、ド・マンの業績全体と脱構築をも葬り去ろうとすることは断じて容認できない、と応じたのである。

「ハイデガーはナチだった。脱構築（デリダ）はハイデガー主義である。したがって、脱構築（デリダ）は（親）ナチである」。「ポール・ド・マンは親ナチだった。デリダとポール・ド・マンは脱構築論者である。したがって、脱構築（デリダ）は親ナチである」。こんな乱暴な疑似推論を振りかざす人びとは、全体主義を告発しているつもりで、自分自身が全体主義的排除の論理にとり憑《つ》かれてしまっているのではないか。二つの論争が、共和主義的伝統の正当性を基盤とするアメリカとフランスで起きたことは象徴的だ。デリダは全体主義の批判を「主要な動機づけ」としてきたのだが、単純な告発を超えて、「そのあらゆる形態における全体主義の諸条件の分析」に向かうだろう。

次章から、その脱構築の「論理」を追っていくとしよう。

第二章　形而上学とは何か

1　テクストとしてのプラトン

プラトンにはすべてがある

哲学史の教科書は、ふつうプラトンを哲学史の起源に位置づけている。全西洋哲学史はプラトン哲学の注釈の歴史だ、といった哲学者もいる（ホワイトヘッド）。たしかに、プラトンの前にはその師ソクラテスがいたけれども、ソクラテス自身はなにも書き残さなかったから、プラトンがその対話篇のなかにソクラテスを登場させ、彼に語らせたことを通じてしか、私たちはソクラテスの教えを知らないのである。このソクラテスとプラトンの関係は、すでにそれだけで十分デリダにとって魅惑的な問題の宝庫なのだが、いまこの点はおいておこう。とりあえず、西洋哲学は〈文字に書かれたソクラテスの教え〉であるプラトン哲学をもって始まったということ、これが一般に哲学史の常識であることは争えない。

オーソドックスな哲学史だけではない。デリダの脱構築は「プラトン以来の」存在論の歴史の「解体」というハイデガーのモチーフを継ぐものであり、両者の哲学観に大きな影響を与えたニーチェにとって、哲学とは「プラトン主義」形而上学の別名であった。ニーチェやハイデガー、そして彼らの流れを汲《く》む形而上学批判の哲学者たちにとっても、批判の対象である西洋哲学の起源にいるのはやはりプラトンだったのである。

西洋哲学の脱構築者、形而上学の脱構築者デリダにとって、プラトンが他の哲学者とちがう特別の意味をもたざるをえないことは明らかだろう。デリダにとってプラトンを読むことは、他のすべての哲学がそれの注釈にすぎないといわれ、形而上学の歴史の起源に想定された、そうした哲学を脱構築することにほかならない。

ちなみに「脱構築」という用語だが、じつはこの言葉はもともと、デリダが苦肉の策として選んだ一つの翻訳語にすぎなかった。ハイデガーの用語「解体」（［独］Abbau, Destruktion）の翻訳語である。ハイデガーは主著『存在と時間』（一九二七）などで、彼の求める根源的な「存在」経験を開示するために、古代ギリシャ以来の西洋形而上学の言説を批判的に解きほぐし「解体」するという哲学的作業を構想し、プラトン、アリストテレス、デカルト、カント、ヘーゲルなど、多数の哲学者について具体的に実践してみせた。デリダはこの試みを換骨奪胎《かんこつだったい》し、その重要なモチーフを批判的に引き継いでいくのだが、そのさい「解体」の仏訳語として、「破壊」のような否定的ニュアンスの強いデストリュクション（destruction）を避けて、デコンストリュクション（déconstruction）を使ったのである。「デコンストリュクション」は、それまでフランス語の語彙《ごい》としてはあまり一般的でなく、まれに文法や言語学の領域で使われていたにすぎなかった。否定的なニュアンスがないわけではなく、デリダ自身けっして「良い語」とは思わないという（自著のなかで他人の用語の訳語としてやむをえず選んだ単語が、自分の思想の「固有名」のようにして二〇世紀思想史に特筆大書されるにいたったときの一人の著作家のとまどい！）。

さて、私は右で、形而上学の歴史の起源に想定されたプラトン哲学、といった。この点に注意してほしい。デリダにとっては、厳密にいえば、プラトンを形而上学の起源とするのはそれ自身、形而上学の想定にすぎないからだ。「起源」の観念は、典型的な形而上学的観念である。デリダによるプラトンの読みは、むしろ、想定されたこの「起源」がじつはけっして単純なものではないこと、「起源」は「起源」ではなくすでに「反復」であったことを明らかにするだろう。

もしも形而上学批判ということが、「プラトン以来の」形而上学という「起源」の想定と不可分であるなら、デリダを形而上学批判の哲学者と呼ぶことは必ずしも適切でないことになる。デリダにとって形而上学とは、プラトンに始まり、ヘーゲル、フッサール、あるいはだれかそれ以外の哲学者で終わった、あるいは終わりつつある、一つの歴史的連続体をさすものではない。起源（アルケー）と終末＝目的（テロス）とに両端を画された一つの歴史的連続体という形而上学の表象は、それ自身、形而上学についての形而上学的表象なのだ。脱構築はしたがって、形而上学と反形而上学に共通の「起源」の神話を解体するものとなる。

形而上学批判の反哲学者デリダ、というイメージは日本でも広く流布《るふ》しているが、デリダのプラトン論を見る利点の一つは、このイメージがふりまく誤解と思考停止、読みの放棄に対して、異論の余地のない反証を示せることだ。プラトン哲学の脱構築とは、プラトンの思考やテクストを全否定することではない。一つの歴史的連続体としての西洋形而上学なるものが存在しないように、一枚岩の同質的な「プラトン哲学」なるものもじつは存在しない。しかもそれは、初期、中期、後期のプラトン哲学がある、というようなことではなくて、プラトンの思考とテクストそれ自身が、形而上学的なるものと形而上学的ならざるもの、形而上学と形而上学の「他者」とを同時に含んでいる、という意味でそうなのだ。デリダがプラトンのテクストに読みとっていくのは、プラトンのテクスト自身のなかで、形而上学の構築の欲望とそれを脱構築する契機とがせめぎ合っていること、（プラトン主義）形而上学とはじつは、この「決定不可能」なせめぎ合いを一定の仕方で「決定」し、この「決定」を固定化するところから生じたものにすぎない、ということである。プラトン主義形而上学の脱構築は、ある意味で、すでにプラトンのテクストにおいて生じている。プラトンのテクストは、自己─脱構築的なのだといってもよい。たしかに、こうした「プラトン」はデリダの読み、あるいは一般に脱構築的解釈の介入と無関係に「物自体」のようにそこにあるわけではないが、デリダの読みは勝手なこじつけや恣意的な操作とは程遠く、テクストに即した十分な説得力を備えている。

要するに、脱構築的な読みとは、読みの「対象」たるテクストに、たとえそれが形而上学のテクストであっても対立したり敵対したりするものではなく、当のテクストがあたかも自分自身を脱構築するかのような解釈を示してみせる読みなのだ。これはプラトンについてだけいえるのではない。ルソー、カント、ヘーゲル、フッサール、ソシュール、レヴィ＝ストロースなど、デリダが実践してみせた主要な脱構築的解釈は、すべてこのことを確証している。『グラマトロジーについて』において、ルソーの現前性への欲望を断ち切るものがルソー自身のテクストから引き出され、『声と現象』において、フッサールの現前の形而上学を脅《おびや》かすものがフッサール自身の記述のうちに指摘されるのと同様に、これから見ていくプラトンの読みにおいては、形而上学の欲望をあらかじめ実現不可能なものとしてしまうあるものが、プラトン自身のテクストに書きこまれていたことが明らかにされるのである。西洋形而上学の起源に想定された「プラトン」のうちに、プラトニストではないもう一人のプラトン、プラトニズムを脱構築する別のプラトンがいたとしたら？

プラトンには「すべてがある」とデリダはいっている。それは、シェークスピアやツェランやジョイスに「すべてがある」のと同じだ、と。この「すべて」のうちには当然、テクストが、形而上学に「先立つ」形而上学の「他者」と、この「他者」を制圧、排除して自己を実現しようとする形而上学の欲望がせめぎ合う闘争の舞台になっていること、これが含まれているだろう。だから、デリダによるプラトンの読みは、「哲学史」と「形而上学の歴史」に囲いこまれた「プラトン」のなかから、他者としてのプラトンを救済する試みにも似てくる。「救済」という表現はけっして場違いではないし、大げさでもない。形而上学のテクストは、デリダにとって、形而上学の「他者」の痕跡《こんせき》である。「他者」の抹消の痕跡なのだ。極度に注意深い読みによって、抹消された「他者」の痕跡を読み解くこと。それが脱構築の読みだとすれば、脱構築的解釈が開くのは、「他者」の到来のある種の可能性だといえるだろう（「ある種の」可能性というのは、のちに見るように、単純に「可能性」とはいえない事情があるからである）。脱構築はけっして否定の思想ではなく、むしろラディカルな肯定の思想だという本書の論点の一つにそれはつながっている。

プラトンと文字の問題

デリダの代表的なプラトン論「プラトンのパルマケイアー」は、まず一九六八年、雑誌『テル・ケル』第三二、三三号に発表され、のちに論文集『散種』（一九七二）に収められた。初期デリダによるもっとも模範的かつスリリングな脱構築の実践の一つといえるこの論文は、この時期のキーワード「エクリチュール」（écriture）をめぐって展開する。

「エクリチュール」はふつう、書くこと、書く行為、また書かれたものとしての文字、文書などを意味するフランス語の名詞である。話すこと、話された言葉を意味する「パロール」（parole）との対比では、「音声言語」に対して「文字言語」といってもよい。初期デリダの大きな特徴は、このエクリチュールの概念、あるいはパロールとエクリチュールの対比を導きの糸として西洋思想史を読み解くことにある。少々乱暴に単純化していってしまえば、プラトンからルソーをへてフッサール、ソシュール、レヴィ＝ストロースらにいたるまで、西洋思想においてはつねにパロールが真理のメディア（媒体）として特権化され、逆にエクリチュールは、真理の存在を危うくする危険な技術としてその価値を貶《おとし》められてきた、というのだ。なぜ、そんなことがおこったのだろうか？　古代から現代まで、多くの思想家のテクストのなかにつぎつぎに指摘されていくこの身振りの意味を解釈することによって、現前の形而上学、男根－ロゴス中心主義といった形而上学の中心的な動きが確認され、また、このパロールとエクリチュールの形而上学的関係を脱構築するところから、原エクリチュール（archi-écriture）というデリダのいわば「哲学的中心概念」の一つが導き出される。「哲学的中心概念」としての「原《アルシ》」エクリチュールなどというと、なにか難解で神秘的な感じを受けるかもしれないが、そんなふうに考える必要はけっしてない。原エクリチュールは、文字言語という具体的な事象の存在をとおしてイメージできる分だけ、差延《さえん》や痕跡といった同種の「概念」より分かりやすい面がある。後のテクストになればなるほど、エクリチュールそのものはあまり論じられなくなるが、初期のエクリチュール論の成果が放棄されるわけではもちろんなく、むしろそれが多様な方面に違ったかたちで発展させられていくのである。エクリチュール論はその意味で、やはりデリダの思考への格好の入り口をなしているといえよう。

こうしてデリダは、まずプラトン中期の対話篇『パイドロス』に目をつける。『パイドロス』はその最後の部分に、プラトンの著作中ほぼ唯一のまとまったエクリチュール論を含んでいるからである。

プラトン論を『パイドロス』のエクリチュール論から始めること。これはすでに尋常《じんじょう》なこととはいえない。「哲学的」なプラトンの読み、つまりプラトン主義的なプラトンの読みからすれば、ほとんど「本末転倒だ」といいたくなるところだろう。『パイドロス』はふつう、恋(エロース)と言論(ロゴス)をテーマとし、それらの真のあり方を明らかにすることをとおして、最終的には哲学――イデア的な真実在のエロース的な探究(愛知)――の意義を説こうとしたものと考えられる。エクリチュールの起源、本質、価値などが論じられるのは、その対話篇の最後、したがって、真の恋とは何か、真の言論とは何か、哲学とは何かといった議論が、おおかた終わってしまった後でのことだ。とすると、エクリチュール論は、『パイドロス』の本体にとってはなくてもよい付属物、興味深いかもしれないが本質的ではないエピソード、添えものにすぎないのではないか?

プラトン主義的な「哲学」つまり形而上学の読みは、こうしてプラトンのテクストに盲目になる。それはエクリチュール論を外部に放逐《ほうちく》し、『パイドロス』の本体にその外部があらかじめ入りこんでいることを読めず、ひいては「プラトン」と署名されたテクスト群のある層を完全に見失ってしまうのである。エクリチュール論を非本質的と見る『パイドロス』の読みは、すでに十分形而上学的である。プラトンのテクストをプラトン主義的に読んでいる。本質と偶有性、本体と寄生体、内部と外部といった形而上学的二項対立に従ってテクストを分割することで、それはテクストのテクスト性を逸《いっ》してしまうのだ。

デリダの読みは、逆にこの分割を問いなおすことから始まる。エクリチュール論という外部は、じつはけっして単なる外部ではなく、内部の内部ですでに始まっていたことが示されるだろう。

不吉な伏線

具体的に見てみよう。デリダの読みの巧みさは、たとえば、『パイドロス』冒頭の一見なにげない舞台設定のシーンに、最終部のエクリチュール論の伏線がすでに十分敷かれていることを指摘する、その手ぎわに現われている。

ソクラテスはアテナイの城壁付近で青年パイドロスに出会い、パイドロスが弁論家リュシアスの「恋について」の演説を隠しもっているのを知ると、その中身に興味を示す。二人はいっしょに城壁の外に出、イリソス川のほとり、プラタナスの木陰に腰を下ろし、対話を始める。ところでこの場所、『パイドロス』全篇の舞台となるこのイリソス川のほとりをめぐって、プラトンは二人の対話者にある伝説の存在を想起させる。ボレアスがオレイテュイアをさらって行ったという言い伝えがあるが、それはこの辺のことではないか、と尋ねるパイドロスに、ソクラテスは答える。「彼女オレイテュイアがパルマケイアといっしょに遊んでいるとき、ボレアスという名の風が吹いて、彼女を近くの岩から突き落としたのである。彼女はこうして死んだのだが、このことから、彼女がボレアスにさらわれて行ったという伝説が生まれたのだ」（二二九c。以下、『パイドロス』の引用は藤沢令夫訳・岩波文庫版に基づく）。

驚くべきことに、デリダはこの箇所に、すでにプラトンのエクリチュール論のポイントがひそかに忍びこんでいるという。「パルマケイア」がそれだ。「彼女オレイテュイアがパ<u>ル</u>マケイアといっしょに遊んでいるとき、ボレアスという名の風が吹いて、彼女を近くの岩から突き落としたのである」。この「パルマケイア」は、注釈者によれば、もともとイリソス川のほとりにあった泉の名で、そこからこの泉の精（ニュンフ）を意味するようになったが、じつはその泉は水を飲むと死んでしまう怖ろしい泉だったという。

こんこんと湧き出る泉の水は、渇《かわ》いた者を惹《ひ》きつける。水は渇きを癒《いや》す唯一の薬だ。ところが飲んでみると、人を死に至らしめる毒水だった。泉の精パルマケイアもまた、オレイテユイアを惹きつけ、二人はいっしょに「遊んで」いたのだが、まさにそのとき乙女は命を断たれた。「パルマケイアは、その戯《たわむ》れによって、一つの処女的純潔と損なわれていない内部とを死に追いやったのである」とデリダは書いている。

いったいこのことが、エクリチュールとどう関係するのだろうか？

読者はすでに、この泉の精の「パルマケイア」と、私たちがいま読み始めている論文のタイトル「プラトンのパルマケイアー」の「パルマケイアー」との関連に気づかれただろう。「プラトンのパルマケイアー」の「パルマケイアー」とは何か？　「パルマケイアー」とは、「パルマコン」を用いることにほかならない。では「パルマコン」とは何か？　「パルマコン」とは、一方では薬、医薬、治療薬のことであり、しかしまた他方では毒、毒薬のことである。「パルマケイアー」はしたがって、治療薬を用いることと、毒を盛ること、毒殺すること、（水源などに）毒を流すことという、一見相反する意味を同時にもつことになる（治療薬を用いることから転じて、治療薬そのものを意味することもある）。

「パルマケイア」と「パルマケイアー」は、ギリシャ語の文字としてはほとんど変わらない。同じ*φαρμακεια*（pharmakeia）だが、前者では固有名詞として*φ*が大文字になり、後者では語尾の*α*が長音になるだけである。意味上も明らかに類似している。まるで治療薬が突如として毒薬と化すかのように、清らかな泉の水が人命を奪い、泉の精は乙女を誘って戯れながら彼女を滅ぼしてしまう。要するに、パルマケイアもパルマケイアーも、ためにもなれば害にもなる、生かしもすれば殺しもする、そういう両義的な魔力、幻惑力を備えたパルマコンの働きによって特徴づけられているのである。

なぜ、そのことが、エクリチュール論にかかわるのか？ それは、まさにこのパルマコンこそ、『パイドロス』の末尾でエクリチュールに帰せられるある特異な述語にほかならないからである。先廻りしていってしまえば、『パイドロス』のエクリチュール論が提起するのは、エクリチュールはパルマコン（である）ということ、まさにそのことなのである。エクリチュールはパルマコン（である）、つまり治療薬でもあれば毒薬でもあり、治療薬に見えながらじつは毒薬なのだということ、これこそのちに語られるエクリチュールの「本質」なのだとすれば、エクリチュールはすでに対話篇の冒頭に、ソクラテスの語る伝説のパルマケイアとして姿を（隠しつつ）現わしていたことになるだろう（エクリチュールはまさにパルマコン（である）と、「である」をカッコに入れざるをえないのは、エクリチュールはパルマコン（である）ことによって固有の「本質」や「同一性」をもたなくなるからである）。事実、エクリチュールはやがて、それと戯れ、それと「いっしょに遊んで」いる人間を「岩から突き落とし」かねない危険な事物として描写されることになる。

内部の人ソクラテスをエクリチュールが誘惑する

このパルマケイアの伝説は、しかし、ソクラテスによって喚起されるやいなや、ただちに斥《しりぞ》けられる。伝説はしょせん伝説にすぎない。オレイテュイアのゆくえについては別の伝説もあるし、神話的説明などというものはキマイラやペガソスのような怪物の話と同じで、面白いかもしれないがけっして真理には到達しない。ソクラテスは、「ぼくにはとてもそんなことに使う暇はない」といい、そういう「自分に関係のない」事柄にかかずらうことをきっぱり止めて、「ぼく自身に対して考察を向ける」ことが必要だという。有名なデルポイの神殿に刻まれた「なんじ自身を知れ」の命令に従うことが、何よりも肝心なのだ。

パルマケイアの危険な戯れを語る伝説（ミュトス）は、それ自体、まじめな追究に価しない戯《ざ》れごととして、自己知の真理の名において遠ざけられる。自己省察、自己認識の真理こそ第一真理であるという、デカルト、カント、フッサールなど近代の哲学者たちに親しい超越論的主体主義、平たくいえば「私」の「内面」を特権化する発想がすでにここに見られるといってよい。ソクラテスはまずこの意味で、「自己」の人、「内部」の人として現われる。「内部」の人ソクラテス。このイメージは、じつはもう一つ重要な射程を秘めている。しかもそのことが、またしてもパルマコンとしてのエクリチュールと関連をもつことが確認されるのも、すぐつぎの場面においてである。

城壁の外へ出て、川べりの緑陰に心地よさそうに腰を落ち着けたソクラテスと、それを見て意外に思ったパイドロスとの会話。

パイドロス　[……]　あなたは、案内人に連れられて歩いているよそ者にそっくりで、この土地の人間には見えませんね。つまりそれほど、あなたはアテナイの町から出ない――国境の外へ旅をすることもなさらないし、それにこの様子では、どうやら城壁から外へ出ることさえ全然なさらないようですね。

ソクラテス　いや、よき友よ、どうかぼくの気持ちをわかってくれたまえ。ぼくは、ものを学びたくてたまらぬ男なのだ。ところが、土地や樹木は、ぼくに何も教えてくれようとはしないが、町の人たちは何かを教えてくれる、というわけなのだ。とはいうものの、どうやらきみは、ぼくを外へ連れ出す秘訣《ひけつ》を発見したようだね。なぜなら、ちょうど飢えた家畜を引き立てる人たちが、葉のついた枝とか何かの果実とかを鼻先で振ってみせながら連れていく、あれと同じやり方で、書物のなかの話をぼくの目の前に差し出していれば、きみは、アッティカ中はおろか、どこでもきみの思いのままのところへ、ぼくを引きまわすことができそうではないか（二三〇c―e）。

当時アテナイのような都市国家《ポリス》は、周囲を城壁で囲み、町の内部と外部を区別していた。ソクラテスは、城壁から外へ出るとたちまち「よそ者そっくり」に見えてしまうほど、それほど「アテナイの町から出ない」人だった。「国境の外へ旅をすることをしない」どころか、「城壁から外へ出ることさえ全然しない」。ソクラテスは国境の外、城壁の外を不毛な外部と見なし、国境の内側、城壁の内側にとどまることを好んだ。彼はこの意味でもあくまで「内部」の人だったのである。外部の不毛さは、ここでは「土地と樹木」の不毛さに比せられているが、この選択の真の政治的射程は、『クリトン』や『弁明』に描かれた哲学者の最期の瞬間に明らかになるだろう。

さて、そんな「内部」の人ソクラテスだが、今回に限っては、パイドロスに誘われて城壁の外へ出てしまった。何がこのまじめな哲学者をして、いつもの正常な道筋から逸《そ》れさせてしまったのだろうか？　それは、哲学者の目の前、いやむしろ鼻先に差し出されたエクリチュール、「書物の中の話」(logoi en bibliois) である。書き物にされたロゴス、エクリチュールになったパロールこそ、哲学者を誘惑し、彼に正道を踏みはずさせ、彼を固有の空間から外へおびき出してしまった当のものにほかならない。

なぜ、エクリチュールは誘惑するのか？　内なるものを外にさまよい出させるのか？　それは、エクリチュールがパルマコンだからである。ソクラテスはパイドロスに、「どうやらきみは、ぼくを外へ連れ出す秘訣を発見したようだね」(dokeis moi tēs emēs exodou to pharmakon heurēkenai) といっている。この「秘訣」の原語はまさに「パルマコン」なのである。エクリチュールこそ、哲学者を外部に連れ出す妙薬（パルマコン）であり、彼を本来の軌道から逸脱させる毒薬（パルマコン）なのだ。デリダはここで、ソクラテスのこの出国（エクソダス）がロゴイ・エン・ビブリオイス、つまりバイブル（書物）となったロゴスに魅かれてのものであること、また、この書物が「ものを書くことにかけては当代きっての達人」といわれたエクリチュールの人、リュシアスによって書かれたものであることを周到に指摘している。さらにそのリュシアスが、アテナイの正規の市民権をもたない居留民（メトイコス）であったことを付け加えれば、このパルマコンのもつただならぬ外部性が予感されるにちがいない。

『パイドロス』はだから、パルマコンとしてのエクリチュールというモチーフを、けっして最終部までとっておくのではない。このモチーフは早くも対話篇全体の幕開きの瞬間に、目立たぬかたちで一度ならず告知されていることになる。そしてそれは、最終部のエクリチュール論に至る前に、駄目押しするようにもう一度姿を現わす。学知に基づく真の医学によってではなく、単なる経験的な治療や処方によって自分が医者であると自認するような人びとには、こんなふうにいうしかない。すなわち、「この男は頭がどうかしているのではないか。どこか書物のなかからでもそういったことを聞きかじるか、たまたまちょっとした薬が手に入るかしたら、技術については何ひとつ知りもしないくせに、もうすっかり医者になったつもりでいる」（二六八C）と。学知に根拠づけられた本当の医術に対立するのは、ここでもまた書物（ビブリア）と薬物（パルマコン）なのである。

2　エクリチュールの神話

テウトの神話

　では、『パイドロス』末尾の問題の部分をデリダとともに読んでみよう。

ソクラテスは、話すこと（レゲイン）についてはもう十分議論したが、書くこと（グラフェイン）の問題が残っている、ものを書くことが妥当なことなのかどうか、どんな条件のもとでなら立派なことといえるのか、それを考えてみようとパイドロスに提案する。そしてそのことを考えるために、人づてに聞いたというエジプトの神話を語りはじめる。

　すでに三つのことを指摘できる。まず第一に、書くこと、エクリチュールは、議論の順序としても、話すこと、パロール、ロゴスにかかわることに先立たれ、遅ればせに、二次的派生的に、付け足し、添えもの、補遺（サプリメント）としてのみ登場するということ。第二に、エクリチュールはここでは初めから「妥当」なものであるかどうか、「立派」なものであるかどうかという、いわば道義的観点、モラルの観点から評価の対象になるということ。第三に、エクリチュールはパロールに対して遅ればせに取り上げられたうえに、まず最初は「まじめな」理論的言説にではなく、「昔の人たちから伝わる物語」――その「真意」は「彼ら古人だけが知るところだ」とされる――に、つまり語り手たるソクラテス自身（「まじめな」理論家）は責任を負わない単なる神話、伝説、うわさ話のたぐいに委ねられるというこ

左は神々のなかの神タムス（アンモン）、右は発明の神テウト

と。デリダにとって、これらはすべて、形而上学のロゴス中心主義的諸前提に結びついたものと読めるだろう。

ソクラテスの語る神話はこうだ。

かつてエジプトのナウクラティス地方に、この国の古い神々のなかの発明の神テウトが住んでいた。テウトは数、計算、幾何学、天文学、将棋、双六《すごろく》など多くのものを発明したが、とりわけ注目されるのは文字の発明だった。一方、当時のエジプト全体に君臨していた至高の神、神々のなかの神はタムスで、ギリシャ人たちが太陽神アンモンと呼んでいた神だった。テウトはあるときタムスのところへ行き、自分の発明した技術を披露《ひろう》して、それらをエジプト全体に広めることを薦《すす》めた。タムスはそれらの技術がどんな役に立つのかを一つ一つたずね、テウトの説明に対して、良いところを褒め悪いところを責めた。問題は文字の発明についてのやりとりである。

話が文字のことに及んだとき、テウトはこういった。

「王様、この文字というものを学べば、エジプト人の知恵は高まり、もの覚えはよくなるでしょう。私の発見したのは、記憶《ムネーメー》と知恵の秘訣なのですから」。——しかし、タムスは答えていった。

「たぐいなき技術の主テウトよ、技術上の事柄を生み出す力をもった人と、生み出された技術がそれを使う人々にどのような害を与え、どのような益をもたらすかを判別する能力をもった人は別なのだ。いまもあなたは、文字の生みの親として、愛情にほだされ、文字が実際にもっている効能と正反対のことをいわれた。なぜなら、人々がこの文字というものを学ぶと、記憶力の訓練がなおざりにされるため、その人たちの魂のなかには、忘れっぽい性質が植えつけられることだろうから。それはほかでもない、彼らは、書いたものを信頼して、ものを思い出すのに、自分以外のものに彫りつけられたしるしによって外から思い出すようになり、自分で自分の力によって内から思い出すことをしないようになるからである。じじつ、あなたが発明したのは、記憶《ムネーメー》の秘訣ではなくて、想起《ヒュポムネーシス》の秘訣なのだ。また他方、あなたがこれを学ぶ人たちに与える知恵というのは、知恵の外見であって、真実の知恵ではない。すなわち、彼らはあなたのおかげで、親しく教えを受けなくてももの知りになるため、多くの場合ほんとうは何も知らないでいながら、見かけだけはひじょうな博識家であると思われるようになるだろうし、また知者となる代わりに知者であるといううぬぼれだけが発達するため、つき合いにくい人間となるだろう（二七四e—二七五b）。

慧眼《けいがん》な読者はすぐ気づかれるにちがいない。このやりとりのなかで「秘訣」という語が反復されている。そう、あの「パルマコン」だ。エクリチュールは記憶と知恵の秘訣（パルマコン）だというテウトに対し、いやそれは記憶《ムネーメー》の秘訣（パルマコン）ではなく想起《ヒュポムネーシス》の秘訣（パルマコン）にすぎない、とタムスは答える。だから、エクリチュール論に焦点を当てると、『パイドロス』のそれ以前の部分に見え隠れしていたパルマコン関連のエピソード――乙女を死に追いやった泉の精パルマケイア、哲学者を外に連れ出す「秘訣」としての、偽《にせ》医者をつくり出す薬物としてのパルマコン――は、エクリチュール論の伏線ではなかったかと思われてくるのである。まるで『パイドロス』の本体と補遺の関係が逆転したかのように。

決定不可能なもの、パルマコン

エクリチュールは技術の発明品として王に差し出される。ここにあるのは、価値の根源である王タムスの裁可がなければエクリチュールの価値は決定されない、という構造である。タムスはエジプトの神々のヒエラルキーの頂点に位置する王であり、神の中の神、王の中の王である。発明の神テウトはこの王に服属する臣下のひとりにすぎず、自分の発明品の価値をみずから決定する権利をもたない。それを決定するのは王であり、王こそ価値の根源なのだ。ここには形而上学の特徴のひとつ、技術的なものはそれ自体としては無価値であって、それに価値付与する「主体」の支配下にある、あるべきだ、という思考が顔を見せている。

王はエクリチュールを自分の臣下から受け取る。これはつまり、王は書かない、神は書かないということである。価値の根源たる至高の主体は、エクリチュールを下から、あるいは外から受け取る。主体自身の内部、その〈自己への現前〉の内側にはエクリチュールは存在しない。なぜなら書く必要が存在しないから。王や神は書く必要がない。その存在は自己自身のうちで絶対的に充実しており、他者との関係を必要としない。王は書くことなく語る主体であって、自分の声をただ書きとらせるだけなのだ。ちょうどソクラテスが何ひとつ書かず、ただプラトンにその声を書きとらせただけのように。「ソクラテス、この書かぬ人」（ニーチェ）。

王はしかし、エクリチュールを下から、また外部から受け取るだけではない。彼はエクリチュールの価値をはじめて決定する。本来の価値を定めるのだ。逆にいえば、王の決定以前にはエクリチュールの価値は定まっていない。「文字の生みの親」として「愛情にほだされ」たテウトは、エクリチュールを「記憶と知恵の秘訣」と持ち上げるけれども、ここで「秘訣」と訳されたパルマコンはあるいは毒薬であるかもしれない。デリダはレオン・ロバンによる仏訳がこの箇所のパルマコンに remède つまり「治療薬」の語を当てている点を問題にし、そうした訳では、パルマコンという語の意味の流動性、決定不可能性が消されてしまうと指摘する。じじつ、プラトンのテクストをギリシャ語で読むなら、この箇所のパルマコンからは、すでに見たパルマケイアやパルマコンの語の伏線的使用を想起しないわけにはいかないだろう。文字のポジティブな効用を訴えるテウトの熱意にもかかわらず、「記憶と知恵のパルマコン」という表現は、いわばシニフィアンのレベルで〈死と逸脱に誘う毒薬〉の連想を呼び招き、ある決定不可能性を身に帯びる。仏語のremèdeにせよ、英語のremedyにせよ、日本語の「治療薬」にせよ、翻訳がこの流動性を消してしまうことに変わりはない。英語のdrugはパルマコンに似た両義性をもつが、プラトンのテクスト中のシニフィアンの連鎖を喚起することは不可能だ。「秘訣」はパルマコンの摩訶不思議《まかふしぎ》な力をそれなりに示唆し、前出の「外に連れ出す秘訣」との連絡にも成功した巧みな訳語といえるが、デリダが示す「パルマコン」のテクスト的効果の驚くべき複雑さにはとうてい匹敵《ひってき》しうるものではない。

パルマコンのテクスト的効果の複雑さ。それは単に、パルマコンがあるときは薬＝良薬を意味し、あるときは毒＝毒薬を意味する、という両義性には尽きない。プラトンにとってパルマコンは、それが良薬を意味するときにさえ同時に悪しき面を含むこと、しかも二つの意味でそうであることをデリダは指摘する。まず第一に、パルマコンは良きものであると同時に苦痛を与えるものの一種である（『プロタゴラス』三五四a）。良薬は口に苦し。疥癬《かいせん》患者への摩擦療法のように、パルマコンはそれ自体、苦痛に満ちた快楽であり、善と悪、快と不快に同時にかかわっている。第二に、もっと本質的な次元で、パルマコンは人工的、人為的であるために有害である。どんな良薬も、自然の生命に外から介入するかぎり、必ずなにほどかは自然の生命を損なってしまう。健康な自然の生命だけでなく、病気の自然で正常な進展、病気の自然な生命をも損なってしまうのだ（『ティマイオス』八九a―d）。良き目的に奉仕する場合でも、パルマコンは外部から侵入する技術として、根源的、本来的な自然の生命を必然的に毒してしまう。健康な生命に対しても病気の生命に対しても、とにかくパルマコンは「生命一般の敵」なのだ。

パルマコンは治療薬として働くときにも、不可避的に毒薬の機能をも発揮してしまう。そんな流動性、決定不可能性をパルマコンは本質的にもっている。見かけは悪いのだがじつは良い効能をもっているという「良き両義性」(『ピレボス』や『プロタゴラス』の場合)もあれば、本当は有害なのに良いものに見られるという「悪しき両義性」(『パイドロス』や『ティマイオス』の場合)もある。エクリチュールは後者の典型的なケースというわけだ。

「記憶と知恵の秘訣」を発明したと得意満面のテウトに対し、タムスの返答は厳しい。テウトは、本当は有害である文字を誤って——いわば〝親バカ〟から——良いものと思いこんでいるにすぎない。文字は人びとの記憶と知恵を高めるどころか、まったく逆に忘却と知恵の堕落を導き入れる。危険きわまりないものなのだ。

ここで対立させられているのは、単純に記憶と忘却ではないことに注意しよう。いわば広義の記憶のなかで、本来の記憶である「記憶《ムネーメー》」と、かぎりなく忘却に近い頽落《たいらく》した記憶である「想起《ヒュポムネーシス》」とが対立させられているのだ。広義の記憶のなかで、「記憶」と「想起」とを対立させるのはなにか？　それは「内」と「外」との対立である。「記憶」とは「自分で自分の力によって内から(endothen)思い出すこと」であり、「想起」とは「自分以外のものに彫りつけられたしるしによって外から(exothen)思い出す」ことなのだ。内的記憶である「記憶」と、外的記憶である「想起」との分割。タムスの決定＝判決は、内部と外部の起源的分割によって、パルマコンとしてのエクリチュールをはじめて外部に放逐する。この内・外の分割は、本質と見かけ、真実と虚偽の二元的分割とも完全に重なっている（「真実の知恵」と「知恵の外見」。「ほんとうは何も知らない」と「見かけだけはひじょうな博識家」。「知者」と「知者であるというぬぼれ」）。そしてこれらがすべて全体として、良き記憶と悪しき記憶、善と悪の二元的分割に対応している。パルマコンとしてのエクリチュールは、神々の王のこの一撃によって、真理、本質、善の領域たる内部から、虚偽、見かけ、悪の世界たる外部へと断固として排除されるのである。

神話の真理を語るソクラテス

ソクラテスは、対話相手のパイドロスが文字についてのタムスの見方に共感を示すのを見届けると、この神話の中身を今度は自分の言葉で、自分の思想として展開しはじめる。テウトの神話はあくまで神話として、一種のうわさ話として導入されたのであるが、ソクラテスはそれを引き取り、その真理を暴露する。弁証法的に、神話の真理は哲学へと止揚《アウフヘーベン》されるのである。

ソクラテスが語る、「ものを書くということ」の「困った点」を列挙しよう。㈠絵画と似ていて、あたかも生きているように見えるけれども、何を尋《たず》ねても死んだように沈黙している。㈡書かれた言葉は、それを理解する人びとのところであろうと、まったく不適当な人びとのところであろうと、「おかまいなしに転々とめぐり歩く」。読み手を選ぶことも、コンテクストをコントロールすることもできない。㈢誤解されたり、不当にののしられたりしたときも、自分自身で身を守ることができず、いつでも「父親である書いた本人の支え」を必要とする。

　これらの欠点をもつため、エクリチュールは「慰《なぐさ》みや娯楽」の手段になることはあっても、「真剣な熱意」や「真面目な目的」をもって扱われるべきものではない。この点を誤解し、書かれた言葉に何か高い価値があると思いこんで文章を書く場合には、「書く本人にとって恥ずべきこと」と言わなければならない。それは「正と不正について、善と悪について、覚めて見るその真実のすがたと夢のなかの影像との区別を知らない」ことに等しい。それはまた、血筋正しい「正嫡《せいちゃく》の息子」とそうでないもの、私生児との区別を知らないことでもある。つまりエクリチュールは、父親に認知されなかった息子、法的に公認されない法外の息子、アウトローなのである。

　エクリチュールはこうして、徹底的にその価値を貶《おとし》められる。もちろんこれは、エクリチュールの対立物、パロールの価値があらんかぎり称揚されるのと表裏一体である。ソクラテスはこの「書かれた言葉と兄弟の関係にあるが、しかし父親の正嫡の息子であるもうひとつの種類の言葉」について、それが「書かれた言葉に比べて、生まれつきどれだけすぐれ、どれだけ力づよいものであるか」を示そうとする。それはまず、「学ぶ人の魂のなかに知識とともに書きこまれる言葉」であり、知恵の外見ではなく真実の知恵とともにあるような言葉である。そして、右にあげたエクリチュールの欠点に対して、㈠「生命をもち、魂をもった言葉」であり、死せる沈黙に対立する。㈡語るべき人びとにだけ語り、黙すべき人びとには口をつぐむすべを知っている言葉であり、人が「ふさわしい魂を相手に得て」語る言葉である。㈢「自分自身のみならず、これを植えつけた人をもたすける力」をもった言葉であり、さらに「実を結ばぬままに枯れてしまうことなく、一つの種子を含んでいて、また新たなる言葉が新たなる心の中に生まれ、かくてつねにその生命を不滅のままに保つことができる」言葉である。書かれた言葉はまさに、この言葉の単なる「影」にすぎないのだ。

このソクラテス（＝プラトン）の議論のポイントが、テウトの神話で示された二元的対立を基本的に踏襲《とうしゅう》し、それをいっそう増殖させる点にあることは明らかだろう。「記憶《ムネーメー》」と「想起《ヒュポムネーシス》」の分割を可能にする内部と外部、本質と見かけ、真理と虚偽、善と悪などの二項対立は、生と死、真面目なものと慰みもの、現実と夢、本体とその影、正嫡の子と私生児、生産と消費など、パロールとエクリチュールを区別する対立に完全に重なる。たしかにパロールといっても、ただ口頭で語られるだけですべてのパロールが特権的だというわけではない。「口で話す言葉」とても、「吟誦《ぎんしょう》される話のように、吟味も説明もなく、ただ説得を目的に語られる場合」には、書かれた言葉と「同断」である、とソクラテスはいっている。つまりパロールにはそのテロス、目的論的な本質があり、真理、知識、生命に満たされた、充実したパロールがその理想となっているのである。芝居のセリフのような空虚なパロール、ただ「吟誦される話」は、魂を伴わず、まじめさに欠けた単なる機械的反復にすぎない点で、書かれた文字と「同断」である。物質音によって「外から」「想起」させるだけで、忘却と紙一重の、「実を結ばぬままに枯れてしまう」言葉なのだ。反対に、充実したパロールこそは、魂から魂へ真理を「内から」伝達し、そうして「その生命を不滅のままに保つことができる」「記憶」の言葉にほかならない。

形而上学は概念の階層秩序的二項対立のシステムである

ソクラテス（＝プラトン）は、ここでエクリチュールを貶め、充実したパロールを特権化することで、何をしようとしていたのか？　それはつまるところ、哲学の言葉の宣揚、プラトン的意味での哲学の定義そのものではないか？

書かれた言葉のなかには、その主題が何であるにせよ、かならずや多分に慰みの要素が含まれていて、韻文にせよ、散文にせよ、たいした真剣な熱意に値するものとして話が書かれたということはいつぃかなるときにもけっしてないし、〔……〕書かれた言葉のなかで最もすぐれたものでさえ、実際のところは、ものを知っている人びとに想起の便をはかるという役目を果たすだけのものであると考える人、――そして他方、正しきもの、美しきもの、善きものについての教えの言葉、学びのために語られる言葉、魂のなかにほんとうの意味で書きこまれる言葉、ただそういう言葉のなかにのみ、明瞭で、完全で、真剣な熱意に値するものがあると考える人、――そしてそのような言葉が、まず第一に、自分自身のなかに見いだされ内在する場合、つぎに、何かそれの子供とも兄弟ともいえるような言葉が、その血筋にそむかぬ仕方でほかの人びとの魂のなかに生まれた場合、こういう言葉をこそ、自分の生み出した正嫡の息子と呼ぶべきであると考えて、それ以外の言葉にかかずらうのを止める人、――このような人こそは、おそらく、パイドロスよ、ぼくも君も、ともにそうなりたいと祈るであろうような人なのだ（二七七e—二七八b）。

パロールとエクリチュールの以上のような分割を実行し、充実したパロール「以外の言葉にかかずらうのを止める人」。このような人こそが、ソクラテスもパイドロスも「ともにそうなりたいと祈るであろうような人」つまり哲学者なのである。

哲学者とはここで、言葉に根源的な分割をほどこす人のことである。言葉（ロゴス）は真正の言葉（ロゴス）である充実したパロールと、頽落した言葉（ロゴス）であるエクリチュール、「書かれた言葉」（ロゴス・ゲグラメノス）とに二元分割される。パロールは魂、内面性、記憶、生、現前、真理、本質、善、まじめ、父（法）との正常な関係に対応し、エクリチュールは物質、外面性、想起、死、不在、虚偽、見かけ、悪、ふまじめ、父（法）からの逸脱（私生児性）に対応する。ソクラテス（＝プラトン）の哲学的対話術、ディアレクティケー（弁証法）とは、言葉のうちからあらゆるエクリチュール的要素を排除することによって、もっとも充実した理想的パロールを追求することに重なるだろう。

こうして私たちは、『パイドロス』のエクリチュール論のなかで、まさにプラトン主義的哲学、つまり「形而上学」の誕生に立ち会うことになる。プラトン主義哲学としての形而上学は、ここに働いているような諸概念の二項対立、諸価値の二元論的分割をこそ、そのもっとも基本的な特徴としているからだ。パロールとエクリチュール、「記憶《ムネーメー》」と「想起《ヒュポムネーシス》」の分割を可能にするためにここで導入されている対概念は、各項がたがいに他を排除しあう対立《ヽヽ》（opposition）として固定され、以後二〇〇〇年におよぶ西洋哲学、西洋文明の歴史を強力に規定することになる（しかもこれは、けっして「西洋」だけのことではない）。

記憶《ムネーメー》と想起《ヒュポムネーシス》の対立は、エクリチュールの意味を支配するだろう。この対立は、プラトニズムの構造をなしているすべての偉大な諸概念の対立とシステムを形成している。この二つの概念の境界で作用している（jouer〔戯れ、懸けられている〕）ものは、したがって、何か哲学の主要な決定のようなものであり、哲学はこの決定をとおして、みずからを創設＝制度化し、維持し、自分の反対面（fond advers〔どん底の逆境〕）を内包＝抑圧するのである（「プラトンのパルマケイアー」）。

重要なのは、この対立が単なる対立ではなく、優劣、序列、階層秩序（ヒエラルキー）をもつ対立だということである。パロールはエクリチュールと対立し、エクリチュールを排除するばかりでなく、エクリチュールに対して価値的に優位に立ち、特権化される。パロールは根源的、本来的、自然的な言語、エクリチュールは派生的、非本来的、技術的言語で、後者は前者の頽落形態であるとされる。記憶と想起、内部と外部、魂と物質など、対応する諸概念の系列もまったく同様である。形而上学とはこの意味で、諸概念の階層秩序的二項対立のシステムなのだ。

　充実したパロールからエクリチュールへの頽落は、すべてが完全な天上界から地上界への落下、純粋な精神が肉体をもってしまった過ちにも似ている。『パイドロス』でもそうだが、プラトンはしばしば真理の認識を、かつて人間が純粋な魂として天上界で観照していたイデア的な真実在を、地上界に落ちて閉じこめられてしまった肉体のなかから思い出すこと（アナムネーシス）になぞらえている。このイデア的真実在のアナムネーシス（anamnēsis）は、『パイドロス』では想起（hypomnēsis）ではなく、記憶（mnēmē）に対応する。エクリチュールを捨てて充実したパロールを追い求める努力は、肉体を去って純粋な魂に復帰し、天上界で真理の現前に立ち会おうとする運動と完全に一致する。

ロゴス中心主義、音声中心主義、現前の形而上学

『パイドロス』のエクリチュール論は、こうして諸概念の階層秩序的二項対立を発動しつつ、哲学を形而上学として立ち上げる。この議論のなかに、デリダによる形而上学の著名な特徴づけがほぼすべて確認できることを見ておこう。

　形而上学とは、まず第一にロゴス中心主義（ロゴセントリズム）である。「ロゴス」とはこの場合、狭義の論理、概念性、合理性などを意味するだけではない。それはギリシャ語の

原義にそくして、レゲイン（語ること）から、語られた言葉、パロールとして理解されている。ロゴスこそ言語の本質であり、したがって、すべての意味表現の媒体（文字、絵画、身ぶりなど）のなかでもっとも中心的なものである。狭義の論理性（ロジック）の特権化は、形而上学においては、つねにロゴス一般の有意味性を根拠とし、そのうえに行なわれるのであって逆ではない。

形而上学は、したがって第二に、音声中心主義（フォノセントリズム）である。ロゴス中心主義とは、「ロゴスにおける〈思考と声との統一〉の還元不可能性」の神話にほかならない（『声と現象』）。文字に対する声の優位は、絶対神の言葉（ウェルブム）としての声から、ルソー、カント的な良心の声、ハイデガーにおける存在の声、現代言語学における音声学、音韻《おんいん》論の特権性にいたるまで、西洋の思考の歴史を貫いている。この音声中心主義はまた、西洋にあってはアルファベット「表音文字」という一見まことしやかな、そのじつ根拠薄弱な観念に結びついている、とデリダは考える。「表音文字」こそありうべき文字一般の理想的モデルだと想定しているかぎり、この音声中心主義は「西洋」の自民族中心主義、ヨーロッパ中心主義の温床にもなる。

第三に、こうしたロゴスの価値、声の価値は、「現前」（présence）の特権性と不可分である。「現前」の概念を、デリダはハイデガーから受け継いだ。ハイデガーは西洋哲学の存在論の伝統を解釈し、古代ギリシャ哲学以来、西洋哲学においては「存在」（Sein）の意味を「現前性」（Anwesenheit）と解する存在了解が支配的であった、と主張している（『存在と時間』序論)。プラトン、アリストテレスから、デカルト、ヘーゲル、フッサールまで哲学者たちは、存在者が存在するということは現前的に存在すること、現にいま眼の前に、ありありと現われて存在することであり、また、つねにそうした状態にもたらしうる仕方で存在することである、と考えた。本当に存在するもの、真実在するものとは、まったく疑いない仕方で確かにそこにある、ここにあると言えなければならないものだ、というわけである。

現前としての存在のモデルは、歴史的に変遷してきた。あえてラフな図式化をしてみれば、古代哲学ではイデアが、中世哲学では絶対神が、近代哲学ではコギト、意識、主観性の自己現前(présence à soi)が典型であったといえるだろう。だが歴史的モデルは変わっても、これらの真実在はすべてロゴスにおいてこそ純粋に真理として現前しうる、と考えられてきたことには変わりない。歴史的図式化も絶対的ではありえない。すでに見たとおり、『パイドロス』における真正のロゴスも、イデア的真実在を再現前化するばかりでなく、「父親」である〈語る主体〉の現前をともない、自分自身を知ることとの内面性と結ばれているかぎりで、「もっとも神の意にかなう」(二七四b)言葉となるのだから。ロゴス中心主義とは要するに、ロゴスにおける真理の現前、真なる意味や真なる事象の、そしてそれらを思念する内的な「魂」の、ロゴスにおける現前を特権化する思考、すなわち現前の形而上学なのである。

存在－神－目的論、ファロス中心主義

第四に、形而上学は存在－神－目的論（onto-théo-téléologie）の構造をもつ、ともいわれる。現前の形而上学はつねにより純粋、より端的な現前の実現をめざすから、実現されるべき現前の十全性の程度に応じて、存在するもののあいだに階層秩序を樹立することになる。頂点に位置するのは、もっとも完全な現前、絶対的な現前をもつ神的な存在者である。ただし、かならずしも文字どおりの神、絶対神である必要はない。近代哲学におけるコギト・意識・主観性は、多かれ少なかれそうした中心的な現前の場であるし、ヘーゲルの絶対精神、フッサールの超越論的自我などは、じっさいに神に代わって絶対的位置を付与されている。近代の社会思想では、民族、国民、人種、階級といった「共同主観性」の自己現前が、歴史の真理として想定されることもある。ともかく、存在するすべてのものを現前性という基準でランクづけ、その頂点にもっとも完全な現前をもつ神的存在者を配置し、この存在者の純粋現前を思考と行為の究極目的（テロス）とするかぎり、形而上学は同時に存在論的であり、神学的であり、目的論的である。つまり、存在－神－目的論なのである（この名称も、ハイデガーが形而上学の特徴とした存在－神学［Onto-Theologie］に由来する）。目的（テロス）である神的存在者は、ほとんどつねに、あらゆる存在するものの根拠（アルケー）であり、根源（アルケー）であるともされる。その意味では、存在－神－目的論は存在－神－目的－始源論（onto-théo-téléo-archéologie）でもある。

存在－神－目的論がその純粋現前をめざす存在者、デリダはそれを超越論的シニフィエ

(signifié transcendantal) と呼ぶことがある。「シニフィエ」は、構造主義の先駆者とされるスイスの言語学者フェルディナン・ド・ソシュールに由来する言葉だ。ソシュールは、言語記号が自分の外にある既成の概念を表現するという見方をしりぞけ、記号自体のうちに意味する側面（「聴覚イメージ」）と意味される側面（概念）を表裏一体のものとして組みこんで、前者をシニフィアン、後者をシニフィエと呼んだ。しかしデリダは、あえて「超越論的」シニフィエという言い方をすることによって、形而上学がテロスとする純粋現前が、いっさいの表現媒体を超え、不純で不透明な「外的」「物質的」存在者の世界を超越したところに想定されている、と示唆するのだ。

いっさいの表現媒体を超えるのだから、究極的には、声という媒体、語りとしてのロゴスをも超えた沈黙の純粋現前が想定されることもありうる。ロゴス中心主義は、ロゴスがパロール（音声言語）としてなお「物質的」に考えられているかぎり、超越論的シニフィエの前ではロゴスそのものが消え去ることを欲する。絶対者は語りえないとし、言語を絶した絶対者の絶対的現前を想定する思想は、プラトンからネオプラトニズム、中世以来の否定神学的伝統に脈々と受け継がれてきた。プラトンは最高の真理である「善」のイデアを、言論としてのロゴスを超え、それ自体を直視することさえできない太陽になぞらえている（『国家』）。また場合によっては、ロゴスそのものを非物質化し、無限化し、絶対化して、超越論的シニフィエと同一視してしまう形而上学的戦略もある。『新約聖書』「ヨハネ福音書」の冒頭部分、「はじめにロゴスありき。ロゴスは神とともにありき。ロゴスは神なりき」は象徴的だ。

最後にもう一つ、形而上学のファ、ロ、ス、中、心、主、義、（ファロセントリズム）的性格も、『パイドロス』の議論にかいまみえる。ファロス（phallos）はギリシャ語で「男根」を意味するが、精神分析などでは、肉体的実在であるペニス（penis）と区別され、「男らしさ」の象徴としての男根を意味する。ファロス中心主義とはしたがって、男根中心主義、広くは「男らしさ」を特権化し、「女性的なもの」を周縁化する男性中心主義という意味だ。

プラトンがエクリチュールの「血筋」を問題にしていたことを想い起こそう。この系譜学は、母も娘も姉妹関係も存在せず、もっぱら「父」と「息子」と「兄弟関係」だけで語られるようなものなのだ。エクリチュールは、自分の力では身を守ることができず、いつでも「父親である書いた本人」の助けを必要とする。パロールは、「書かれた言葉と兄弟の関係にあるが、しかし父親の正嫡《せいちゃく》の息子」である。語る主体や書く主体はつねに「父親」であって、まるで「父親」だけで嫡出子や私生児を「生む」かのようにすべてが語られているのだ。デリダはまた、ソクラテス（＝プラトン）にとってロゴスは「父」ではなく「息子」だという点を強調している。「父」はロゴスを生み出すもの、究極的には神であり、神々の王であろう（ちょうど、イエス・キリストが「父なる神」の「息子」とされるように）。

3　パルマコンの戯れ

外部は内部の〈内部〉である

『パイドロス』のエクリチュール論の読みをとおして、形而上学の思考と言説のもっともミニマムな構造が浮上してきた。さっそくだが、ではこの構造がデリダによってどんなふうに脱構築されるのか、この点についても、ここでそのもっともミニマムな筋道を素描しておこう。

形而上学者の夢は、階層秩序的二項対立の優位に立つ項（A）が純粋に現前し、劣位にある項（B）が無に等しくなる場面を実現することにある。そのために形而上学者は、二項が決定不可能な仕方で混交し流動している現実から、（B）を排除し、（B）が（A）に対して端的に外部にあるような状態を作り出そうとする。（A）の内部に（B）的な要素がいっさいなく、（A）に対して（B）がまったくの外部にあるときこそ、（A）が純粋に現前するといえるからだ。このことは、形而上学的二項対立のどんな二項についてもいえる。

ちなみに、純粋現前の欲望が実現されるためには、それを妨げる対立する要素が端的な外部に排除されねばならない、ということからデリダは、内部／外部という対立は、すべての形而上学的二項対立において前提され信任されたそれらの原型（マトリックス）だと述べている。同じことは、自己／他者、同一／差異といったいわば「論理的」ないし形式的な対概念にも、多かれ少なかれいえるだろう。これらの対概念は、記憶／想起、精神／物質、自然／技術、男／女、西洋／東洋といった、多少とも実質的、具体的な対概念とともに形而上学的二項対立に属するが、同時に、後者のグループの対概念が厳密に成り立ち、優位項の純粋現前が可能になるための条件でもあるわけである。

さて、(B) が (A) に対して端的な外部にあるとしよう。すると、ここにパラドキシカルな状況が生じる。もし (B) が (A) に対して徹底して外的であるなら、さらに、(B) はもともと (A) の干からびた影であり、劣化し、弱化し、衰退した模擬物（シミュラークル）にすぎないなら、どうして (B) は (A) にとってそんなに危険なのか？　どうして (A) は、(B) を外部にとどめておくことができないのか？　なぜ (B) がたやすく (A) に侵入し、それを「内的に」損ない、変質させ、瓦解《がかい》させることができるのか？　なぜ魅入られたように外部を引き寄せ、内部を外部に乗っ取られてしまうのか？

泉の精パルマケイアに惹かれ、命を落としたオレイテュイア、また、パルマコンとしての書かれたロゴス、ロゴイ・エン・ビブリオイスに魅入られて、城壁の外部にさまよい出た「内部の人」ソクラテスのように、内的なパロールは、なぜか避けがたく外部のエクリチュールに汚染され、エクリチュールに身を落としてしまう。内的「記憶」の純粋性は、外的「想起」の侵入によって損なわれ、失われてしまう。王タムスによれば、人びとがエクリチュールを知ると記憶力の訓練をなおざりにし、「魂のなかに」「忘れっぽい性質が植えつけられ」てしまうのだった。彼らは「書いたものを信頼して、ものを思い出すのに、自分以外のものに彫りつけられたしるしによって外から思い出すようになり、自分で自分の力によって内から思い出すことをしないように」なってしまう。パロールがエクリチュールに、内的記憶（ムネーメー）が外的想起（ヒュポムネーシス）に、内部が外部に、本体が付加物に取って代わられてしまうのだ。

　これは、何を意味するのだろうか？　デリダはこう考える。内部／外部の階層秩序的二項対立は、けっして完全には確立しえないということ、内部／外部の境界線は究極的には決定不可能であり、可変的、流動的、不安定なものであるということ、外部は内部の内部であり、内部の内部から外部を外部に追放することは不可能であるということ、を意味すると。まずはじめに言語の本体として充実したパロールがあり、そこに現前の欠けたエクリチュールがたまたま外から、本来なしですましうる二次的な補足物として付加されるのではない。じつはエクリチュールの要素は、根源的で純粋だと思われたパロールの内部でそもそものはじめからすでに働いているのであって、パロールにおける現前はけっして完全なものではなかったのである。まずはじめに純粋な魂の内面性において行なわれる記憶があって、そこに、本来なくてもよかった外的な「しるし」が後から付け加わって想起が成立するのではない。いかなる「しるし」にも依存しない内的記憶などはじめからなかったのであって、ヒュポムネーシスの作用はすでにムネーメーの内奥に宿っていたはずなのである。

外部は、記憶の働きの内部にすでに存在する。記憶の自己への関係、ムネーメーの活動

> の一般的組織の内部に、悪が浸透していく。記憶は本質的に有限である。記憶に生命を付与することで、プラトンもそれを認めている。［……］すべての生命体にと同様、記憶にもさまざまな限界を認めているのだ。限界なき記憶はそもそも記憶ではなく、自己への現前の無限性であろう。記憶はしたがって、必然的に関係をもつことになる非現前的なものを思い出すため、つねにすでに記号を必要としている。弁証法の運動もそのことを示している。記憶はかくして、みずからの最初の外部、最初の補足物たるヒュポムネーシスによって、汚染＝混交（contaminer）されるがままになる。だが、プラトンが夢見るものは記号なき記憶である。すなわち、代補（supplément）なき記憶、ヒュポムネーシスなきムネーメー、パルマコンなきムネーメーなのだ（「プラトンのパルマケイアー」強調はデリダ）。

代補の運動

外部、悪、非現前、記号、しるし、補足物、ヒュポムネーシス、代補、パルマコン。エクリチュールに属するこれらすべてのものは、「記憶」の内部にすでに存在する。ヒュポムネーシスはムネーメーが終わったところから始まるのではなく、ムネーメーが始まるところからすでに始まっている。エクリチュールはパロールの終わったところから始まるのではなく、パロールが始まるところからすでに始まっている。ということはつまり、記憶と想起、パロールとエクリチュール、そして内部と外部の階層秩序的二項対立はけっして厳密には成り立たないということ、境界線の究極的な決定不可能性があるということにほかならない。

外から（あるいは後から）偶然的な補足物として本体に付加されるものが、本体の内奥に侵入し、そこに棲《す》みつき、それに取って代わってしまうという運動——デリダはこれを代補（シュプレマン、サプリメント）の論理と呼ぶ。形而上学からみれば、これは恐るべき混乱、堕落、倒錯以外の何ものでもないが、しかし形而上学はこれを防ぐことができない。外部を内部から排除しようとする運動はけっして完全には成就しない。なぜなら、外部が単純な外部であり、二次的偶然的な補足物であるという表象自体、決定不可能なものを決定しようとする形而上学的欲望の産物であって、内部と外部との絶対的な境界線などはじめからなかったのだからである。

> ［形而上学によれば］欠如ではなく充実が、差異なき現前が存在するはずだっただろう。したがって、危険な代補（supplément）［……］は、幸福で無垢な現前に悪と欠如として外部から付加されるべくやって来ることになる。それは、単純に外部であるような外部からやって来るだろう。このことは、同一性の論理と古典的存在論の原理（外部は外部である、存在は存在する、など）にはかなっていても、代補性の論理にはかなっていない。代補性の論理では、外部は内部であり、他者と欠如はマイナスに置き換わるプラスとして付加されるべくやって来るのであり、何ものかに付加されるものは、この何ものかの欠損にとって代わるのであり、欠損は内部の外部としてすでに内部の内部に存在する、といった

具合なのである。［……］欠如はまさに危険な代補として、つまり弱らせ、従わせ、消失させ、分離し、偽造する代替物として、無傷であり、ありつづけるべきだっただろうエネルギーに手をつけ、それを損なってしまうのだ（『グラマトロジーについて』強調は高橋）。

代補の運動は、内部／外部の境界線の壊乱、一般に階層秩序的二項対立の解体であり、形而上学の脱構築（ディコンストラクション）そのものである。いま述べた理由から、形而上学はこの運動をけっして制圧したり、禁止したりすることができない。いやむしろ、禁止することしかできない。無理やり禁止しつつ、その禁止が無力であることを示してしまうことによって、代補の運動を記述することしかできないのだ。

パロールのなかのエクリチュール

プラトンはすでに、パルマケイアが「処女的純潔と損なわれていない内部を死に追いやる」ことを示唆していた。パルマコンである書物が内部の人ソクラテスを外部に迷い出させることも示唆していた。何より、ヒュポムネーシスのパルマコンたるエクリチュールが惹き起こす代補の運動、つまり、内的記憶が外的想起に乗っ取られてしまうという事態を記述していた。プラトン自身がエクリチュールの内在性を示唆してしまう場面は、けっしてこれだけにとどまらない。

たとえば、充実したパロールをふと「魂のなかにほんとうの意味で書きこまれる言葉」と表現してしまう場面（二七六a、二七八a）。充実したパロールから「書かれた言葉」を排除することに全力をあげているまさにその瞬間、この表現が充実したパロールの記述のなかに二度にわたって登場するのはけっして偶然ではない、とデリダは考える。ロゴス、パロールは「魂」のうちに「書きこまれる」。それはエクリチュールの一種、別種のエクリチュールなのだ。

それは隠喩《いんゆ》（メタファー）にすぎない、といいたくなる人があるかもしれない。だが、本来の意味と隠喩的な意味との対立自体、じつは脱構築を免れない形而上学的二項対立の一例である（このテーマをデリダは『余白――哲学の／について』所収の「白けた神話学」で主題的に扱っている）。また、かりに「隠喩」だということを認めるとしても、問題はまさに、ロゴス中心主義がロゴスの核心からエクリチュールを排除しようとするとき、なぜエクリチュールの隠喩が執拗《しつよう》に戻ってきてしまうのか、なぜロゴスからある種のエクリチュール性が完全には排除できないのか、ということにある。

『パイドロス』で起こっている事態は、近代ではルソー、現代ではソシュールのテクストなどで典型的な形で反復される、とデリダは指摘する。彼らはいずれも、きわめてロゴス中心主義的にエクリチュールの価値貶下《へんげ》を行なうが、パロールの本質を記述するさいに決定的な仕方でエクリチュールのモデルに訴える。たとえばルソーは、エクリチュールを文明の悪、人間を本来の自然から堕落させる死んだ技術として口をきわめて断罪する一方、中世以来の

〈神ないし自然による書きこみ〉の隠喩的伝統を引きつぎ、「神の手によって人間の魂に書きこまれた自然法」について、また「私の心の奥底に消し去ることのできぬ文字で書きこまれた」「自然の神聖な声」について語るのである（『グラマトロジーについて』第一章）。

デリダによれば、この事態はつぎのように理解される。すなわち一方では、パロールは一定の「本質」をエクリチュールと共有しており、両者は構造的に共通性をもっている。パロールはある意味ではまさにエクリチュールの一種であり、だからこそ、パロールの記述にエクリチュールの「隠喩」が必要とされるのである。このパロールのなかにあるエクリチュール性を、デリダは、のちに見るように、「根源的」エクリチュールという意味で「原《アルシ》エクリチュール」と名づける。他方ではしかし、形而上学はパロールの内部へのこのエクリチュールの侵入から真理の核心を護るために、エクリチュール自体を分割し、「良きエクリチュール」と「悪しきエクリチュール」の二項対立を作り出す。一般に、良きエクリチュールは真理を語り、内面的で精神的、生き生きとして自然なエクリチュールであり、悪しきエクリチュールは誤謬《ごびゅう》に満ち、外面的で物質的、死んだ技術としてのエクリチュールである。「良きエクリチュール」の歴史的典型はいうまでもなく聖書（サント・エクリチュール）であるが、ルソーにとっては聖書でさえ「結局は書物」でしかなく、「人間の魂に書きこまれた」神の法こそ、もっとも聖なるエクリチュールであった。キリスト教神学のある種の伝統では、聖書に対して、ユダヤ教タルムードが「現存するもっとも不快な書物」として蔑視された、などなど。

隠喩的転換によって、形而上学的二項対立の上位項にまつりあげられた「良きエクリチュール」。だがその卓越性は、結局のところ、超越論的シニフィエとしての真理の現前にひたすら奉仕し、その使命に忠実であるかぎりにおいてのものにすぎない。パロールとエクリチュールが対立させられるとき、前者は現前の言葉、後者は不在の言葉である。つねに現前をテロスとしつつ、充実したパロールと空虚なパロールが分割され、良きエクリチュールと悪しきエクリチュールが分割される。「良きエクリチュール」があいかわらず、現前の形而上学の存在‐神‐目的論的システムのなかにあることは明らかだ。それは内部に侵入したというより、内部に取りこまれてしまった外部であり、順化され、同化され、内化されてしまったエクリチュールなのである。

形而上学の脱構築はプラトンのテクストのただなかで起こっている

とはいえ、デリダにとってエクリチュールは、けっして順化され、同化され、内化されえないものである。エクリチュールを排除しようとしたプラトンが、にもかかわらずエクリチュールの還元不可能性を記述してしまっていると思われる場面は、『パイドロス』の一節にとどまらない。プラトンはしばしばアルファベットの字母（文字）を説明のモデルに用いるが、それは単に分かりやすさをねらった教育上の配慮ではなく、ある一貫した必然性に従ったものだとデリダは見る。プラトンが文字のモデルを導入するとき、それはつねに、実体的同一性に対して「差異」や「構造」や「関係性」の還元不可能性を示すためなのである。

『国家』の有名な一節で、「正」と「不正」についての洞察の欠如を代補しにやって来るのは、「大文字」と「小文字」のアナロジーだ（三六八c―e）。『ピレボス』の冒頭では、ソクラテスがあのエジプトの神テウトを今度は「文法」の発明者として引き合いに出し、神や人間の声の無限の同一性を分割し、多様なものの統一としてロゴスを成立させる文字（ストイケイオン）の原理を論じる（一七a―一八d）。「書きこみの〈隠喩〉はしたがって、差異と関係が還元不可能であるたびごとに、他者性（altérité）が規定性を引き入れ、あるシステムを循環させはじめるたびごとに介入するのだ」。

デリダはこの文脈に、これもよく知られた『ソピステース』の「非存在」の「存在」についての議論をおく。この対話篇で、プラトンの哲学的代弁者と目されるエレアからの客人は、存在の絶対的同一性を真理とするパルメニデスの説に対して異を唱え、ある意味で非存在（メー・オン）が存在し、またある意味で存在（オン）が存在しないということがなければ、虚偽命題や誤った意見、模像や幻影については何も語れなくなってしまうだろう、と主張するのだが、デリダが注意を促すのは、この主張が「われらの父パルメニデスのロゴス」への攻撃、「父のロゴス」への攻撃として語られる点である（二四一d―二四二a）。プラトンはここで、存在のうちに非存在を、現前のうちに不在を、同一性のうちに差異を侵入させることによって「父殺し」を敢行するのだ、とデリダは言う。「父殺し」はここで、虚偽、模像、見かけ、幻影などについての言論（ロゴス）と、それらにかかわる技術の「可能性の条件」になっているのだ。

ところで、これは『パイドロス』でエクリチュールの状況とされたものと同じではないだろうか？　エクリチュールは父の不在の言語である。言葉というものはひとたび書きものにされると、父親である書いた本人のもとを離れて、どこでもおかまいなしに転々とめぐり歩く、とソクラテス（＝プラトン）はいっていた。それはまた、父親の「正嫡の息子」ではなく私生児であり、法的父の存在しない言語であった。エクリチュールは父の不在からはじまる。「エクリチュールは父殺しである」。そしてそのかぎりでエクリチュールもまた、虚偽、模像、見かけ、幻影などの可能性をロゴスのうちに持ちこむのだった。

　こうしてデリダは、『ソピステース』における父殺しの帰結を、現前としての存在のうちへの（原）エクリチュールの侵入の帰結として読むことになる。『ソピステース』において、ロゴスを生み出すもろもろのエイドス（形相）の、存在と非存在の、そして異なるものの一致と不一致、統一と排斥の基準としての「結合」（シュンプロケー）が、またしても文字のモデルで説明されるのは自然の成りゆきであろう（二五三a）。「結合」（シュンプロケー）すなわち差異を原理とするエクリチュールこそ、父殺しの下手人である。それは、現前としての存在の絶対的自己同一を根底から動揺させる。不在なき現前、差異なき同一性、他者なき自己存在は不可能なのだ。存在のかなた（エペケイナ・テース・ウーシアス）の善は、叡知界の太陽として直視することができない。現前の形而上学のこの脱構築は、プラトンのテクストのただなかで起こっている。形而上学の脱構築は、デリダが始めたのでも、ハイデガーが始めたのでも、ニーチェが始めたのでもない。フロイト、マルクス、あるいはレヴィナスが始めたのでもない。すでにプラトン自身のテクストが、プラトニズムの脱構築を開始していたわけである。

コーラ

プラトンのテクストにおける（原）エクリチュールの記述。それをデリダは、『ティマイオス』の「コーラ」（khôra）の議論にも見いだす。デリダは一九八七年、師の一人である古代ギリシャ学者ジャン＝ピエール・ヴェルナンに捧げられた論文「コーラ」を発表し、九三年には単行本にしているが、これはすでに二〇年近く前「プラトンのパルマケイアー」で予告されていたコーラ論への序論と考えられる。否定神学を論じた八五年の重要な論文「いかにして語らないか――否認」（『プシケー』所収）でもコーラが問題になっており、デリダにとってコーラは、プラトンにおいてパルマコン同様の、あるいはそれ以上の脱構築的モチーフと考えられるようになっていく。

「コーラ」とはなにか？　それはとりあえず、「場所」を意味するギリシャ語である。抽象的一般的な空間としての場所ではなく、そこになにかが置かれる具体的な場所を意味する。なんの変哲もない言葉のようだが、『ティマイオス』ではそれがある尋常ならざる次元を指示する言葉になる。「プラトニズムのあらゆる二項対立を超え、根源的な書きこみのアポリアに向かっている」とデリダが書く一節を、多少長くなるが読んでみよう。

あのときは、われわれはただ二種のものだけを区別したのですが、いまはその他に第三の種族を明らかにしなければならないのです。というのは、前の話題では、あの二つのもの、――つまり、一つはモデル（paradeigmatos）になるもの、知性の対象であるもの、つねに同一を保つものであり、第二は、モデルの模写にあたるもの、生成するもの、可視的なものだったのですが――この二つだけで十分まにあっていました。〔……〕しかしいまは、議論のほうがわれわれに、捉えどころのない厄介な種類のものを、言論によって明るみに出すように努めろと迫っているらしく思われます。それでは、このものは、どんな機能と本性をもつものと考えなければならないのでしょうか？　それは何よりも次のようなものと考えなければなりません――つまりそれは、あらゆる生成の、いわば養い親のような受容者だというのです。〔……〕なにしろ、そのものは、ありとあらゆるものを受け入れながら、また、そこへ入ってくるどんなものに似た姿をも、どのようにしてもけっして帯びていることはないからです。というのは、そのものは元来、すべてのものの刻印が刻まれる地の台（ekmageion）をなし、入ってくるものによって、動かされたり、さまざまな形を取ったりしているものなのでして、このようにして入ってくるもののために、時によっていろいろと違った外観を呈しているというわけだからです。〔……〕さしあたってわれわれは、三つの種族を念頭に置かなければなりません。すなわち、「生成するもの」と、「生成するものが、それのなかで生成するところの当のもの」と、「生成するものが、それに似せられて生じるそのもとのもの」の三つがそれです。なおまた、受け入れるものを母に、似せられるもとのものを父に、前二者の間のものを子になぞらえるのが適当でしょうし、さらに注意しなければならないのは、この場合、象《かたど》られてつくられる像がそのなかで象られて成立するところの、その当のもの自身は、およそ自分がどこかから受け入れるはずのどんな姿とも無縁だというのでなければ、受け入れるものとしての準備がよく整っていることにはならない、ということです。［……］ですから、可視的な、あるいは一般に感覚的なものたる生成物の、母であり受容者であるものを、われわれは、土とも空気とも、火とも水とも、あるいはこれらから成るどんな合成物とも、また、これらを成立せしめている組成要素とも呼ばずにおきましょう。むしろこれを、なにか、目に見えないもの、形のないもの、何でも受け入れるもの、なにかこうはなはだ厄介な仕方で知性対象の一面を備えていて、きわめて捉えがたいものだといえば、間違っていることにはならないでしょう（四八e―五一b）。

モデル（パラデイグマ＝原型）とその模写にあたる、イデア的なものと感覚的なもの、知性的なものと可視的なもの、「つねに同一を保つもの」と「生成するもの」。プラトン主義形而上学の屋台骨をなすこの二項対立に対して、明らかにここではその限界が指摘され、「第三の種族」（triton genos）の必要が説かれている。イデアとそれをモデルとする事物の模写そのものが、両者のすべてを受け入れるある根源的な「受容者」なしには成立せず、この「受容者」こそ「コーラ」（場所）にほかならないというのだ（五二a）。「プラトニズムのあらゆる二項対立」のプラトン自身による脱構築。対立項のいずれでもないが、両者を包摂し、両者の関係をそのなかで可能にする中間地帯、第三のもの（デリダは『コーラ』で、『ティマイオス』という対話篇自体、無数のミュトス〔神話、物語〕を包摂する巨大な受容者の構造をもつとか、そのなかでソクラテスが、ポリスのなかで特定の場所をもたない「第三の種族」の人として語っている、などと指摘している）。

コーラはイデア的なものでも生成消滅する事物でもないから、知性の対象でも感覚の対象でもなく、「きわめて捉えがたいもの」（aporôtata〔アポリア的なもの〕）である。そしてそれが、「なにかこうはなはだ厄介な仕方で知性対象の一面を備えて」おり、「一種の私生児的な推理」（logismô nothô〔五二b〕）によってのみかろうじて捕捉される、といわれる点にデリダは注意を促す。『パイドロス』におけるエクリチュールと『ティマイオス』におけるコーラが、同じように、正嫡の系譜を逸脱する「私生児」に比せられているのは偶然だろうか？　しかも、そのコーラがまた、「すべてのものの刻印が刻まれる地の台」であって、コーラにおける事物の生成とは、「形のないもの」（amorphon）にはじめて形が書きこまれる運動にほかならないとしたら……。コーラの議論はデリダにとって、「世界の起源を痕跡（trace）として定義すること」に導くものだ。すなわち、母胎、受容者のなかへの形の書きこみ、図式の書きこみとしてすべての存在者の現前は「根源的な書きこみ」の運動を、つまり原エクリチュールの運動を前提していることになるだろう。

デリダはこのコーラを、「存在のかなたの善」とちがって、新プラトン主義的神秘主義やその流れを汲む否定神学の「現前の形而上学」の図式には収まらない「まったき他者」との関係の契機として重視していくことになる。

パルマケウス対パルマケウス

プラトンのテクストに記述された（原）エクリチュールの運動。それは、内部／外部の境界線を決定不可能にし、すべての階層秩序的二項対立を瓦解に導くものだ。しかし、ソクラテス（＝プラトン）は、哲学者として、この運動をぜがひでも制圧し、真理の十全な現前を実現しなければならない。ここでプラトンのテクストは、形而上学とその他者とが熾烈《しれつ》に渡り合う闘争のアリーナだといってよいだろう。

形而上学は結局、この闘いに勝利を収めることはできない。そのことを今度は、あの「パルマコン」の動きに即して見てみよう。

パルマコンが決定不可能な仕方で薬をも毒をも意味すること、またエクリチュールが、同一性とは別の仕方でパルマコン（である）ことは、すでに見たとおりである。内部の人ソクラテスを城壁の外に誘い出すパルマコンが書物であったし、テウトの神話では、エクリチュールは記憶《ムネーメー》のパルマコンから想起《ヒュポムネーシス》のパルマコンへ、つまり真理にとっての薬から毒へと価値を逆転させていた。パルマコンは明らかに、内部／外部の形而上学的対立を攪乱《かくらん》する決定不可能性をもっており、王タムスやソクラテス（＝プラトン）は、その決定不可能性を一義的な外部へと放逐し、内部／外部の境界線を決定しようとしたのである。

ところが、奇妙なことがある。ソクラテスは哲学者としてパルマコンの魔力を制圧しようとするとき、じつは自分自身もパルマコンを操るパルマケウスであることを暴露《ばくろ》せざるをえないのだ。パルマケウス（pharmakeus）とはパルマコン（pharmakon）を操る者、その魔力を駆使する者、したがってまた魔術師、呪術師、さらには毒を盛る者、害毒を流す者などを意味する。ソクラテス（＝プラトン）にとって、ソフィストはその代表例だ。彼らは偽りの知識をもって人びとを誘惑し、真理への正しい道から逸脱させる。哲学者とソフィストとは階層秩序的に二項対立しており、その対立は、弁証法と詭弁《きべん》術、充実した言葉と空虚な反復、真の知識と見かけの知識、内的記憶（アナムネーシス）と外的想起（ヒュポムネーシス）の対立として、パロールとエクリチュールの対立に重なる。哲学をソフィストの術から峻別し、後者を前者に従属させようとするソクラテス（＝プラトン）のあらゆる努力は、パルマコンとしてのエクリチュールを外部の悪へと決定しようとする努力に対応しているといえよう。

さて、しかし、今度は逆に、哲学者（ソクラテス）のほうがパルマケウスだったとしたら、どうなるのか？　たとえば『饗宴』の一節で、ディオティマはソクラテスを彷彿《ほうふつ》とさせるエロースを描写しながら、こういっている。「生涯を哲学に捧げる者、おそるべき呪術師、魔術師（パルマケウス）、ソフィスト」（二〇三d）。ソクラテス自身を魔術師になぞらえる箇所として、『メノン』の一節を引いておこう。

メノン　ソクラテスよ。お会いする前からうわさには聞いていたのですが、あなたはいたるところに難問を発見し、他人にもそうさせてばかりいるそうですね。今この瞬間、私にもはっきり分かりました。魔術やら秘薬やら（パルマッテイス）呪文のようなものを使い、あなたは私をすっかり魅惑してしまったので、私の頭は今や疑いでいっぱいなのです。冗談を許していただければ、あなたは外貌もそれ以外の点も、シビレエイと呼ばれるあの巨大な魚そっくりです。その魚は、近づいて触れるすべての人をただちに呑みこんでしまうのですが、あなたもそんな感じなんですよ。そう、私は本当に肉体も魂もあなたに呑みこまれてしまい、何も答えることができません。〔……〕あなたがこの国の外で船に乗ったり、旅に出たりしないのはもっともだ。外国の街へ行って同じことをしたら、すぐさま呪術師（goēs）として逮捕されてしまうでしょう（八〇a—b）。

外国の街で「呪術師」として逮捕されるソクラテス！　もちろん彼は、外国へ出るまでもなく、愛する祖国アテナイで逮捕され、処刑されてしまうのだ。

ロゴスは哲学者の操るパルマコンである

デリダの読みはこうである。ここでは哲学者とソフィスト、理性と魔術が単純に対立しているのではない。そうした単純な対立を欲するのは形而上学の欲望だけれども、プラトンは形而上学者として二項対立の確立を欲しながらも、テクストのある層において、哲学的理性自身がパルマケウスであることをどうしても記述せざるをえない。この層から見れば、すべての形而上学的対立は、決定不可能なパルマコンの運動のなかにまるごと包摂されることになる。「エイドス、真理、法、エピステーメー、弁証法、哲学などは、ソフィストのパルマコンと死の不安に対立させられるべきパルマコンの別名なのだ。パルマケウス対パルマケウス。パルマコン対パルマコン」。

哲学の操るパルマコンは、しばしばアレクシパルマコン（alexipharmakon）＝解毒剤と呼ばれる。哲学の他者、真理の他者である否定的なものの毒（パルマコン）を解除し、それを哲学と真理の秩序、現前の形而上学の存在－神－目的論的秩序のうちに呑みこみ、順化し、内化するのがアレクシパルマコンの働きである。ところが、アレクシパルマコンもまたパルマコンなのだから、アレクシパルマコンはパルマコンを呑《の》みこむどころか、（アレクシ）パルマコンとパルマコンに共通のいわば（原）パルマコンのなかに呑みこまれることになる。パロールとエクリチュールの対立が、両者に共通の（原）エクリチュールの運動に呑みこまれたのと同じように。

哲学の解毒剤、アレクシパルマコンたるロゴスや知識は、それ自体、パルマコンにほかならない。「あらゆる媚薬《びやく》（パルマコン）のなかで最完全、最良の媚薬、知識（エピステーメー）を私たちに贈ってくれるよう神に祈ろう」（『クリティアス』一〇六b）。「魂の妙薬とはある種の呪文《じゅもん》だ。この呪文は、魂の内部に知恵（ソーフロシュネー）を生み出す見事な言論

（ロゴス）にほかならない。魂が知恵を所有し維持するのなら、頭と身体全体を健康にするのはわけないことだ。この薬（パルマコン）と呪文をぼくに教えながら［……］」（『カルミデス』一五七a―b）。こうしてロゴスは、ロゴスとその他者との対立を不断に解体しつづけるパルマコンの運動、非ロゴス的であるためにロゴス中心主義的には捉えられないパルマコンの運動に、逆に捉えられていることになるだろう。

デリダは、決定的な場面を指摘する。『パイドン』におけるソクラテスの刑死の場面がそれだ。冒頭、青年をかどわかし社会に害毒を流す者、つまりまさしくパルマケウスとして告発され、死刑を宣告されたソクラテスは、「毒」を仰いで刑死したと告げられる。ところがこの「毒」こそ、ほかならぬ「パルマコン」なのである。パルマケウスであるソクラテスは、パルマコンを呑んで死んだのだ。デリダによれば『パイドン』には、『パイドロス』におけるパルマコンの運動とちょうど反対向きの運動がある。テウトの発明したエクリチュールは、まずはじめ記憶と知恵の良薬（パルマコン）として呈示されるが、王タムスの審判とソクラテスのロゴスをつうじて、記憶と知恵にとっての毒薬（パルマコン）へと変貌した。『パイドン』では逆に、哲学者を死に追いやり、弟子たちを悲嘆にくれさせる「毒」として登場するパルマコンが、最後には「解放の手段、救済の可能性、カタルシス的美徳」へと変容する。なぜか？「死について」の副題をもつ『パイドン』では、ソクラテスのロゴスはすべてをあげて、死は恐れるべきものでないこと、それどころか、死によって魂は肉体の牢《ろう》獄《ごく》から解放され、不滅の生を手にし、真実在たるイデアの観照に戻ることができること、を論証しようとするからである。魂の不死への「良薬」となったパルマコンを、ソクラテスが「平然」と、むしろ静かな歓びに満たされて呑みほしたとしても不思議はない。哲学のロゴスは、パルマコンの毒を解毒し、良薬に変ずる、もう一つのパルマコンなのである。

パルマコン対パルマコン。パルマコンはここで、自分自身を内部と外部、良きものと悪しきものに分割する。外部と悪をみずから作り出し、そして追放する。パルマコンは自分自身（の毒）を追放するのだ。『パイドン』の論証は、魔術師ソクラテスが死の外部性、死の悪性を追放する悪魔祓い（エクソシズム）の儀式と考えることができるだろう。実際それは、恐ろしい「死のお化け」を「追い払う」ための「呪文を唱える」行為に擬せられている（七七e）。ソクラテスはこの悪魔祓いによって、「神的で、不死で、叡知的で、単一の形をもち、分解することなく、つねに不変で、自己同一である」（八〇b）魂の純粋現前の世界、彼自身が一度は殺したあのパルメニデスの「父のロゴス」の世界に帰ってゆくことができる（と信じた）のである。

パルマコンと差延

パルマコンの運動を、デリダはたとえばこんなふうに表現する。

パルマコンは「両面価値的」なのだが、それはまさに、対立項がそのなかでこそ対立しあう中間地帯、対立項を相互に関係させ、逆転させ、一方を他方のなかに移行させる運動と戯れを構成するためである（魂／肉体、善／悪、内部／外部、記憶／忘却、パロール／エクリチュール、等々）。この戯れないし運動から出発してこそ、二項対立の対立項、異なる項が項としてプラトンによって捕獲＝決定される（arrêter）。パルマコンとは、差異の運動、差異の場所、差異の（産出の）戯れである。それは、差異の差延（différance de la différence）なのである（「プラトンのパルマケイアー」）。

「差異の差延」という言いかたは説明を要するだろう。たとえばこう考えてみよう。内部と外部は異なっている（魂と肉体、善と悪、記憶と忘却、パロールとエクリチュールなど、任意の例でかまわない）。両者は「差異」の関係にある。この差異を「対立」として「決定」し、確定し、固定するなら、そこにプラトン主義形而上学の階層秩序的二項対立が生じるだろう。内部は内部以外の何ものでもなくなり、その結果、内部の絶対的自己同一、純粋現前が実現するかに見える。ところが、それは、内部の内部からつねにすでに外部がはじまっているというあの代補の運動、（原）エクリチュールの運動によって不可能である。純粋な内部（自己）と見えたものの内部にたえず外部（他者）をもちこみ、内部（自己）と外部（他者）の差異を「決定不可能」なままに生み出しつづけていく、この差異化（différenciation）の運動こそ「差延」である。

　différanceという語はもともとフランス語にはなかった。différerという動詞が、différence（差異）に対応する「異なる」という意味だけでなく、時間的に「遅らせる、遅延させる」という意味ももつことから、両方の意味を含む名詞としてデリダが新たに作ったのである（いまや一般の仏和辞書にも載っている）。差延は差異を生み出しつづけることによって、現前を無限に遅延させる。現前（présence）は、時間的には現在（présent）に対応する。厳密に自己同一的な現在は時間の死であり、現在は、過去の痕跡と未来への移行の運動をはじめから内含するかぎりでのみ、つまり、時間的な差異化の運動、差延の運動の一契機であるかぎりでのみ、現在でありうる、とデリダは考える。要するに差延とは、空間的差異であれ、時間的差異であれ、言語的差異であれ、非言語的差異であれ、空間／時間の差異であれ、言語／非言語の差異であれ、ともあれ差異を生み出しつづける運動なのだ。différance の -ance は、差延のこの運動性をも示している。ただしこの運動は、差異を「生み出す」とはいっても、当然ながら、能動／受動の二項対立の手前で考えられねばならない（デリダはアナロジーとして、ギリシャ語文法にある「中動相」を喚起している）。差異の戯れ（jeu）とデリダが言うのも、この点に関連している。この「戯れ」は、主体的／客体的、能動的／受動的、まじめ／ふまじめの形而上学的対立の外で、どんな主体的で能動的でまじめな決定も免れることのできない根源的な偶然性、予見不可能性、決定不可能性を表わしている。差異の戯れとは、もろもろの差異が抹消不可能かつ決定不可能な仕方で、つぎつぎに生まれつづける運動である。パルマコンの運動は、そういう差延の運動であり、したがって（原）エクリチュールの運動なのだ。

内部の人は祖国と法に同一化する

差延の運動を、パルマコンの運動として、プラトンは記述している。ところが、この運動を止める（arrêter）のもまたプラトンである。差異の関係にあるものを対立項へと決定するのは、プラトニスト・プラトンの一撃である。この一撃は、パルマコンの運動として見れば、パルマコンが自己自身（の毒）を追放する悪魔祓いの儀式であった。『パイドン』ではそれは、死の否定性を追放し、それを救済の可能性へと変じる魂の浄化の儀式、カタルシスの儀式として遂行された。しかし、悪魔祓いは、ただこうした個人の魂の浄化としてのみ行なわれるのではない。それはまた、都市の浄化、国家の浄化、民族の浄化として、共同体レベルでも行なわれるのである。それは典型的な政治的「決定」として現象する。つぎにこの点を見てみよう。

プラトンに親しい読者なら、すぐにも気づかれるだろう。ソクラテスが死を受け容れたのも、けっして個人的な魂の問題としてだけではなかった。それは、明白に、政治的・公共的な意味づけを受けていた。刑死を前に脱獄と逃亡を勧める友人クリトンに対して、ソクラテスは国家の市民として「行動はいかにあるべきか」（対話篇『クリトン』の副題）を説く。ソクラテスの立場は、俗に「悪法もまた法なり」と要約されて人口に膾炙《かいしゃ》しているが、デリダとしては、法、国家、正義についてもソクラテス（＝プラトン）的な「内部」の支配が貫徹している点に注目する。ソクラテス（＝プラトン）が擬人化した「法」に語らせる一節……。

おまえは賢すぎて、忘れてしまったのかね？　母よりも、父よりも、その他の祖先のすべてよりも、祖国は尊いもの、おごそかなもの、聖なるものだということを。それは神々のもとにあっても、心ある人びとのあいだにおいても、他にまさって大きな比重を与えられているのだということを。だから人は、これを畏敬して、祖国が機嫌を悪くしているときには、父親がそうしているときよりも、もっとよく機嫌をとって、これに譲歩しなければならないのだ。［……］もし何かを受けることが指令されたら、静かにそれを受けなければならないのだ。打たれることであれ、縛られることであれ、戦争に連れていかれて傷ついたり死んだりするかもしれないことであっても、そのとおりにしなければならないのだ。正しさとは、このばあい、そういうことなのだ。［……］戦場においても、法廷においても、どんな場所においても、国家と祖国が命ずることは何でもしなければならないのだ。さもなくば、このばあいの正しさが、当然それを許すような仕方で、祖国を説得しなければならないのだ。これに反して、暴力を加えるというようなことは、母に対しても、父に対しても、神の許したまわぬところであるが、祖国に対してはなおさらのことなのである（『クリトン』五一a―c）。

祖国と祖国の法は絶対である。なぜならそれは、自分が生まれた国であり、自分が生まれた国の法律なのだから。「法」が語るところでは、ソクラテスに生を授けたのはそもそも

「われわれ」であり、祖国と祖国の法律であった。なぜならソクラテスの父は、それらに従って母を娶《めと》り、ソクラテスを産ませたのであるから（五〇d）。真の父はむしろ祖国であり、祖国の法律なのだ。「正嫡の息子」と「私生児」を区別するのもそれである。祖国に対する説得も、「このばあいの正しさが当然それを許すような仕方」で、つまり、祖国と祖国の法の絶対性の枠内でなされなければならない。

祖国への恭順《きようじゆん》と法への忠誠。祖国（の法）への恭順と（祖国の）法への忠誠。ソクラテスのこのパトリオティズムは、彼が「内部の人」であることと不可分である。「法」は、ソクラテスが「この国とわれわれ」を大いに気にいっていたのは明らかだとして、その証拠を挙げる。

なぜなら、おまえがいつもこのアテナイにへばりついていることといったら、ほかのどのアテナイ人とも段違いのことで、これは、この国（polis）がおまえに格別気に入っているのでなかったら、とうていありえないことだったのだ。おまえは、ただ一度のイストモス行を除いては、祭礼のために国外へ出ることもまだなかったし、出征のためでもなければ、ほかのどこへも行ったことがなく、そのほか、ほかの人たちがするような外遊もまだ一度もしたことがなく、よその国やその法律習慣などを知りたいと思う心がおまえをとらえたこともなかった。むしろ、おまえには、われわれとわれわれの国家があれば、それでたくさんだったわけなのだ（五二b―c）。

ソクラテスは、国境の内側、アテナイの城壁の内側を「ほかのどのアテナイ人とも段違い」に愛し、そこにとどまる人だった。自己の場所への滞留の人、定住の人、自国の法と言語が支配する境界線の内側で、「自己自身を知る」こと、魂の「内部」を知ることに熱中する人だったのだ。父と法の統御を離れ、「どこであろうとおかまいなしに転々とめぐり歩く」漂流する存在、彷徨そのもののようなエクリチュールを、そのソクラテスが斥けたのも当然だった。「父よりも尊い」祖国とその法への還帰は、外へと連れ出そうとするエクリチュールの誘惑、パルマコンの誘惑を断ち切り、内部を保全する国境線と城壁の価値を再確認することに等しい。

さきに『パイドロス』の冒頭を読んださいに指摘した、「内部の人」の二重性がこれで確認されるのではなかろうか。『パイドン』における魂の浄化と、『クリトン』における祖国の聖別とは、死を従容《しょうよう》として受け容れてパルマコンを呑みほす哲学者にとって別のことではない。祖国と法がソクラテスに科したパルマコンは、哲学のロゴスによってその毒性を解毒されるのだが、その過程をとおしてソクラテスは祖国と法に同一化し、あるいはそれを内面化する。そのとき現前するのは、あの「不変」で「自己同一」なイデアと魂だけでなく、同じように「不変」で「自己同一」な祖国と法の存在だというわけだ。

パルマコスの犠牲と哲学的ホロコースト

国境の内部、ポリスの城壁の内部の「自己同一」を保全するための悪魔祓いは、哲学者の思考のなかだけで行なわれるのではない。この哲学者の思考とポリスの政治（ポリティクス）との恐るべき照応を指示するために、デリダはもう一つ、とっておきの材料を出してくる。パルマケウスの同義語として魔術師、呪術師《じゆじゆつし》、毒を盛る者などを意味した、パルマコス（pharmakos）というギリシャ語である。プラトンのテクストにはこの語は現われないが、この語と、それが意味したもう一つの事態を、プラトンが知らなかったとは考えられない。では、そのもう一つの事態とは何か？

パルマコスは、古代ギリシャの都市国家とくにアテナイで、タルゲリアの祭りの儀式で犠牲（サクリファイス）に供せられる男を意味した。この儀式は、旱魃《かんばつ》、飢饉《ききん》、疫病、その他のカタストロフがポリスを襲ったとき、ポリスを浄化し、その災厄《さいやく》を鎮めるための治療薬（パルマコン）として、男性のためのパルマコスを一人、女性のためのパルマコスを一人、計二人の男を神に捧げるものだった。二人のパルマコスはまず城壁の外に連れ出され、とくに性器をめがけて激しい鞭打ち《むちう》を受け、殺害された。「ポリスを災厄から浄化する目的で、パルマコスは最後に野生の樹木を燃やして焼かれ、その灰は海に撒《ま》かれたり、風に散らされたりした」。

文字どおり、古代ギリシャのホロコースト（全焼の捧げもの）だ。自国の外で焼かれた点、遺灰処理の仕方までショアー（ナチス・ドイツによるユダヤ人大虐殺）を連想させる（ギリシャとユダヤの二項対立の脱構築？　ギリシャ―ドイツの「形而上学的」系譜の確証?)。このパルマコスの儀式が、都市国家の内部から悪を外部へと追放する、正確にいえば、パルマコスを悪として、外部としてはじめて決定し、追放する、悪魔祓いの儀式であることは明らかだろう。

スケープゴートにされる者は、はじめから悪として、ましてや外部として決定されていたのではない。デリダは民俗学者フレイザーを引いているが、アテナイの市民たちは、平時から一定数の「下層民や役に立たない者たち」を国費で養い、危機のさいにはいつでもそのなかから二人のパルマコスを供給できるよう準備していた。彼らは、無用の者として必要とされていたのであり、また、ポリスにとっての毒(パルマコン)を一身に体現して抹殺されることで、ポリスを保全する薬(パルマコン)となることが期待されていたのである。したがって、デリダはこう書く。

> 都市国家の固有の=清潔な(propre)身体は、その領域から、外部の脅威や攻撃を代理表象《ルプレザンテ》するものを暴力的に排除することによって、みずからの統一性を再構成し、内奥(for intérieur[内的裁き])の安全性のうえに自己を閉ざし、アゴラ(広場)の範囲内で自己を自己自身に結合させるパロールを回復する。外部の代理表象はたしかに、予測不能な仕方で内部を襲い、侵害し、汚染する悪の他者性を表象している。しかもそれでいて、この代理表象は構成されたものであることには変わりない。つまり、共同体によって規則的に配置され、こういってよければ、そのまっただなかから選び出され、共同体によっ

て維持され、養われ、等々。［……］パルマコスの儀式はしたがって、内部と外部のリミットで演じられ、このリミットを不断に跡づけ、跡づけなおす働きをする。差異と分割の根源として、パルマコスは、内化されかつ外部へ投射された悪を代理表象している。［……］悪と狂気の追放が知恵（ソーフロシュネー）を再興するのだ（「プラトンのパルマケイアー」強調はデリダ）。

パルマコンを「外部」の「悪」として「構成」するのは、都市国家共同体の決定（décision）である。ここにも決定不可能なものの決定があり、それがパルマコンの運動として存在している。プラトン主義形而上学の「決定」の一撃は、エクリチュールを抹消し、魂と国家共同体から他者性を排除する、哲学的ホロコーストともいえるのではないか。

パルマコスの儀式は、アブデラ、トラキア、マッサリア（マルセイユ）などでも行なわれたが、アテナイでは毎年定期的に行なわれ、紀元五世紀にも続いていたことが知られている。アリストファネスやリュシアスによる言及もあるから、プラトンがこれを知らなかったことはありえないのだ。そしてデリダは、最後に驚くべき事実を指摘する。アテナイでこの儀式が毎年行なわれた日、すなわちタルゲリア月の第六日は、ほかならぬあのソクラテスの誕生日であった。「彼はタルゲリアの月の第六日、アテナイ人たちが国家を浄化する日に生まれた」（ディオゲネス・ラエルティオス）。

これは、何を意味するのだろうか？　パルマコンは、ソクラテスの死だけでなくその誕生にもかかわっていた。ソクラテスの生のアルケー（はじまり）とテロス（終わり）は、いずれもパルマコンの運動に巻きこまれていたことになる。パルマコスの儀式の日に生まれたということは、ソクラテスはパルマコスであった、パルマコスとして死んだ、ということだろうか？　しかし、パルマコスとして死んだということは、悪しきパルマケウス（魔術師）としてパルマコス（スケープゴート）にされたということなのか、良きパルマケウス（魔術師）として、祖国と法を浄化するパルマコン（治療薬）を操った、ということなのか？　パルマコンの「両面価値的」本質――本質なき本質――からして、それを決定することはできないだろう。社会的には「悪」とされたが、哲学者としては「善」として死んだなどと、分割することもできない。すでに見たように、パルマコスの社会的機能も哲学者のロゴスの機能も、それぞれがそれ自体「両面価値的」で決定不可能なのだから。哲学史が伝えてきたソクラテスの「善」性は、このパルマコンの運動の決定不可能性を抹消したプラトン主義的決定の産物にすぎない。

もしプラトンの書物がなかったとしたら……

もしプラトンの書物がなかったとしたら、それに対する「注釈の歴史」（ホワイトヘッド）とされる西洋哲学史はどうなっていただろうか？　プラトニズムの歴史（ニーチェ）とされる西洋精神史はどうなっていただろうか？

もしプラトンの書物が、テクストが、エクリチュールが書かれなかったとしたら？

エクリチュールにかかわることをまじめな哲学者にふさわしくないと考えたプラトンは、自分の書物の存在をみずから否定せざるをえなかった。有名な「第七書簡」の一節。

> たしかにこれだけのことは——私が心を砕《くだ》いている事柄にかんして、私からでも他の人たちからでも教わって、あるいは自分自身が発見したつもりで、知識をもっていると称しているかぎりの、すでに書物を書いたか、これから書こうとしている人たちのすべてを指して——言明できます。これらの人たちは、少なくとも私の判断では、肝心の事柄を、少しも理解している者ではありえない、と。実際少なくとも私の著書というものは、それらの事柄にかんしては、存在しないし、またいつになってもけっして生じることはないでしょう（三四一c）。

もう一つは、デリダが「プラトンのパルマケイアー」の最後に引用している「第二書簡」の一節。

> 最大の予防策は、書きとめずに学びとっておくことです。なぜなら、書かれたものは世人の手に渡る運命を免れません。それゆえ私は、これまでけっしてそれらの問題については書物を著さなかったし、プラトンの書物なるものは何一つ存在しないわけだし、また将来も存在しないでしょう。そして今日プラトンの作と呼ばれているものは、理想化され若

返らされたソクラテスのものにほかなりません。

では、ご機嫌よろしゅう。そして、助言には従われたく。また、この手紙は、いままず何度も読み、焼き捨ててもらいましょう（三一四c）。

エクリチュールの排除は、「プラトンの書物なるものは何一つ存在しない」という否認に極まる。プラトンの書物は存在する。しかし、プラトンの書物は存在しない！　それは存在すべきではない。したがって、プラトンの書物は「ソクラテスのもの」でなければならない！

プラトンが書きはじめたのは、ソクラテスの刑死後である。したがって、もしプラトンの書物がプラトンの書物ではなくソクラテスの書物だとしたら、それははじめから死者によって、あるいは幽霊によって書かれた書物であることになる。「父親である書いた本人の助け」を原理的に得ることのできない、最も「私生児的」なエクリチュールであることになる。そのとき、西洋の哲学史、精神史はどうなってしまうのか？　プラトンの書物がプラトンによってではなくソクラテスによって書かれたのだとしたら、そのとき、「ソクラテス、この書かぬ人」と書いたニーチェの西洋精神史解釈はどうなってしまうのか？（『絵葉書』）。ソクラテスは「西洋の最も純粋な思考者」であり、「だからこそ彼は何も書かなかった」と書いたハイデガーの西洋哲学史解釈は、どうなってしまうのか？（「ハイデガーの手」『プシケー』所収）。

そもそも、プラトンの書物に記された「プラトン」という署名、固有名は何を意味するのか？「プラトン」の署名の入ったテクストは、ソクラテス（の幽霊）の声を借りてプラトンが書いた書物なのか、プラトンの手を借りてソクラテス（の幽霊）が書いた書物なのか？そしてプラトンは、自分の思想によってみずからその存在を全面否認せざるをえなかった書物を、なぜ書かなければならなかったのか？

プラトンは多くの書物を書き、それを書いたことを否認するためにまた手紙＝文字《レター》を書き、そしてその手紙を「焼き捨てる」ことを求める。パルマコンとしてのエクリチュールは、パルマコスの死体と同じく焼却されるべきなのである。死体やエクリチュールが焼却された後には灰が残る。Il y a là cendre.（そこには灰がある）という奇妙な文をデリダは書き記しており、この文をめぐって約二〇年後に『亡き灰／火灰』（*Feu la cendre*）が書かれる。パルマコスの遺灰は「海に撒かれたり、風に散らされたりした」のだが、このように灰さえも残らなかったらどうなるのか？「灰」はデリダにとって「灰さえも残らないものの形象」となり、「エクリチュール」に取って代わるほど重要なモチーフになるだろう（第五章2参照）。

第三章　言語・暴力・反復

1　原エクリチュールの暴力

脱構築は危険思想か

脱構築は、形而上学の主要な諸概念の階層秩序的二項対立を解体しようとする。プラトン主義的「決定」の根拠を疑問に付し、それが、あるラディカルな「決定不可能性」の暴力的抹消――パルマコン＝パルマコスの排除――のうえにのみ成り立っていることを明らかにする。だが、それを聞いて、何の不安も感じない人がいるだろうか？

フランスやヨーロッパ、とくにアメリカ、また日本でも、多かれ少なかれプラトン主義的信念の持ち主である知識人たちが、デリダと脱構築に不安を覚え、反発し、これを敵視し、攻撃するに至ったのは、ある意味では当然の反応だったといえる。脱構築はたしかに、彼らの信念体系に対するもっともラディカルな挑戦なのだから。

内部／外部、自己／他者、同一性／差異、現前／不在、本質／見かけ、真理／虚偽、善／悪などの対立は、私たちの思考と行為――カントが理論理性と実践理性の領域としたもの

――を律する基本的な対立である。その境界線が曖昧になり、流動化し、決定不可能になってしまったら、私たちはいかに考え、いかに行動したらよいのか？　真／偽、善／悪の対立が崩れてしまったら、私たちの学問が、それどころか社会そのものが崩壊してしまうのではないか？

かくして、デリダの批判者たちはおおむねこんなふうに論じた。デリダの主張する決定不可能性は、「何でもあり」(Anything goes.) の相対主義、知的・倫理的アナーキズムに導く。人間社会の基礎をなす基本的諸価値、健全な理想の意義を否定するニヒリズムに帰着する。しかも現実には、われわれは社会生活で直面するさまざまな場面で、たえず真偽、善悪、正不正などの判断を迫られ、そのつど決定せざるをえないのだから、決定不可能な「差異の戯れ」ほど無責任な思想はない。脱構築は、健全な社会の屋台骨を蝕《むしば》む危険思想だ。その影響力の拡大を何としても阻止しなければならない！

ある論者は、アメリカではこれまで、デリダと脱構築は「ありとあらゆる理由で」非難されてきたとして次のような例を挙げている。アメリカの大学の哲学科、英文科、仏文科、比較文学科の崩壊、大学そのものの崩壊、啓蒙の光の消失、重力の法則の侵害、読むこと、書くこと、理性の基準の破壊、モルモン教徒の一夫多妻、中央ヨーロッパの民族主義戦争、ホロコースト修正主義（ホロコーストはでっち上げ、ガス室などなかったという説）。なんと、これらが全部、デリダと脱構築の悪影響の結果だ、というのだ！　ホロコースト修正主義は「何でもあり」の相対主義のせいだ、ユーゴスラヴィアの解体と民族浄化戦争は「差異を生み出しつづける」「差延」の論理だ、云々。第一章で見たように、あげくのはてには脱構築とナチズムそのものが結びつけられることになる（ハイデガー論争、ポール・ド・マン論争）。パルマコンの毒を世界中にばらまくデリダ！（実際、九二年のケンブリッジ大学学位授与騒動では、デリダの思想は「若者にとっての毒」として非難され、ドイツの週刊誌『シュピーゲル』はその記事に「精神の毒《ギフト》」というタイトルを付けた）。

危険思想として遇されることは、脱構築にとって、必ずしも不幸なこととはいえない。現前の欲望が「生」の欲望であるかぎり、程度の差はあれどんな社会も「形而上学的」なのだから、脱構築が常識に合致し、既成の制度から歓迎され、人びとに安心を与えるようなことがあったら、そんなときこそむしろ警戒しなければならないだろう。カントでさえ当時は、「形而上学」の破壊者として非難された。デリダはこの点で、彼自身が描き出した古代アテナイの危険思想家、パルマケウス・ソクラテスに似ていないだろうか？

それにしても、無責任なニヒリズムだという非難はまったく当たらない。この非難はそれ自体、プラトン主義かニヒリズムか、イデア的価値規範の定立か完全なアナーキーか、というプラトン主義的二項対立に立っている。まじめ／不まじめの二項対立を超えたところで語られる「差異の戯れ」を、二項対立の枠内で不まじめな、無責任な思想と決めつけている。実際は、逆にこうした非難のほうが、デリダのテクストを読むという最低限の手続きを踏まず、性急に「無責任な」断定を下している、と言わざるをえないのだ。

デリダは早くから決定の問題を立てている

脱構築はニヒリズムではない。すなわち、すべてを破壊し無（ニヒル）に帰着せしめる否定の思想ではなく、ある無制限な「肯定」の思想だということははっきりしている。倫理的・政治的な無責任をよしとするどころか、「責任」の観念のある前代未聞の刷新を提起しようとするものであることも、これまたはっきりしている。もう一つはっきりしていることは、脱構築的な肯定も責任も「決定不可能なもの」の経験における「決定」ということと深く関係している、ということである。

そのことを説明するためには、まだまだ多くのことを先に見ておかなければならない。さしあたりいえることは、脱構築は決定不可能性にとどまるもの、形而上学は決定を行なうもの、という具合に両者が対立しているのではないということである。というのは、脱構築もまた決定不可能性にとどまるのではなく、決定を必要とし、行なうからである。脱構築もまた決定する。決定不可能性の経験において決定する。プラトン主義的決定も「決定不可能なものの決定」であるから、その意味では二つの決定は似ているように見える。しかし、プラトン主義的決定は、内部の純粋現前を実現するために、決定不可能なものを外部の悪として追放する暴力的決定であった。脱構築的決定は、「決定不可能なものの決定」でありながら、どこが形而上学的決定とちがうのか？　そこがまさに決定的なポイントになる。

脱構築はある意味で、新たな「決定」（décision）の思想であるといえる。それは決定不可能性の思想であると同時に、決定の思想でもあり、同時に決定不可能性の思想でもあることころそ、脱構築をして新たな決定の思想たらしめているといえるだろう。このことがデリダのテクストのなかで完全に明白になるのは、八〇年代半ば以後、法や政治や宗教のテーマが前景を占めるようになってからだが、初期の脱構築もこうしたモチーフとけっして無縁であったわけではない。最も初期のテクストの一つ、重要なレヴィナス論である「暴力と形而上学」（初出は一九六四年、のちに『エクリチュールと差異』に所収）の一節に注目してみよう。デリダはそこで、哲学の記憶をとおして、しかし哲学を超えて発せられる「問いそのものの可能性についての問い」が思考の未来を担うとし、その問いが次のような「共同体」を基礎づけるという。

決定（décision）の、決断（initiative）の、絶対的な決断性（initialité）の、しかしまた脅かされた共同体。問いはまだ、それが探究しようと決意した言語を見いだしていないし、共同体の内部でのそれ自身の可能性を確信してもいない。問いの可能性についての問いの共同体。それはまことに微々たるもの、ほとんど無（presque rien）である。だがそこにこそ今日、決定の尊厳と打ち消しえない責務、打ち消しえない責任（responsabilité）が潜んでいるのである（「暴力と形而上学」）。

哲学を開始する問いそのものについて問うことのこの責任は、その問いが「守られなければならない」というある命令（injonction）に対する応答であるという。そしてこの命令は、伝統的な意味での倫理（学）に属するもの――カント的な道徳法則であれ、人倫共同体の掟であれ――ではありえないが、しかし「ある倫理的意味」はもっている、とデリダはつづける。通常の倫理（学）を超えたところで「倫理的意味」をもつ、ある命法への応答としての「決定」の「責任」。哲学的問いを超えて問われなければならない「決断」への責任。「共同体」（communauté）という語が肯定的意味で使われていたり、責任が応答するのがあくまで「問い」の命令だったりする点で、のちの物言いとは違っているが、それでもデリダがここで、プラトニズムとその道徳とは別の仕方で「決定不可能なものの決定」を思考し、かつ実践する、そうした「責任」について語っているのはまちがいないと思われる。

破壊不可能な責任

同じ時期、彼の師の一人でもあるフーコーの『狂気の歴史』（『狂気と錯乱――古典主義時代における狂気の歴史』一九六一）をめぐって書かれた論文「コギトと『狂気の歴史』」（初出は一九六三年、のちに『エクリチュールと差異』所収）も、同様の「決定」をテーマにしているといえる。フーコーがその著作で問題にしたのは、西欧の古典主義時代（一七世紀）における狂人の監禁、いいかえれば理性と狂気の分割（partage）という意味での「決定」にほかならなかった。ところがデリダは、そうした決定はフーコーがいうように古典主義時代に始まったものではなく、言語（ロゴス）が「理性の他者」を排除するあらゆる決定において生じるもので、古代ギリシャ（プラトン主義的決定）はもとより、フーコー自身の歴史叙述（「沈黙の考古学」）においても必然的に反復されるのだ、と論じる。

狂気の自由な主観性を排除し、客観化することによって理性が構成されるさいの決定（décision）こそ、まさに歴史（histoire［物語＝叙述］）の源泉であるとしたら、それが歴史性そのもの、意味と言語の条件、意味の伝統の条件、作品の条件であるとしたら、排除の構造が歴史の根本構造であるとしたら、この排除の「古典的」な瞬間、つまりフーコーの記述する瞬間は、絶対的な特権も原型としての模範性ももたないものになる。それは模範ではなく、見本の一例であることになる（「コギトと『狂気の歴史』」）。

この決定は排除——パルマコン＝パルマコスの「外部」の「悪」への追放——という構造をもつ。この観点から、さまざまな歴史的決定の異同を問うだけでなく、理性一般（ロゴス）とその他者への根源的な分割・決定を問題化しなければならない。デリダは、クライス（危機）という語の語源であるギリシャ語クリネイン（分ける、判断する、決定する、判決を下す）を引き合いに出し、暴力的決定は、ロゴスと非ロゴス、意味と無意味、存在と非存在の分割として、「つねにすでに始まっており、終わることのない」「危機」の瞬間において反復される、と論じる。そして、フーコーの「考古学」の論理の「歴史的責任」の射程を問う。ここでもまたデリダが、決定の問題を、ロゴス中心主義哲学の責任とは別の新たな責任のもとに問おうとしていることは明らかだろう。

この責任はのちに、「破壊不可能な責任」（responsabilité indestructible）とまで呼ばれることになる責任である（『哲学への権利／法から哲学へ』）。デリダの脱構築はその最初期——六〇年代前半——から、この「破壊不可能な責任」を最も深い動機として抱懐していたと考えることができるだろう。

「コギトと『狂気の歴史』」の冒頭には、エピグラフとして、「決定の瞬間は一種の狂気である」というキルケゴールの言葉が掲げられている。これも銘記しておきたい。なぜなら、このキルケゴールのモチーフは、八〇年代後半から精力的に展開される法的・政治的「決定」にかんする諸考察を一貫して主導することになるからである。

暴力のエコノミーを問う

いうまでもなく、「決定」にかんする新たな、もう一つの「責任」を明確にすることは容易ではない。その最大の理由は、「暴力」の複雑な諸関係にあるといえるだろう。右でも述べたように、形而上学の「決定」に対して脱構築の「決定不可能性」を単純に対立させるのは誤りである。同様に、もし読者のなかにつぎのような印象をもった方がおられるとすれば、それも誤解である。すなわち、形而上学的決定の暴力——排除の暴力——を批判して開かれる決定不可能性の世界とは、暴力不在の世界、なにものも——したがって他者をも——傷つけることのない非暴力の〈無《む》垢《く》な戯れ〉の世界であって、脱構築とはそういう非暴力の世界の開示なのだ、と。

デリダにとって、プラトン主義形而上学が他者排除の暴力であることは動かない。その決定は「支配」(domination)――単に言説の世界での概念的支配だけではなく、「現実の」法的・政治的支配――の秩序を作り出す。階層秩序的二項対立は、その支配の主要な形式にほかならない。この支配は歴史的にはとりわけ「西欧の排他性」として現われ、近代にはヨーロッパの「ロゴスの帝国主義」が世界中に自己を押しつけるにいたった(『グラマトロジーについて』)。

この点はたしかに動かないのだが、しかしだからといって、形而上学的決定の暴力に対して、決定不可能性における決定がただちに非暴力を意味するわけではけっしてない。なぜなら、原エクリチュールの「原暴力」(archi-violence)、「根源的暴力」(violence originaire)というものがあるからだ。原エクリチュールがパルマコンの運動である以上、それも当然だろう。パルマコンはつねに両面価値的であり、薬であると同時に毒でもあるのだから、せっかく形而上学から解放したパルマコンからその毒性をとってしまったら、形而上学の「外」でもう一度プラトン主義的決定を繰り返すことになり、形而上学の「内部」に戻ってしまうことになろう。

非暴力を追求する行為がそれ自体暴力となり、暴力の構造に回収されてしまうような運動、あるいはそうした暴力の遍在の一般的システムを、デリダは「暴力のエコノミー」と呼ぶ(エコノミーはこの場合、内部《オイコス》に回収する法則《ノモス》という程度の意味だろう)。暴力のエコノミーは、まず「暴力と形而上学」ついで『グラマトロジーについて』とくにその第二部第一章で詳細に記述されているのだが、これらのテクストがレヴィナスとレヴィ＝ストロースを扱ったものであることは偶然ではないにちがいない。レヴィナスの他者の倫理学も、レヴィ＝ストロースの構造人類学も、それぞれ西洋哲学とその伝統を批判した。両者はいわば形而上学の批判者である（ただし、レヴィナスは批判の対象たる西洋哲学を「存在論」と呼び、みずからの他者の倫理学を「形而上学」と称する）。そしてレヴィナスは、西洋哲学の「存在論的暴力」の外部に非暴力の「他者」を立て、レヴィ＝ストロースは、西洋の哲学的・文化的・「現実的」帝国主義の外部に、善良かつ無垢な未開民族の共同体を見いだす。デリダから見ると、彼らは形而上学批判、ヨーロッパ中心主義批判を意図しながら、原エクリチュールの暴力を否認し、暴力のエコノミーを見ることができずに、現前の形而上学を別の仕方で反復してしまった点で似ているのである。

固有名は根源的な暴力である

レヴィ＝ストロースを論じた『グラマトロジーについて』第二部第一章を見てみよう。原エクリチュールの暴力については、有名なナンビクワラ族の「固有名の禁止」をめぐる議論を見れば十分だろう。

レヴィ＝ストロースは『悲しき熱帯』（一九五五）でブラジル奥地のナンビクワラ族にかんする民族学的記述を行ない、そこで次のようなエピソードを報告している。ナンビクワラ族では各人の本名、固有名を使用することが禁止されているのだが、ある日この人類学者が子供たちと遊んでいると、仲間にぶたれた女の子が彼に話しかけてきた。彼女はぶたれたことの報復として、ぶった仲間の名前を彼に教えようとしたのであり、相手はそれに気づくと、その報復として今度は自分が相手の名前を彼に教えにやってきた。そこで人類学者は、子供たちが互いに争うようにそそのかし、子供たち全員の名前を知っただけでなく、大人たちの名前まで子供たちに暴露させたというのだ。

デリダによれば、ここでレヴィ゠ストロースは、この「固有名のいさかい」の原因を自分たち西欧人の暴力的侵入に帰している。少女たちの一人が仲間にぶたれたことはまだ暴力ではなく、無垢な共同体のありのままの姿は少しも損なわれておらず、暴力が現われてその姿が損なわれるのは、固有名の秘密が暴かれ、その禁止が侵犯されて、共同体の言語秩序が大混乱に陥るそのときである。ところが、それが起こったのは、人類学者なる侵入者が現前し、そのまなざしが少女たちを誘惑し、固有名を求めて彼女たちをそそのかしたからだ、というわけである。

ふつうであれば、誠実な自己批判、西洋のエスノセントリズム（自民族中心主義）への手厳しい告発として評価されるかもしれないこのレヴィ゠ストロースの議論に、デリダはしかし、原エクリチュールの暴力の隠蔽を見いだす。なぜなら、暴力はけっしてレヴィ゠ストロースのいうように、固有名の禁止の侵犯によってはじめてこの共同体にもたらされたのではなく、固有名の禁止によってもたらされたのでさえなく、それら以前にそもそも固有名をつけるということ自体がすでに根源的な暴力なのだ、とデリダは考えるからである。

ある人に名前をつけることとは、その人を社会的に分類するためにその社会の名前のシステムのなかに登録する＝書きこむ（inscrire）ことにほかならない。個々の名前はその名前のシステムのなかで他の名前との差異によって同一性を得ているだけで、それが名づけている個人の唯一性、「固有性」をいささかも表現するものではなく、他の人の名前でもありうる反復可能なものにすぎない。かりに、歴史上たった一人の人にだけつけられた名前というものを想像してほしい。その名前は、名前として使用されうるかぎり、たとえ事実上はその人以外に同じ名をもつ人がいなかったとしても、権利上は、つまり原理的な可能性としては、その人の名前であるまさにそのときに他の人の名前にもなりうる名前でなければならないだろう。これが意味するのは、厳密に「固有な」名前などというものは存在しないということである。ある人を固有名で呼ぶことは、すでにして、その人の唯一性、独自性、「固有性」を抹消する社会的暴力なのだ。「絶対的に固有な呼称は、言語において他者を純粋な他者として認め、他者をあるがままのものとして要請するが、この呼称の死はまさに独自なものにとっておかれた純粋な特有語の死である。派生的な、ふつう言われている暴力の〔……〕偶発性に先立って、その暴力の可能性の空間として、原エクリチュールの暴力、差異の暴力、クラス分けの、また呼称体系の暴力が存在する」。

　固有名を口に出すことが侵犯であるためには、固有名を口に出すことが禁止されていなければならず、固有名を口に出すことが禁止されるためには、固有名の呼称システムが存在しなければならない。固有名の呼称システムを存在させるのは、名前の登録＝書きこみという原エクリチュールの働きである。したがって、「暴力のエコノミー」は次のように記述される。

実際、名づけるという第一の暴力が存在したのである。名づけること、場合によっては口に出すのが禁止されるかもしれない名前を与えること、これが言語（langage）の根源的暴力であって、これは絶対的な呼びかけ符号を差異のなかに書きこみ、それをクラス分けし、宙づりにする。独自なものをシステムのなかで思考すること、それをシステムに刻みこむこと。これが原エクリチュールの所作である。つまり、原暴力であり、固有なものの、絶対的近接性の、自己への現前の喪失であって、実際には一度も生じなかったものの喪失、けっして与えられはしなかったが夢見られ、つねにすでに二重化され反復され、自己自身の消失においてしか出現しえなかった自己への現前の喪失なのだ。この原暴力は、第二の暴力によって禁止されており、それゆえ確認されている。第二の暴力は修復的、防御的なものであり、「道徳」を設定し、エクリチュールの隠蔽を命じ、すでに固有なものを引き裂《さ》いていたいわゆる固有名の抹消と抹殺を命ずる。原暴力から第三の暴力が、悪、いさかい、秘密の暴露、レイプなどと呼ばれるものとして、場合によって出現したりしなかったりする（経験的可能性）（『グラマトロジーについて』）。

主体は名づけることで暴力的に構成される

プラトン主義的決定の暴力は、暴力のエコノミーに含まれる三段階の暴力のうち、第二段階に相当する。それは善／悪の階層秩序的二項対立を構成し、いわゆる「道徳」を設定するのだが、まさにこの設定の結果として、「道徳」的対立以前の原暴力、原エクリチュールの暴力が隠蔽されてしまうのだ。

「道徳」――道徳法則ないし法一般、この場合には固有名の禁止――は、すでに固有名で呼ばれる個人、人格、「主体」の存在を前提している。モラルの違反は、自由な人格主体から自由な人格主体に向けてなされる――ある個人が別の個人の名前を暴露する――のであるが、そのさい人格主体はすでに最初からあるものとして前提され、社会的・道徳的意識によって自己同一的存在として知覚される。いいかえれば、そのときこの前提ないし知覚は、個々の人格主体を自己同一的存在としてはじめて構成した差異のシステムへの書きこみ、それによって同時にその人格主体の厳密な自己同一性や純粋な固有性をあらかじめ消失させてしまった原エクリチュールの暴力を、すでに忘却してしまっている。この意味で、「原エクリチュールは道徳性と不道徳性との根源である。倫理（学）の非倫理的開始であり、暴力的開始である」とデリダはいうのだ。

名づけることの暴力は、もちろん固有名のケースだけにかぎられるものではない。概念を名ざす集合名詞や一般名にまで「名づけること」を広げて考えても、同じことがいえることは明らかだ（だれそれは「美しい」といってみても、当の美女や美男の「固有の」美しさはみごとに抹消されている）。名づけることの暴力は、「つねにすでにエクリチュール（書きこみ）である言語（langage）の根源的暴力」であるから、もし人間が言語（ロゴス）をもつ動物（ゾーオン・ロゴン・エコン）であるとしたら、どんな人間もこの暴力から自由であることはできない。言語をもつどんな社会も、つまりはすべての社会がこの暴力を前提している。それは社会というものの、共同体というものの暴力であり、いっさいの暴力を免れた無垢で平和な共同体などどこにも存在しないのである。

レヴィ＝ストロースは結局、このありえない無垢で善良な共同体をナンビクワラ族に見ていることになる。そして、このありえない共同体がまたしても、文字の侵入以前の純粋なパロールの共同体と見なされていることをデリダは鋭く指摘する。レヴィ＝ストロースは、『悲しき熱帯』の第二七章「エクリチュールの教え」がそうであるように、もともと「文字なき民族」であったナンビクワラ族に、文字は「搾取《さくしゅ》」の道具として外部から、つまり西欧からもたらされたと想定している。人類学者のまなざしが少女たちにいさかいを引きおこしたように、「エクリチュールと背信とがいっしょに彼らのもとにやってきた」というのだ。逆にいえば、エクリチュールの侵入以前には「搾取」も「背信」もなく、支配も抑圧もない、まったく平和で非暴力的なパロールの共同体が存在したということになる。

根源的なパロールに後から二次的に付加され、「外部」の「悪」を内部にもちこむエクリチュール。この図式を『グラマトロジーについて』のデリダは、だれよりもまずレヴィ＝ストロースが師と仰ぐルソーに結びつけているが、それがまたプラトン主義の遺産を受け継ぐもの」であるのはいうまでもない。プラトンからルソーをへてレヴィ＝ストロースへ、この図式とともに一つの政治哲学的理想、「社会的本来性」のモデルが継承されているともデリダはいう。「みずからのパロールの自己への現前のなかに結集した満場一致の人びと」というのがそれだ。そこでは悪は、人びとの共現前（co-présence）を断ち切り、共同体の成員を分裂させて、「彼らが自分たちは唯一の同じパロールの空間内にいると実感することを不可能にする」差異の戯れに求められる（ポリスからのパルマコスの追放が、「アゴラ〔広場〕の範囲内で自己を自己自身に結合させるパロールの回復」とされていたことを想起されたい）。さらにレヴィ＝ストロースは、このモデルをプラトン、ルソーを超えて純粋化して、いっさいの法と政治権力を否定する「アナーキズム的絶対自由主義」に近づいている、とデリダはいうのである。

レヴィナス論「暴力と形而上学」の重要性

原暴力そして「暴力のエコノミー」を論じたもう一つの重要なテクストは、先にも触れた「暴力と形而上学」である。この論文は、現象学研究者の比較的かぎられたサークルのなかでしか知られていなかったレヴィナスを、現代の独創的な哲学者の一人としてはじめて世に知らしめたものとして有名であるが、デリダの思想にとってのその意味が十分理解されているとはいえない。

この論文以後も、デリダはレヴィナスと三〇年以上にわたって思想的対話をつづけ、レヴィナスにおける性的差異の問題を中心にした独特の論考「まさにこの瞬間、この作品において、私はここにいます」（一九八〇）と、レヴィナスの死（一九九五年末）をきっかけにまとめられ、緊張感に満ちた大作『アデュー』（一九九七）を発表している。九二年夏の彼を囲む国際コロキウムで、最近の自分の関心はハイデガー、フロイト、レヴィナスのありえそうもない対話を試みることだ、と静かに語ったデリダの声を私は思い出す。ことここに至っては、レヴィナスがデリダにとってハイデガー、フロイトに勝るとも劣らぬ大きな存在であることは、もはや疑いを容れぬといってよいだろう（表面的にだけ見ても、近時のデリダの主要なモチーフは、「まったき他者」や「メシア的なもの」などレヴィナスと共鳴する部分がきわめて大きい）。すでに指摘した「決定の打ち消しえない責任」もそうだが、「暴力と形而上学」は、今からふりかえって見ると、後期のデリダにつながる問題意識をかなりはっきりと打ち出していたように思われる。

エマニュエル・レヴィナス
(1906–1995)

レヴィナスが『全体性と無限』（一九六一）などで提起していた哲学の戦略は、たしかに前代未聞のものだった。西洋哲学の歴史は「他者としての他者」との接触恐怖、強烈な「他者」アレルギーに侵されており、そこでは自我のエゴイズムに発する全体化の運動のなかで、「他者」(l'Autre) を「自同者」(le Même) ＝「同じもの」に解消することがめざされる。他者の絶滅をはかる最悪の暴力となった二〇世紀の全体主義も、この伝統が産み落とした鬼子にほかならない。問題は、ギリシャ的ロゴスの内部に絶対に回収しえない「まったき他者」の経験であり、「なんじ殺すなかれ」という最初の言葉（パロール）を発する「他人」の「顔」（visage）に対面し、その呼びかけへの応答（réponse）として「私」の「責任」（responsabilité）を定義することである。

レヴィナスはこうして、同時代のヨーロッパの二つの偉大な哲学、フッサールの超越論的現象学とハイデガーの存在への問いの批判に向かう。なぜなら、両者はそれぞれのやり方で西洋哲学の伝統的先入見を批判したけれども、先入見のなかの先入見、「他者」アレルギーを克服できなかったからである。超越論的現象学は、「超越論的自我」の「主観性」をすべての原点とし、他者をもそこから意味として構成しようとする点で「超越論的暴力」に陥っているし、存在への問いは、すべての存在者をあらしめる「存在一般」――「ある」ということ――の意味を問い、他者をも「存在一般」の超越論的地平から了解しようとする点で「存在論的暴力」に陥っている。両者とも、ギリシャ的ロゴスの地平を無限に超越する絶対他者、「無限の他者」を、その地平のなかに暴力的に服属させてしまったのだ、というわけである（「存在論的暴力」への批判には、ナチズムに加担したハイデガーへのレヴィナスの拒絶が影を落としている）。

これに対してデリダは、ひとまず、忠実な現象学者、ハイデゲリアンとしてふるまっているように見える。フッサールやハイデガーが問題にしているのは、もしも他者が「他者として」経験されるのであれば、それは必然的に私にとって「他者として」現われ、また「他者として」存在することが了解されねばならない、ということである。超越論的現象学は、他者が自我やその他の存在者ではなく、まさに「他者として」現われるのはいかにしてであるか、を問うのだし、存在への問いは、他者が自我やその他の存在者ではなく、まさに「他者として」存在するとはどういうことなのか、を問うのである。レヴィナスのように、言説のなかで他者の「顕現」について語ったり、他者の「存在」について語ったりしながら、超越論的現象学や存在への問いを拒否することは不可能なのだ。この不可能性は、ロゴスを全面拒否することの不可能性と別のものではない。「だれのものでもない〈ロゴス〉」の中性的暴力をレヴィナスは告発するが、ロゴスの暴力を批判し、他者を「他者」として語ること自体がロゴスに訴えることなしには可能でない。要するに、レヴィナスの哲学的言説全体は、現象学的意味での現象、存在了解、ギリシャ的ロゴスを前提しなければ意味をもたないのである。こうデリダは主張する。

純粋非暴力は不可能である

さて、しかし以上のことから、「暴力と形而上学」はデリダが——まだ現象学の影響下にあったから——フッサールやハイデガーの立場からレヴィナスに反論したものだ、レヴィナスの企てに引導を渡したものだと考えるなら、それは性急にすぎるだろう。

まず注意しなければならないのは、デリダは現象学や存在への問いやギリシャ的ロゴスの不可避性を力説しているが、それらが暴力的だというレヴィナスの指摘を斥けているわけではなく、むしろこの「暴力」の概念をみずからにひきとり、それを使って新たな論を立てている、という点である。「原暴力」が登場するのはここだ。他者について思考したり、語ったりするとき、また他者を経験し、他者と関係するだけでも、必ず他者を自同者の運動に巻きこまざるをえないということ、現象学や存在への問いが語っているこの必然性は、デリダによれば「倫理（学）以前の暴力」であり、「他者との関係の還元不可能な暴力」であり、「根源的な超越論的暴力」なのである。

デリダはここで「原エクリチュール」とは言っていないけれども、それが「言語の現象性そのものとその可能性に結びついた」暴力であり、「意味とロゴスの根源に住む」暴力であるかぎり、さきに見た「言語の暴力」としての「原エクリチュールの暴力」に一致するのは明らかだ。ここから、レヴィナスにとって事態がいかに深刻であるかが見やすくなるだろう。というのも、レヴィナスは、彼にとって存在のかなた（エペケイナ・テース・ウーシアス）の善にほかならない他人との関係、他人の顔の現前を、最初の言葉（パロール）と捉えているからである。「他人との関係は根底的に平和的な関係である」。なぜなら、他人の顔はその無防備な「赤貧」の底から「なんじ殺すなかれ」と呼びかけ、私の責任を創始する「非暴力」（non-violence）のパロールなのだから。こうレヴィナスは主張するのだが、今やこの主張も風前のともしびである。あらゆる言葉、あらゆるパロールは原エクリチュールの働きを受けるのだから、顔の呼びかけ、「なんじ殺すなかれ」というパロールも、必然的に原暴力に汚染されていることになる。他人の顔との関係は「根底的に平和的」なものではありえない。それが言葉であり、呼びかけであるかぎり、たとえそれが殺人の禁止の呼びかけであったとしても、純粋な「非暴力」ではありえないのだ（ただし、私の知るかぎりレヴィナスは、『全体性と無限』のなかで少なくとも一度は、他人の顔の現前を「あらゆる暴力を超えた暴力」と形容している）。

こうしてデリダは、レヴィナスの議論からひきついだ「超越論的暴力」のモチーフを使って、レヴィナス自身の「他者」の思想がもう一つの〈現前の形而上学〉であることを暴露してしまう。原エクリチュールの思想は、「自己」の現前、「内部」の現前を不可能にするのみならず、その返す刀で「他者」の現前、「外部」の現前をも切ってしまうのである。自己と他者、内部と外部の関係は差異の戯れであり、差延がひきおこす汚染＝混交（contamination）のもとにある。いいかえれば、境界線を決定し、自己であれ他者であれ、内部であれ外部であれ、その純粋現前を実現しようとしてもむだなのだ。同じことを「暴力」の用語でいえば、自己と他者との絶対平和の関係、純粋非暴力の関係は不可能である、ということになる。他者との関係がはじまったら最後、したがってつねにすでに、暴力ははじまっているのである。

言語の暴力性を意識しつつ暴力と闘う

それでは救いがなさすぎる、と感じられるだろうか？　早合点は禁物である。デリダにとって、「原暴力」はけっして最後の言葉ではない。そもそも「最後の言葉」なるものは彼の思想にふさわしくないし、あってはならないものなのだ。「原暴力」が最後の言葉ではないのは、まず、それを知るのは「みずからの有限的な哲学的言説の責任の問題」を提起するためだからである。哲学的言説、あるいは一般に言説（ディスクール）を組織しながらそのことの暴力性に無知でいることは、デリダによれば無責任なのである。だが、そうすると、なぜデリダはそのような責任を問うのか、という問題が生じる。なぜ、自分の言説の暴力性に無知であってはならないのか？　デリダの答えは、おそらく、ここでは暴力と戦うことが問題となっているからだ、というものではないだろうか。みずからの暴力性に無自覚であってはならないのは、暴力と戦うこと、暴力に抵抗することこそ問題であるからだ。そうすると、みずからの暴力性を自覚した言説の暴力が暴力と戦う、暴力に抵抗する、という事態がここにはあることになる。

> 有限の沈黙もまた暴力のエレメントなので、言語はみずからのうちに戦いを認め、これを実践することによって際限なく正義（justice）のほうへ向かっていくほかはない。それは暴力に対抗する暴力である。［……］光が暴力のエレメントなら、最悪の暴力、つまり言説に先行し言説を抑圧する沈黙と夜の暴力を避けるために、ある別の光をもってこの光と戦わなければならない。こうした覚醒は、歴史すなわち有限性をまじめに考慮に入れる哲学によって、いわば［……］自身が根底から歴史に貫かれていることをわきまえる哲学によって、［……］最小の暴力として選びとられた暴力なのだ（「暴力と形而上学」）。

『グラマトロジーについて』の三つの暴力とただちに同じとはいえないが、ここにも三つの暴力がある。第一に「光」の暴力、第二に「沈黙と夜」の暴力、第三に「別の光」の暴力である。光の暴力とは、形而上学の暴力、プラトン主義的ロゴス、ロゴス中心主義的言説の暴力だろう。この暴力とは、「ある別の光」をもって、つまり、ある別の暴力、ある別のロゴス、自分が言説として暴力的であることを自覚した言説、「最小の暴力として選びとられた」言語をもって戦わなければならない。「言説が根源的に暴力的なら、言説はみずからに暴力を加えるほかはなく、自己を否定することによって自己を確立するほかはない」。それは「暴力に対抗する暴力」であり、言語のうちなる戦いとは、こうして実行される形而上学的言説と脱構築的言説との戦いと考えられる。

光の暴力に対抗するのに、なぜ、もう一つの光の暴力をもってしなければならないか？それは、いっさいの光、つまりいっさいの言語を放棄するならば、「沈黙と夜」の暴力、「最悪の暴力」の危険が待っているからである。「有限の沈黙」が暴力の境位であり、最悪の暴力に陥りかねないのは、それがいっさいの発話、いっさいのコミュニケーションを拒否した人間関係だからだ。脱構築的言説の暴力は、脱構築的であるかぎりロゴス中心主義の暴力に抵抗し、言説であるかぎり、問答無用のテロリズムの暴力に抵抗する。それは二重の意味で「暴力に抵抗する暴力」なのだ。「言説は、純粋無ないし純粋無意味に抗して暴力的に採用され、哲学にあってはニヒリズムに抗して採用される」ともデリダは言っている。アナーキーなニヒリズムは、ここでもはっきりと斥けられているのである。また、言説はこの戦いによって「際限なく正義のほうへ向かう」べきだ、といわれている点にはとくに注目しなければならない。この「正義」の内実は、デリダの思想の爾後《じご》の展開をまってはじめて明確になるのだが、それがレヴィナス的な「他者」のモチーフに関連があることだけはこの段階でも明かされている。

「他者」の肯定に向かって

　レヴィナスの形而上学はある意味で、それが問いの俎上《そじょう》にのせようとする超越論的現象学を前提にしている——われわれは少なくともこの点を示したかったのだ。が、それにもかかわらず、そのように問いの俎上にのせる正当性（légitimité）は、われわれにはやはり根源的だと思われる。暴力としての超越論的事実性にかんする問いの根源は、どこにあるのだろうか？　どんな地点から、暴力としての有限性について問うのだろうか？　言説の根源的暴力に対して自己自身に背くようにとの命令は、どこから来るのだろうか？　つまり、なにがこの暴力に対して、言語としてつねに他人を他人として承認しつつ自己自身に逆らう回帰であるように、と命令してくるのだろうか？（同前）

　ここでデリダは、レヴィナスの現象学批判の不徹底、その詰めの甘さにもかかわらず、その暴力批判のモチーフは「根源的」な「正当性」をもっていたと認めている。そして、では、その暴力批判の根源はそもそもどこにあるのか、言語の暴力と言語をもって闘えという命令は、そもそもどこから来るのか、とさらに問いを進めている。暴力と闘え、暴力に抵抗せよという命令は、そもそもどこから来るのか？ 脱構築的言説の究極の動機にもかかわるこの問いに対して、デリダの答えは、やはりレヴィナスを経由している。

なにものもこのまったき他者（tout-autre）の侵入ほど深く、ギリシャ的ロゴス——哲学——を動揺させる＝そそのかす（solliciter）ものはない。なにものもこれほど強く、ギリシャ的ロゴスをその根源にも限界にも、それ自身と異なるロゴスにも目覚めさせるものはない（同前）。

「まったき他者」の侵入。この侵入する「まったき他者」への応答（réponse）が彼らの責任（responsabilité）を構成する点で、デリダとレヴィナスには深い一致があると私は考えている。この点を語ったものとしてでなければ、「私はレヴィナスのような思考の前では、けっして異論（objection）をもたない」などというデリダの発言は理解できないだろう（デリダ、ラバリエール『他者性』一九八六）。「脱構築とはそれ自身において、ある他者性への肯定的な応答であり、この他者性こそが脱構築を呼び求め、召喚し、動機づけているのです」（インタビュー「脱構築と他者」一九八二）。もし私の読みに大きな誤りがなければ、この脱構築と他者性との関係は、事実上、すでに六〇年代半ばまでにはデリダによって意識されていたことになる。「まったき他者」の呼びかけに、純粋非暴力の幻想を廃して、暴力のエコノミーのなかから、いかにして適切に応答するか。それが問題なのである。

「暴力と形而上学」では、この「まったき他者の侵入」について、「仮説」として「ユダヤ教」（judaïsme）との関係が示唆されている。レヴィナスの場合、この「仮説」が正しいことはおのずと明らかだけれども、デリダの場合も、同時期のジャベス論（「暴力と形而上学」と同じ『エクリチュールと差異』所収）などを見れば、「ユダヤ的なもの」の存在が早くから意識されていたことは否定できない。ただ、デリダはこの「仮説」を提起した後、〈自同者＝西欧＝ギリシャ〉対〈他者＝ユダヤ〉の二項対立を立てることにさっそく水をさしている。そしてジョイスの『ユリシーズ』からの引用、「ユダヤ系ギリシャ人はギリシャ系ユダヤ人（Jewgreek is greekjew.）。両極端が出会う」を掲げて論を閉じているのだ。差延の運動、その汚染＝混交の運動を免れるものはどこにもないからである（デリダとユダヤ性については、第五章3参照）。

2　反復と散種

キーワードは「反復可能性」

「決定不可能なもの」の経験における「決定」への「責任」は、ロゴス内部への「まったき他者の侵入」に動機づけられている。「暴力のエコノミー」のなかで、「暴力に抵抗する暴力」として、「言語はみずからのうちに戦いを認め、これを実行することによって際限なく正義のほうへ向かっていくほかはない」といわれるのも、そのためでないとしたら何なのか？

　純粋非暴力の幻想を斥け、原暴力である言語のなかから、この「他者」の呼びかけにいかにして適切に応答するのか？「戯《たわむ》れのエクリチュール」などと揶揄《やゆ》されもした初期、中期のデリダのテクストも、基本的にはこの問いを独特のスタイルで追究したものだった、と私は考えている。はなはだしい誤解にさらされた彼の言語論、テクスト論も、そう思ってみれば、この意味での「他者」との関係の追究であること、そしてそれが、八〇年代後半からのデリダの法や政治や宗教にかんする考察へと確実につながり、それを準備したものであることも分かってくるだろう。

　錯綜し、難解をきわめるデリダの言語論、テクスト論だが、理解の鍵を握っているキーワードを一つあげるとすれば、まずは「反復可能性」(itérabilité) に指を屈する。パロール／エクリチュールの脱構築から、固有名や署名をめぐるユニークな考察、そこから引き出される「テクスト」の書きこみと読みをめぐるラディカルな立場、さらに「まったき他者」との関係へといよいよ接近していく「約束」や「ウィ」(Oui) についての分析まで、言語をめぐるデリダの思考のほとんどすべてに「反復可能性」の「論理」——非ロゴス中心主義的なそれ——は浸透している。そしてそれは、法や政治や宗教をめぐる考察にも欠かすことができないのである。

テクストとしては、一九七一年にモントリオールのフランス語圏諸哲学会国際会議で発表され、翌年『余白――哲学の／について』に収録、公刊された「署名・出来事・コンテクスト」がもっとも便利である。このテクストでデリダが言語行為論（スピーチ・アクト・セオリー）の創設者ジョン・L・オースティンを論じたことから、言語行為論の大成者と目されるジョン・R・サールとのあいだにいわゆる「デリダ―サール論争」が生じたが、そのさいにデリダがサールへの反論として書いた「有限責任会社ａｂｃ」（一九七七年初出、のち『有限責任会社』所収）では、「反復可能性」についてのさらに詳細な議論が展開された。

反復可能性は言語一般の可能性の条件である

「反復可能性」について、デリダの議論の要点をまとめてみよう。

多くの場合、デリダはまず原エクリチュールの析出のプロセスをとおして言語一般の可能性の条件として反復可能性を導入し、しかるのちにそれを言語を超えて一般化するという手続きをとる。つぎの議論は、第二章でプラトンのテクストに読みこんだ原エクリチュールの「概念」を、もっと一般的な仕方で引き出すときのやり方である。

パロール／エクリチュールの階層秩序的二項対立は、一般に、現前の言語と不在の言語の対立にほかならない。

㈠パロールの場合、言葉が発せられるときには必ず〈語る主体〉が現前し、その言葉を生き生きとした意味志向によって賦活しているのに対し、エクリチュールの場合、言葉は書かれた瞬間の現在をこえて、書いた主体の不在のもとでも、それどころかその死後においても読まれるということが当然視されている。プラトンの著作は二〇〇〇年以上読まれてきたし、デリダの著作は疑いなく彼の死後にも読まれるだろうし、私がいま備忘のために走り書きするちょっとしたメモのようなものでさえ、それを書いた直後に私が死んでしまっても読めるものにちがいない。エクリチュールは、「主体の死による（また主体の死後の）主体の全面的不在にもかかわらず機能する記号の通称」なのだ。

(二)パロールの場合、言葉は発せられると同時に聞かれ、理解されるのがふつうだから、その言葉の外的・現実的コンテクスト（周囲の状況）も、内的・意味的コンテクスト（言語的文脈）も、すべてオリジナルな状態で現前し、言葉の理解の直接的地平として役立っている。エクリチュールの場合には、むしろそうしたオリジナルなコンテクストが失われた後で、別の状況や文脈において読まれるということが当然視されている。言葉はひとたび書きものにされると、読み手を選ぶこともコンテクストをコントロールすることもできず、どこであろうと「おかまいなしに転々とめぐり歩く」と語った『パイドロス』のソクラテスは、まさにこの常識を表明していたわけである。

デリダはこうして、エクリチュールの「通俗的概念」は、主体とオリジナル・コンテクストの不在という二重の空虚のもとでもくりかえし読まれ、反復して機能する言葉という特徴を与えられているという。反復可能性とはまず第一に、エクリチュールの空虚な反復可能性のことなのだ。そしてここから、真理の現前を危殆《きたいひん》に瀕せしめるエクリチュール、というあの断罪が生じる。認識された真理を忠実に表現しなければならない言語。ところが、その言語を発した主体や、その言語が発せられたときのオリジナル・コンテクストが取り返しようもなく失われてしまうとしたら、そんなエクリチュールのもとでは、真理につながっていたはずの本来の、根源的な言語表現の意味を十全に理解しうるという可能性は確保されないだろう。生の充実を具えたパロールに対して、空虚な死の言語としてエクリチュールを断罪させてきたものこそ、じつは反復可能性にほかならなかったのだ。

さて、しかしデリダは、こうした反復可能性は原理的にはけっしてエクリチュールだけに属するのではなく、パロールを含めた言語一般に属するものだと主張する。なぜか？　まず、パロールの任意の一要素が言語記号として意味をもつためには、それがいつどこでだれによって発せられようと、そのつど経験的出来事としてこうむらざるをえない種々の変化にもかかわらず、またそれらの変化を貫いて、同一の言語記号として再認されなければならない。たとえば、「私は生きている」という日本語の表現は、私がそれを発話するたびごとに、また他の人がそれを発話するたびごとに、音声の強さ、長さ、抑揚、調子など経験的・物理的特徴が厳密に同一になることは一度としてないとしても、それがパロールとして意味をもつためには、少なくとも、同じ「私は生きている」という日本語表現として認知されなければならないのだ。このようなパロールの表現形式の同一性は、デリダによれば、どこか世界のなかに実体として存在するわけではなく、もっぱらそれ自身の反復可能性として構成されている。つまり、「私は生きている」であれ何であれ、言語表現としてのパロールは、それが反復可能であるかぎりでのみ存在しうるということである。この反復可能性は、パロールにあっても、言語表現の機能は出来事の一回性のなかに尽きてしまうのではなく、〈いま〉〈ここ〉で語っている主体の現前性が変容したり消失してしまった以後も、また発話の瞬間に現前していたとされるオリジナル・コンテクストが失われてしまった以後も、依然として保持されうる、ということを示している。

重要なのは、この反復可能性が、パロールにとって外的な単なる偶然的可能性ではないということである。そもそもこの可能性がなければ、どんなパロールもその表現形式の同一性において再認されず、言語記号として機能できなくなってしまうのだから、それはパロールの構造そのものに含まれる「構造的可能性」であり、「必然的可能性」であるというべきだ。このことはつぎのことを意味する。つまり、パロールが言語として機能するためには、主体の生き生きした意味志向や生の現前、主体が〈言おうと欲する〉意味、指示対象の直観的現前などを含めて、オリジナルなといわれるコンテクストがいっさい失われてしまったとしても、それでもなお機能しうるのでなければならないということである。「私は生きている」というパロールは、私が不在であったり、私が死んでしまったときにも、同じ日本語表現として意味をもつのでなければ、私が現前していたり、私が生きているときにも意味をもつことはできない。この意味で、主体やオリジナル・コンテクストの不在において空虚に反復されうる可能性は、パロールとエクリチュールを含む言語一般の可能性の条件なのである。伝統的にエクリチュールに結びつけられてきた反復可能性は、それなしにはパロール自身が不可能になってしまう言語そのものの条件であった。したがって、この反復可能性は、パロールの内部でそもそものはじめから働いているエクリチュール的要素として、当然、あの原《アルシ》エクリチュールの働きと重なることになる。

反復可能性の単位をマーク一般に拡大する

デリダはつぎに、この反復可能性を言語一般から記号一般へと拡張し、そしてさらに経験一般へと拡張する。

非言語記号 (non-linguistic sign) を考えてみよう。いま私がこの原稿を書いているワープロのキーボードには多数の非言語記号が並び、記号入力のファンクション・キーを押すとさらに多数の非言語記号がディスプレイに表示されるが、これらの記号のどれ一つとして、反復可能性なしに使用されうるものはない。交通標識や信号、あるいは恋人と二人だけのあいだの秘密のしるし、暗号、合図でもよい、とにかく思いっきり想像力をたくましくして思考実験してみていただきたい。どんな記号も、それが記号として意味をもつためには、たった一度だけ特定の瞬間にしか使用できないものであってはならないこと、必ず異なる使用を通じてまさにその記号として同定され、再認されうるものでなければならないこと、かりに歴史上たった一度しか使用されなかったものであっても、そのたった一度の使用において、権利上くりかえし使用されうるものでなければならなかったこと、などが理解できるにちがいない。

記号（sign）という用語にこだわらなければ、絵やメロディ、種々のシンボル、そのほか一般に何ごとかを意味するマーク（marque）とデリダが呼ぶもののすべてについて、同様の反復可能性を語ることができる。「署名・出来事・コンテクスト」発表後の討論で、ポール・リクールはベートーベンの交響曲の演奏を例にあげてこの議論に反発したが、芸術作品の場合も例外ではありえない。ベートーベンの交響曲第九は、そのメロディがはじめて楽聖の脳裏に浮かんだその瞬間からすでに反復可能性をもち、そのつどそのつどのユニークな演奏、解釈を貫いて、まさにあの第九交響曲だとして同定、再認、反復されうる可能性をはじめからもっていなければならないからだ。ラスコー洞窟《どうくつ》の原始的な壁画でさえ、それが壁画として認知された瞬間に、すでに原理的に反復可能、模倣可能、模写可能な存在となっているのでなければ、私たちは「ラスコーのあの壁画」について語ることさえできないだろう。

デリダが「記号」よりも「マーク」という言い方を好むのは、「記号」は形而上学的伝統によってつねに二項対立的図式に押しこめられてきた、その負荷があまりに強すぎる、と判断しているからである。「マーク」は動詞では、線を引く、書きこむ、刻印する、といった意味があり、（原）エクリチュールの「根源的書きこみ」との関連でも都合がいい（エクリチュールに対応するフランス語の動詞エクリール〔écrire〕＝〈書く〉も、もともと、ひっ搔《か》く、先の尖《とが》ったもので傷つける、といった意味のラテン語 scribbere に由来する）。「マーク」はまた、刻みこまれたものの跡、痕跡をも意味するが、「痕跡」は trace, archi-trace

（原痕跡）という、原エクリチュールにほぼ等しい重要タームにつながる。ひっ掻き傷、線（trait）を入れられた痕跡としての「マーク」は、たとえば、社会的に有徴《ゆうちょう》とされた人びとのスティグマ、強制収容所の囚人番号などはもちろん、ユダヤ人デリダの身体に刻みこまれた割礼（circoncision）のしるしなどをも包摂し、これらの現象を原エクリチュール（原暴力）の観点から読みとく可能性を開くだろう。

「マーク」とは、ある下地、ある場所――プラトンなら「コーラ」というだろう――に書きこまれた刻印であり、痕跡であり、そうした刻印や痕跡が現実的および可能的な反復をとおして残っていく「遺抗」（restance）――抵抗（résistance）としての残ること（rester）――の構造である。いいかえれば、反復可能な意味作用の単位があるところ、そこには「マーク」の経験があるといってよい。奇妙に聞こえるかもしれないが、個物の知覚のようなものでもそうである。いま読者が読んでいるこの一冊の本、私の眼前にあるワープロ、フロッピーディスク、シャープペンシル、コーヒーカップ、そのほか無数のもの、これらもすべて実際に異なる時点、異なるコンテクストをとおして同じ一つのものとして同定され、再認されるというだけでなく、そもそもそうした同定可能性、再認可能性なしには、この本、このワープロ、このフロッピー等々として最初の同定さえなしえないという意味では、「マーク」の経験を含んでいるといえるのだ。「マーク」の経験はこうして、非記号的な経験一般にまで拡大される。

「マーク」の概念が重要なのは、もう一つ、それが人間／動物の形而上学的二項対立を脱構築するからである。意味作用の最小単位である反復可能なマーク、痕跡、グラム（書かれたもの、原エクリチュール）の経験は、人間にのみ固有なものではけっしてなく、人間／動物の対立以前にある。ゾーオン・ロゴン・エコン（ロゴスをもつ動物）として他の動物から自分を区別し特権化してきた〈人間〉の統一性を揺るがし、人間（ロゴス）をいわば原動物性（原エクリチュール）へと包摂してしまうのだ。ある種の動物たちが人間の言語を口まねし、身振りを模倣しうるのはなぜか、と問うてみれば分かりやすいかもしれない。『グラマトロジーについて』では、原エクリチュールは「生物細胞内の情報のもっとも基本的な過程」についても、つまり遺伝子情報の「書きこみ」についても語りうる、とされていることを指摘しておこう。

意味作用の〈主体〉は脱構築される

反復可能性の単位、マークの構造をいたるところに指摘することによってデリダは、言語や記号や意味にかかわる私たちの経験全体を、かつて見たこともなかったような光景として描きだそうとしている。

まず第一に、反復可能性の「論理」は、そうした経験全般における「主体」(sujet) の権威に異議を申し立てる。主体の権威とは、つねに主体の現前性の権威であり、言語や記号や経験一般の意味作用にかんして、つねに最終的にはそれらの主体である〈私〉や〈われわれ〉——主観性や相互主観性——がヘゲモニーを握るという事態である。ところが、反復可能性が言語一般の可能性の条件だということは、人はどんな場合も、自分自身の生き生きとした意味志向や意識の不在——つねに可能な不在——にかかわりあうことなしには、一言たりとも言葉を発したり、書きつけたりできないということにほかならない。発せられた言葉の意味作用は、それを発した主体の意識や生の現前をつねにすでに超えている。言葉と意識主体のあいだには、けっして純粋な現前性によって埋めることのできない「本質的裂け目」が存在し、言葉はつねに原理的には意識的志向による充実が不必要な仕方で意味作用を行なっているのだ、というわけである。

　このことが、ほかでもない「主体」の「生」を語る言表を例に示される。「私は生きている」というパロールは、私がその場に不在であったり、私が死んでいたとしても理解可能であるのでなければ、私が現前していたり、私が生きているときにも理解可能にはならない。「私は生きている」という言表の意味は、そのうえ私が生きているのか死んでいるのかという事実とはまったく無関係である。それは、「それが機能する瞬間に私が死んでいることもありうるのでないかぎり、それがあるところのものではない」。したがって、「私は生きている」と言うためには「私の死が構造的に必要である」。すべての言表は構造的に「遺言的価値」(valeur testamentaire) をもつ、と言ってもよい。もっとも充実した〈自己への現前〉の真理を言表するとされたデカルトのエゴ・スム(われあり)や、フッサールの超越論的自我についての命題も、この点ではデリダにとって何ら変わりがない(『声と現象』第七章)。

言語——ひいてはマーク一般——による〈自己への現前〉の喪失は、「私」の側でのみ起こるのではない。前節で見た固有名についての議論を想起しよう。あらゆる主体はその「名」によって純粋な〈自己への現前〉を奪われる。あらゆる固有名は他の人の名前でもありうるだけでなく、他の人の名前でもありうるのでなければ何びとの名前でもありえない。この固有名の本質的な反復可能性こそ、その名で呼ばれるすべての主体の純粋な固有性を不可能にしてしまう原暴力なのだった。「名づけることは名づけつつ=名を奪うことである」(Nommer dénomme.)。言語やマークに触れるやいなや、自己の側でも他者の側でも、主体の〈自己への現前〉はもはやどこにもなくなってしまうのである。

意味のイデア的同一性も脱構築される

言語やマークの反復可能性が、同じ論理によって、主体だけでなく指示対象(référent)一般の現前をも不要にすることは分かりやすいだろう。「空が青い」という発言は、私が空を見ていなくても、話相手が空を見ていなくても、空が青くなかったとしても、私が話相手をだまそうとしていたとしても、話相手にとって理解可能でありつづける。翌日の曇天下《どんてんか》で同じことを言ったとしても、やはり理解可能である。かりに青空が現前している場合でも、この構造自体は変わらないはずだ。

さて、デリダはさらにラディカルに議論を推し進める。言語やマークの主体や指示対象からの断絶は、オリジナル・コンテクストからの断絶といっしょになって、もう一つの形而上学的理念、すなわち意味のイデア的同一性という理念をも切り崩すことになる、というのだ。

デリダによれば、どんなマークもその反復の力によって、いつでも所与のコンテクストから引き抜かれ、他のコンテクストに接《つ》ぎ木《き》（greffer）されることが可能であり、そのコンテクストで新たな意味を獲得し、新たな仕方で意味作用することが可能である。すべてのマークは、与えられた外的・内的なすべてのコンテクストとたもとを分かち、潜在的には無限数の他のコンテクストに「引用」されて、新たな解釈を受けることがつねに可能なのだ。しかも、この「引用可能性」（citationnalité）はマークそのものの可能性の条件である。マークはだから、つねにみずからのうちに意味の変容可能性を抱えているのであって、潜在的には無限数のコンテクストの変化をとおして、つねに不変であるような意味など存在しないのである。「人びとが引用しえないようなマークとは、どんなものであろうか？　そしてその起源が途中で失われてしまわないようなマークとは？」（「署名・出来事・コンテクスト」）。

オリジナル・コンテクストの権威も、オリジナルな意味の権威も、こうして失われる。そもそもマークは反復可能性のみによって構成されているのだから、オリジナル・コンテクストのオリジナリティ（根源性）に根拠があるわけではないし、オリジナルな意味の根源性や同一性も同じである。意味の「根源的同一性」は、事実上の反復（引用）による意味の変化を待つまでもなく、反復可能性（引用可能性）に由来する意味変容の可能性を構造的に抱えこみ、〈他なるもの〉のアプリオリな侵入を受けているともいえるだろう。

このようにして、デリダが「言語の自由」と呼ぶもの、マークの自由と呼ぶべきものが解き放たれる。マーク——痕跡と言ってもいいし、(原) エクリチュールと言ってもいい——は、主体やオリジナル・コンテクストや指示対象や意味さえものくびきから離れ、無際限に異なるコンテクストで反復 (引用) されて、権利上、無際限に新たな意味作用を行なうことができる、というわけだ。

もちろんデリダは、だからといって、「現前」や「主体」や「意識」や「生き生きした志向」を語ることにまったく意味がなくなるとか、そうした言葉をいっさい使うべきでないなどと言っているわけではない。それらは依然として一定の効果をもちつづけるけれども、マークの意味作用を支配するヘゲモニーを決定的に失う、といっているのである。マークの意味作用にとって、それらは場合によっては随伴するが、反復可能性の構造を変えることはありえないいわば〝おまけ〟のようなものなのだ。

意味のイデア的同一性も、けっして全否定されるわけではない。むしろ、マークの本質的な反復可能性はたえず一定程度のイデア的同一性を生み出す、と説明される。反復可能性の論理によれば、すべての同一性は可能な反復における同一性として構成されるのであり、意味のイデア的同一性は、一定のコンテクストの変化をとおしてマークが同じ意味を反復したように思われた場合に、この「最小限のイデア化」(idéalisation minimale) の結果を、あらゆるコンテクストの変化をつらぬいて同一のものだと無根拠に普遍化し、物象化することから生じるのである。意味のイデア的同一性とは、無限のコンテクストの変化を先取りして想定された、マークの意味の無限の反復可能性にほかならない。この意味で、反復可能性は意味のイデア的同一性の可能性の条件である。

ところが、この可能性の条件は同時に不可能性の条件でもある、というのがこの議論の面白いところだ。反復可能性は意味のイデア化を動機づけ、一定のイデア的同一性を現象として構成するが、このイデア的同一性が完全に構成されてしまうこと、純粋かつ端的なかたちで現前することをあらかじめ禁止する。反復可能性がマークそのものの可能性の条件であるかぎり、マークはあらゆる瞬間に、つねにすでに他のコンテクストへと開かれ、他の意味へと開かれているのであって、この意味変容の可能性を排除することは絶対に不可能だからである。一見イデア的同一性を永遠にもちつづけるかのように見えるマークの意味にも、その同一性のただなかに〈他なるもの〉の可能性が、自己自身との差異が、内部のうちなる外部が「アプリオリに」刻みこまれているのだ。

反復可能性はイデア化［＝理想化］を可能にする——したがって、多様な事実的出来事から独立した一定の反復可能な同一性を可能にする——けれども、それが可能にするイデア化［＝理想化］そのものに制限を加える。つまりそれは、イデア化［＝理想化］を開始し＝損なう［entamer］のである。［……］反復可能性の書法《グラフィック》［＝エクリチュールとしての法］は、それが可能にするものそのものを制限し、それ自身が構成するコードや法を侵犯しつつ、還元不可能な仕方で、繰り返し（ないし同一化）のなかに他化［＝他となること（altération）」を書きこむ。アプリオリに、つねにすでに、すぐに同時に、たちどころに（「有限責任会社ａｂｃ」）。

形而上学的反復と脱構築的反復

デリダはここで、広義の反復としての「繰り返し」（répétition）と、彼のいう反復可能性（itérabilité）の意味での「反復」（itération）を区別している。問題は、反復についての形而上学的解釈と脱構築的解釈とを区別することである。

形而上学的反復は同一物の反復、形而上学が同一物（l'identique）と想定したものの反復である。プラトニズムにおいては、イデア的なものが反復に先立って存在し、それが存在するからこそ反復は可能だし、それをまったく同一なままに繰り返すことが反復の使命とされる。プラトンにおけるイデアの想起《アナムネーシス》、フッサールにおける根源的意味の再活性化などがその典型だ。これに対して、デリダのいう「反復」は差異を含んだ反復、差異における反復、差異の反復だといえる。そこではイデア的同一性はどこにも前提されず、反復されるマークがどこまで「同じもの」（le même）として残るかさえ、あらかじめ予定されているわけではない。ともかく最小限の遺抗《レスタンス》、再認可能性が残ればよいのであって、複数の言語体系《ラング》間の翻訳でさえこの意味での反復を妨げるものではないのだ。

「署名・出来事・コンテクスト」でデリダは、たとえばこんな例をあげている。フッサールは純粋論理学的文法学と称して、言語表現の有意味性のアプリオリな法則性を探究し、

Grün ist oder（緑はあるいはである）を、文法的に混乱した完全に無意味な表現の例としてあげた。しかし、概念的認識の形式というロゴス中心主義的前提をはずしてみれば、この表現は少なくとも「非文法性の事例」として意味をもつだけではない。フランス語でle vert est ou（緑はあるいはである）と翻訳し、パロールとして発すれば、Le vert est où?（芝生の緑はどこへ行ったのか）と聞かれたり、Le verre est où?（グラスはどこへ行ったのか）と理解されたりすることも十分ありうる、というのである。異なるコード間（ドイツ語とフランス語）での翻訳とパロールのコンテクストの偶然性をからみあわせたこの例は、デリダ的反復がいかに〈他なるもの〉への反復であるかをよく示しているだろう。マークのシニフィアンとしての形式の同一性さえここでは残っていない。にもかかわらず、Grün ist oderとle vert est ouはある仕方で「同じもの」である。そこでは何かが残り、反復をとおして生き延びているのだが、多くのことがすっかり変わってしまうのである。

itérationの語幹iterは、サンスクリット語で「他」を意味するitaraから来るという。反復可能性の論理とは、「繰り返しを他者性（altérité）に結びつける論理」であり、「同一性と差異、繰り返しと他化を同時に含む」ものである。「同一性」が、つねに他性を忘却しつつ遂行される理念化、物象化の所産にすぎないとすれば、むしろここでは差異と他性が優勢だといってよい。マークの反復は「他化において、他化をとおして、それどころか他化をめざして」生じる、とさえ言われるのはそのためである。問題は「差延としての反復」なのである。この「反復可能性」の議論によってデリダは、言語、記号、マーク、意味、経験などを「同一性」の支配下から「差異」と「他者性」に向かって解放しようとする。同じであることよりも異なること、つねに同一にとどまるのではなく、たえず変化し、他なるものとなり、多なるものとなっていくこと、自己同一性のうちに滞在するのではなく、「他化をめざして」外出し、他者に触れ、他者となること。こうしたことへの力強い肯定が、デリダの議論を貫いている。つまり、デリダはここで、言語や記号や一般に意味にかかわる活動のまっただなかに、プラトニズムを突き崩すあの流動きわまりない「決定不可能なもの」の次元を開き、「まったき他者の侵入」を迎えるチャンスをうかがっているのである。

散種は何も意味しない？

デリダ的な「反復可能性」の他化する力は、いわゆる「多義性」と区別された「散種」(dissémination) のモチーフによく表われている。多義性と散種の差異は、解釈学 (hermeneutics) と脱構築の差異にほぼ対応するといってよい。解釈学的哲学は、ロゴス中心主義的な意味の一義性 (univocity) の理念の狭隘《きょうあい》さを批判し、複数の解釈を可能にする意味の多義性 (polysemy) を言語の豊かさの指標とする。だがデリダからみれば、多義性はけっきょく有限数の意味を許容するにすぎないし、複数の意味のそれぞれは確定可能であることが前提となっている。総じて解釈学的解釈は、どんな迂回《うかい》を経るとしても最終的には「一テクストの全体性をその意味の真理において一つに結集すること」をめざしているといわざるをえない。これに対して散種とは、反復可能性の論理にしたがって、潜在的には無限数の意味の繁殖可能性を内包する働きである。散種は、絶対に限定不可能な仕方で「意味論的地平を破裂させる」力であり、「ある解消不可能な、生産的《ジェネラティヴ》=生殖的な多様性をマークする」ものなのだ（『散種』『ポジシオン』など）。

この場合、dissémination という語は通常の「種まき」という意味を保存しつつ、同時に「意味の破裂、炸裂」といったイメージが重ね合わされている。これはまったくの偶然なのだが、語幹の semen（種子、精子）が sème（意味、記号）に似ている、というわけだ。原エクリチュールの書きこみ、マークの発出は、制御不能な無数の意味作用の種の爆発的な散らばり、といったふうにイメージされるのである（デリダは語っていないと思うが、もし偶然の類似を推し進めるなら、アラブ系ユダヤ人デリダにとって dissémination が dis-sem［セム族、ユダヤ人］-ination を含む可能性も排除できないかもしれない。ユダヤ性の、アラブ・ユダヤ性の、「経典の民」の破裂、炸裂？）。

「散種」のモチーフはまた、私たちをプラトンの『パイドロス』に連れ戻す。あのパロールとエクリチュールの階層秩序的二項対立を確立するために、「種まき」のメタファーが大いに活用されていたからである。ソクラテスはそこで、農夫が「まじめな目的で」種をまく場合と、単に「慰みや楽しみのため」だけに種をまく場合を区別し、前者をパロールに、後者をエクリチュールに対応させていた。前者では、適切な技術や十分な労働が投下されて豊かな「実り」が得られるが、後者では、実を結ぶことのない束の間のはかない生長があるにすぎない。充実したパロールとは、「自分自身のみならず、これを植えつけた人をもたすける力をもった言葉」であり、「実を結ばぬままに枯れてしまうことなく、一つの種子を含んでいて、また新たなる言葉が新たなる心のなかに生まれ、かくてつねにその生命を不滅のままに保つことができる言葉」なのだった。この二つの「種まき」の分割が、種まく人＝ロゴスの父にとっての「正嫡の息子」と「私生児」との法的分割に対応していたことを想起するなら、言葉の意味作用と種子＝精子による生殖の問題系を連結する「散種」が、いかに巧みに考案された脱構築的モチーフであるかが分かるだろう。

「散種は究極的には何ものをも意味しない＝言おうと欲しない」(Dissémination ne veut rien dire en dernière instance.)。この人を食ったような、いかにもデリダ好みの逆説的な表現を理解するにも、『パイドロス』のメタファーが役に立つ。デリダがここで否定しようとしているのは、言語（マーク）の機能を主体の意図、意味志向、要するに「言おうと欲すること」(vouloir dire［意味すること］）の支配下にとどめおこうとする考え方にほかならない。この考え方のもとでは、種としてまかれる言語（マーク）はけっきょくのところ、主体が予定した企てを実現し、その豊かな「実り」を収穫するための資本であり、道具にすぎない。まかれた種は、なるほどさまざまな意味や効果を生み出すかもしれないが、それらはすべて収益として主体の懐に回収され、種まく人＝ロゴスの父に戻ってくる。つまりこの場合、言語（マーク）は他者に向けて発せられたように見えながら、じつは自己から出て自己へ帰ってくる循環過程のなかにあり、家内（オイコス）の法（ノモス）たるエコノミーのうちにとどまっているのだ。

他方、「散種は父に帰属しない＝回帰しないもの（ce qui ne revient pas au père）を表わす」。言語（マーク）の主体＝種まく人＝ロゴスの父は、散種の効果のために、さまざまな意味や効果を自己の仕事の「実り」として、収益や収穫として回収することができなくなる。散種的な〈種まく人〉は、もはやそうした回収を欲しない。言語（マーク）を発するとき、無際限な反復に巻きこまれることで生じる主体の主権の剝奪、父の形而上学的権威の崩壊は、ここではもはやネガティヴな喪失、本来的自己からの疎外として経験されるのではなく、絶対に自己へと回収しえない「まったき他者」、他者としての他者、他者でありつづける他者への移行として、呼びかけとして、贈与（don）として肯定される。散種とは、自己へと回収しえない他者の、また一者へと結集しえない多者の、言語（マーク）における経験なのである。もちろん「経験」といっても、それはけっして現前の経験、現前における経験ではない。「まったき他者」の純粋かつ端的な現前は、すでに見たとおり不可能である。言語（マーク）の呼びかけは、どんなに純粋な呼びかけであっても、原暴力なしに他者に達することはありえない。暴力のエコノミーでもあるエコノミー（家内の法）の循環の、単純な外部に出ることはだれにもできない。にもかかわらず、反復と散種をとおして、私たちは言語（マーク）のなかから言語（マーク）の他者へ向かっていく運動を知るのである。「脱構築はいつも、言語の〈他者〉に深くかかわっている。ロゴス中心主義の批判とは何よりもまず〈他者〉の探究であり、〈言語の他者〉の探究なのだ」（インタビュー「脱構築と他者」）。

3　署名・テクスト・約束

自分の署名を模倣＝偽造するデリダ

原暴力でもある言語（マーク）の構造のなかに「まったき他者」への通路を開くこと。このアポリアのあくなき探究こそ、デリダの言語論そのものである。署名（signature）についての独特の考察をとおして、彼はこの探究をさらに進める。反復可能性の〈論理〉を簡潔に展開した「署名・出来事・コンテクスト」は、最初フランス語圏諸哲学会国際会議で発表されたと述べたが、論文集『余白――哲学の／について』に収められたテクストの末尾には、本文の余白に奇妙な注記が付けられている。こんな具合だ。

（注記。この発表――口頭の――のテクスト――書かれた――は、学会開催の前にフランス語圏諸哲学会協会あてに届けられねばならなかった。そのような発送物はしたがって、署名されねばならなかった。それを私は行なった、そしてそれをここに模倣＝偽造する［contrefais］。どこに？　そこに。J．D．）

じっさい奇妙ではないだろうか？　注記の最後に見えるJ．D．は、ジャック・デリダの

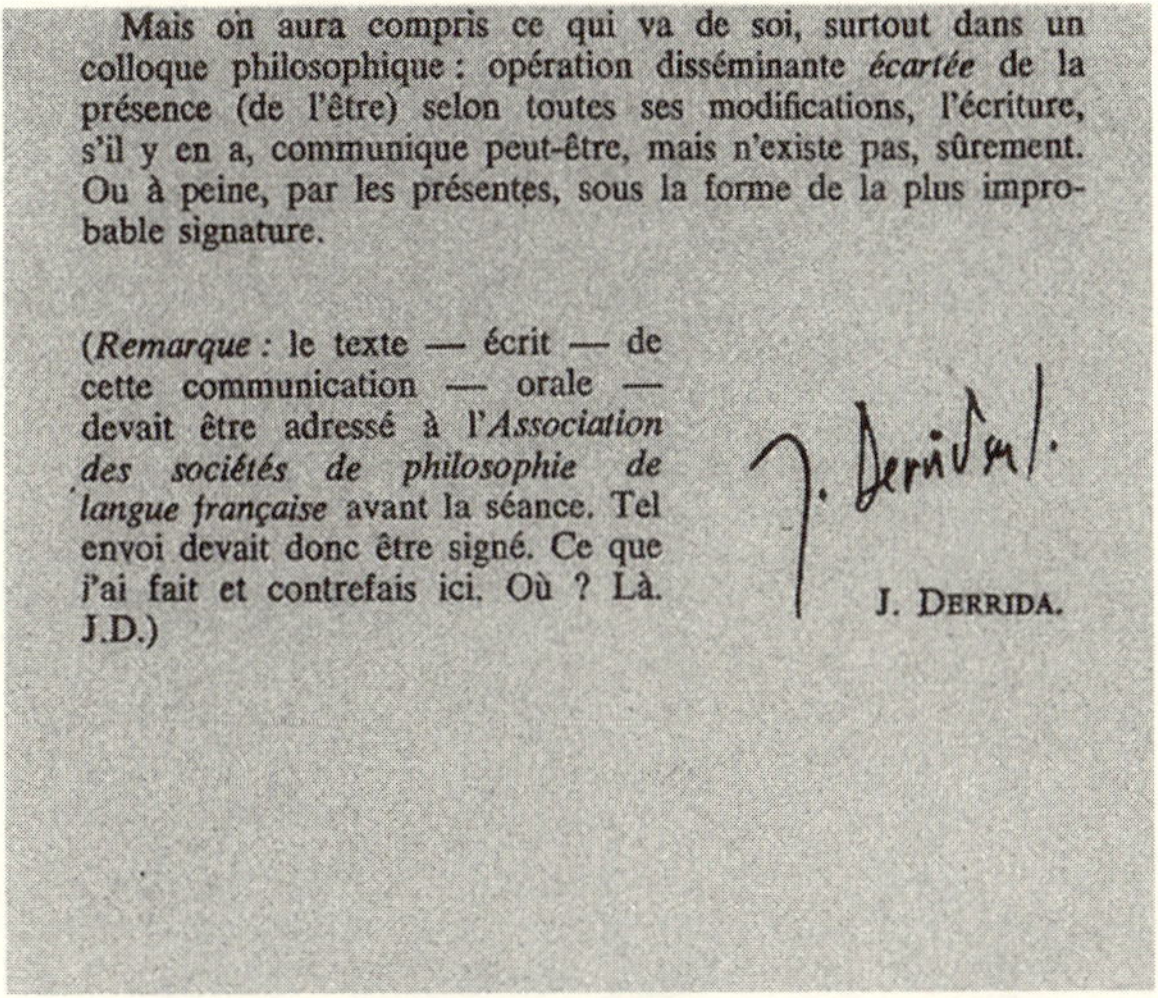

Mais on aura compris ce qui va de soi, surtout dans un colloque philosophique : opération disséminante *écartée* de la présence (de l'être) selon toutes ses modifications, l'écriture, s'il y en a, communique peut-être, mais n'existe pas, sûrement. Ou à peine, par les présentes, sous la forme de la plus improbable signature.

(*Remarque :* le texte — écrit — de cette communication — orale — devait être adressé à l'*Association des sociétés de philosophie de langue française* avant la séance. Tel envoi devait donc être signé. Ce que j'ai fait et contrefais ici. Où ? Là. J.D.)

J. DERRIDA.

『余白——哲学の／について』の当該箇所

イニシャルと推測される。そのかたわらに、J.Derrida の文字とデリダの署名。ところが、その署名は協会あての発送物になされた署名の模倣＝偽造だと言われている。しかし、「ここに」模倣＝偽造する、とはどういう意味か？「そこに」とは、どこになのか？　読者が見るのは、何千部と発行された『余白——哲学の／について』のうちの一冊に印刷された署名のコピーでしかなく、また、同様に何千部か発行された邦訳のうちの一コピー、さらには、やはり何千部か発行された本書のうちの一コピー、まさに上に見られるこのコピーにすぎない。これらのコピーのもとにあったと推測されるデリダの原稿上のオリジナルな署名が、そもそも「模倣＝偽造」されたものだと言われている。そうだとすれば、この注記、ひいてはこのテクスト自体がデリダによって書かれたことを保証するものは、いったい何なのか？　それに、その「最初の」署名が本当に「模倣＝偽造」されたものかどうかを、どうやって確かめるのか？　そもそも、署名の「模倣＝偽造」とは何なのか？

デリダがここで問いに付しているのは、署名についての常識とそれを支える形而上学的前提である。この形而上学的前提はたとえば、オックスフォードの言語哲学者オースティンの議論にも見られる、とデリダはいう。発言することが同時になにごとかの行為をなすことであるという言語行為（speech act）の理論を基礎づけたオーチスンは、エクリチュールにとっての署名はパロールにとっての〈語る主体〉の現前に相当するとして、こう述べている。

発言のさい使用される言語表現のなかに、発言を行ない、したがって行為を行なっている人物に対して「私」という代名詞（あるいは、その人物の個人名）による言及がない場合にも、この人物はつぎの二つの方法のいずれかによってやはり事実上言及されているのである。

(a)口頭の発言においては、その人物が発言を行なっている本人である——一般に、言語上の言及関係のいかなる座標系にあっても使用される、いわば発言の起源（utterance-*origin*）である。

(b)文字による発言（ないし〈書きこみ〉）においては、発言者が本人の署名を添える、

（文字による発言は口頭の発言とちがって起源に結びつけられていないから、当然、署名が必要である）（『言葉を使っていかにしてことをなすか』第五講、強調は高橋、邦訳『言語と行為』）。

ここでオースティンは、パロールが〈語る主体〉の現前によってみずからの「起源」に結びついているのに対し、エクリチュールにはそれが欠けている、というそれ自体形而上学的、通俗的見方に立って、エクリチュールにおけるこの「起源」の不在は署名によって補塡《ほてん》される、と考えている。書かれたものに添えられた署名は、それがかつてたしかにある一つの「現在」において、純粋な現前性と自己同一性をもった一つの「現在」において書かれたのだと保証することによって、書かれたものをその「起源」へと「結びつけ」つづけておくのではないか？　書かれたもの、エクリチュール、あるいはテクストは、署名という一回かぎりの、独自な、ユニークな出来事に結びつけられることによってはじめて、それを書いた「本人」のもの、オリジナルな「作品」たりつづけることができるのではないか？

模倣＝偽造しえない署名は署名ではない

署名の権威は、エクリチュールをその「起源」の「現在」につなぎとめておくものの権威である。そしてそれはこの世でもっともありふれたものの一つとして、日々効果を発揮している。しかし、とデリダはいう。署名がそうした効果をもつための可能性の条件は、またしても、それが厳密な純粋さにおいて実現されることの不可能性の条件になっているのだ。

署名が機能するためには、つまりある名前の書きこみとして読まれうるためには、署名は明らかに模倣可能な一つのマークの反復でなければならない。それを書いた「本人」が別のとき、別のところで模倣できないような署名、「本人」とは別の人が模倣できないような署名は署名ではありえない。ある「起源」の「現在」における「本人」とは別の者、一般に他者によって模倣可能でないような署名は、そもそもその「起源」の「現在」においてさえ署名ではありえないのだ。署名のこの構造的、本質的な模倣可能性は、同時に署名の構造的、本質的な偽造可能性でもある。他者によって模倣可能でなく、偽造可能でないような署名は存在しない。このうえなく独自な署名やユニークな署名、たとえ歴史上ただ一度しかなされなかった署名でも、原理上その署名の同一性は模倣＝偽造可能性としての反復可能性によって構成されるのである。そして、この模倣＝偽造可能性としての反復可能性は、署名の固有性、現前性、自己同一性をその「起源」において分割してしまう。ということは、署名の単純な「起源」であるような純粋な「現在」は存在しないということである。

デリダがここで、またもや反復可能性の〈論理〉によって、署名という出来事の一回性のなかに〈他なるもの〉の可能性を導き入れていることは明らかだ。署名の同一性がその反復可能性にあるということは、署名はつねにそれ自身の模倣、つまり〈差異を含んだ反復〉を呼び求めるということ、「最初の」署名の同一性そのものが、それ自身の模倣、つまりもう一つの署名、他の署名、他者の署名によって確認されることなしには成立しえないということにほかならない。「他者が署名する＝他なる署名＝他者の署名」（L'autre signe.）とデリダがいうのもそういう意味である。これはまた、ある署名（signature）の同一性はその署名の反復、つまり連署（countersignature, contresignature）による確認なしにはありえず、したがって、すべての署名は必然的に連署を、つまり他者の署名を呼び求めるものだ、と表現することもできる。

この事態が経験的に確認できるのは、たとえばトラヴェラーズ・チェックの場合である。いうまでもなくトラヴェラーズ・チェックは、旅行前にあらかじめ使用者が最初の署名をしておいて、旅行先で換金するさいに連署をする。最初の署名が意味をもつのは連署によってのみであり、連署が意味をもつのは最初の署名によってのみである。署名の真正さは異なる二つの署名の類似によって、すなわち〈差異を含んだ反復〉によってのみ構成される。最初の署名は連署への〈呼びかけ〉であり、連署は最初の署名への〈応答〉である。最初の署名者と連署者が同一人物であるとはもちろんかぎらない。トラヴェラーズ・チェックを換金するとき、最初の署名者が同一人物であることを確認することはまずない。確認しようにもできないし、署名は模倣＝偽造可能であってこそ署名であるということのなかにそれは含まれている。連署とは本質的に他者の署名なのである（counter-signature, contre-signature は、反対－署名とも読める）。この署名と連署の経験的関係を、デリダはいわば準－超越論的（quasi-transcendantal）な次元に移し、あらゆる署名の可能性の条件とする。「最初の」署名からしてすでに反復可能性によって構成されているのだから、それ自身のうちに

「最初の」署名と連署との関係を含んでいるわけである。

テクストを読むとは他者の署名に連署すること

署名についての考察は、デリダのテクスト論、解釈論に見通しをつけてくれる。デリダにとって書かれたもの、テクストとは、本質的に他者のテクストであり、脱構築的読みの「対象」になる哲学や文学のテクストは、その一つ一つが他者の署名をもった特異なテクストである。プラトン、アウグスティヌス、デカルト、ルソー、カント、ヘーゲル、マルクス、フロイト、ニーチェ、フッサール、ハイデガー、バタイユ、ラカン、レヴィナス……。シェークスピア、ボードレール、カフカ、ジョイス、マラルメ、アルトー、ジュネ、ジャベス、ポンジュ、ツェラン、ブランショ……。テクストは著者の固有名の署名とともに特異な出来事として生み出され、読者(であるデリダ)のもとに届けられる(もちろん、哲学や文学その他のジャンルによって、著者とその名前との関係はまったく同じとはいえないが)。

テクストはまず、原エクリチュールの産物として、その産出の「現場」に結びつけられたあらゆる現前性のくびきから切り離される。反復可能性なしにはテクストはテクストとならない以上、それが書かれた瞬間からすでにテクストは、たとえ著者が生きていても、著者がすでに死んでしまったかのような状況において読まれはじめる。あらゆるテクストは反復可能性の単位＝マークとして、あの言語一般のもつ「遺言的価値」をもつのであって、プラトンのテクストならばすでに二〇〇〇年以上にわたってその「遺言」解読の伝統が形成されてきたわけだ。

プラトンが署名したテクストは、たとえプラトン自身が――第二章で見たように――それを望んでいなかった（?）としても、テクストとして生み出された瞬間に、とどめようもなく必然的に反復と他化の運動を開始し、他者の連署を呼び求める。ある人が死んでも名が残り、遺言状が残されて読まれるように、プラトン自身は死んでもプラトンの署名したテクストは残り、読まれることを、つまり他者の署名を呼び求める。テクストを書くことと読むことの関係は署名と連署の関係にほかならないのであって、プラトンを読むとはだから、プラトンの名の呼びかけに新たな他者の署名をもって応答すること、すなわち連署することなのである。

こう考えるなら、ある署名の同一性は連署なしには成立しえない以上、プラトンの署名は二〇〇〇年余の歴史を経てもまだ終わっていないことになる。プラトンの署名は終わっていない。いいかえれば、「プラトン」という出来事は完結しておらず、プラトンのテクストが読まれつづけるかぎり完結しえない。プラトンを読む、解釈するとは、反復可能なマーク＝テクストのうえに、そのつど新たな名をもって連署することであり、その連署にまた新たな連署がつづき、……というぐあいに「無限に」つづく。新たな連署はそれ自体が署名の構造をもっているから、他者の連署を呼び求め、この新たな他者の連署もまた他者の連署を呼び求め、……反復可能なマーク＝テクスト自体が抹消されてしまう――それはつねに可能である——のでないかぎり、この連鎖には終わりがないのである。

この署名の連鎖を、なにか連続的で予定調和的な「伝統」として思い描くことはもちろんできない。署名の本質的な偽造可能性、別の言いかたをすれば、連署の本質的な反対-署名的性格が、そこにあらゆる種類の「裏切り」の可能性を持ちこむことになるからだ。誤読、誤解、歪曲《わいきょく》、批判、断罪、その他、ソクラテス＝プラトンの欲した「正嫡」の系譜以外のすべてのもの、「父殺し」や「私生児」のあらゆる可能性がそこには開かれているのだが、それは〈差異を含んだ反復〉の可能性そのものなので、それなしにはどんな創造的解釈も可能ではなくなってしまう。どんなに「忠実」であろうとする解釈も、「裏切り」をゼロにすることはできない。裏切りがゼロであるような解釈、絶対的に忠実であるような解釈は、なにも新たなものを付け加えず、ただテクストをそのまま繰り返すだけで、そもそも解釈とはいえなくなってしまうだろう。他者のテクストのなにを肯定し、なにを否定するのか、なにを継承し、なにを放棄するのか。他者の呼びかけへの応答（réponse）としての解釈は、現前する主体の意識的決定の権威がもはや失われてしまったところで、それでもなおそうした決定＝解釈の責任＝応答可能性（responsabilité）の構造のなかに私たちを位置づける。テクストが他者の署名を呼び求めるという本質的に開かれた構造をもっているからこそ、読者は責任のうちにおかれるのである。デリダのテクストがつねに他者のテクストの読解であること、あるいは形而上学の歴史への「寄生」形態をとることも、この観点からみれば、彼の思考がいかに他者の呼びかけへの「責任」感覚に貫かれているか、を示しているともいえるのだ。

私の法、私がそれに没頭しそれに応答しようとしている法とは、他者のテクストであり、まさにその特異性《シンギュラリティ》、その固有言語《イディオム》、私に先行するその呼びかけです。しかし、私がそれに責任ある仕方で応答することができるのは、ただ私が署名することによって、つまり別の署名をもって私の特異性を働かせ、引き受けるかぎりにおいてのことなのです（そしてこのことは法一般にかんして、とくに倫理にかんして成り立ちます）。というのも、連署が署名するのは他者の署名を確認することによってなのですが、しかしまた同時に、まったく新たな創始的な仕方で署名することによってでもあるのですから。両者を一度に行なうこと。それはちょうど、私が新たな署名をすることによって私自身の署名を確認するのに似ています。そのつど同じ仕方で、そのつど異なるように、もう一度、別の日付けで（インタビュー「文学と呼ばれる奇妙な制度」一九八九）。

あらゆる言語を条件づける肯定の「ウィ」

署名についての考察は、デリダの「言語論」の一つの頂点といってよい「ウィ」(oui)についての考察につながっていく。「ウィ」はもとより、通常はフランス語で否定の答え（いいえ、否）を表わす「ノン」(non)に対立し、肯定の答え（はい、然り）を表わす副詞である。英語の「イエス」(yes)、ドイツ語の「ヤー」(Ja)に対応する。日本語の「はい」

を含めて厳密な翻訳が成り立っているかどうかは疑問である——完全な翻訳は言語の身体を無化してしまうのではないか？——が、デリダはここで、ジョイス、ポール・ド・マンの「イエス」、ニーチェ、ローゼンツヴァイクの「ヤー」、ミシェル・ド・セルトーの「ウィ」など、異言語で署名された複数の「肯定」の思想に応答し、新たな「ウィ」の思想に署名しようと試みる。この考察がデリダの「言語論」の一つの頂点といってよいのは、それが「私」——経験的な「私」であれ、超越論的な「私」であれ——に対する「他者」との関係の先行性を決定的なかたちで確認するからである。「ウィ」の肯定とは他者の肯定、言語としての他者の、さらには言語の他者の肯定にほかならない。したがって、他者の肯定としての「ウィ」の思想は、脱構築はニヒリズムに帰着する否定思想ではないというデリダの主張をはっきり確証するものの一つである。

「ウィ」は通常は「ノン」に対立する肯定の副詞だ、と言ったのにはわけがある。デリダがここで問題にする「ウィ」は、もはや「ノン」に対立する副詞ではないばかりか、他の語と並んで言語（たとえばフランス語）を構成する一要素ではない。それはむしろ、言語以前に到来し、パロールであれエクリチュールであれ、語であれ文であれ、およそ何らかの発言がなされるときにはつねにすでにそれに伴い、それを可能にしているような「根源的」な肯定である。「ノン」と言うときにも、そこにはつぎのような「ウィ」がすでに働いているのでなければならない。

ええ、そうそう、それを私は言っているんです、私はたしかに話しているんですよ、ええ、ほらね、私は話しています、はい、はい、あなたもお分かりですね（聞いていますね）、私もあなたのことが分かっています（聞いています）、ええ、私たちはここで話しているんですよね、言語があるわけです、あなたはお分かりですよね（ちゃんと聞こえますよね）、こんなわけなんです、それは起こったんです、それは生じたんです、それは書かれたんです、それはマークされたんですよ、はい、はい（『ユリシーズ・グラモフォン』）。

〈私が―他者に―言う〉ということの根源的な肯定。なにを語り書くにせよ、「ノン」と語り書く場合でも、この根源的な肯定があらかじめ言語の場を開いているのでなかったら、まったく不可能になってしまうだろう。たとえ私が嘘をつく場合でも、偽証をする場合でもこの構造は変わらない。言葉を発せず、沈黙のうちに他者に向き合う場合でも、監獄の壁を叩く音のように、〈私はここにいる、聞いてほしい、応えてほしい〉という「最小かつ第一のウィ」が、「電話の〈もしもし〉」(allo téléphonique) が働いているはずである。いかなる「ノン」も、この「ウィ」を抹消することはできない。いかなるメタ言語も、言語である以上この「ウィ」を前提しているのだから、「ウィ」を対象化し、理解＝包摂 (comprehend) しうるようなメタ言語は存在しない。すべての言語、マーク、エクリチュール、テクスト、スピーチ・アクトはこの「ウィ」なしには不可能だから、形而上学のコードでいえば、「ウィ」はすべての行為遂行的 (performative) 次元の超越論的条件」なのだ。

署名もまた、したがって「ウィ」なしには存在しない。〈私は署名する〉の〈私〉は、たとえ署名を偽造する場合であっても、「ウィ」なしに署名することはできない。逆に、すべての「ウィ」は「はい、私は署名します」であると考えることもできる。〈私〉が他者に語ること、書くことを保証する根源的な〈約束〉であり、同時に他者からの応答を呼び求める「ウィ」は、すでに見たような署名の構造をもっているのである。

他者への応答としての「ウィ」

あらゆる言語に先立って、〈私が—他者に—言う〉ことへの「ウィ」がある。〈私はここにいる、聞いてほしい、応えてほしい〉。しかしながら、この他者への呼びかけが、起源としての〈私〉からの、「発言の起源」としての〈私〉からの能動的、主体的な運動だと考えるなら、それは誤りである。根源的な「ウィ」はそれ自体、意識的主体のあらゆる言語行為に先立ち、それを条件づけている無意識の「ウィ」であるが、この「ウィ」は他者への呼びかけである以前に、「ウィ」であるかぎり他者の呼びかけへの応答であり、他者の「ウィ」によって先立たれている。〈私〉が無意識に「ウィ」を発するとき、〈私〉はつねにすでに他者によって呼びかけられているのであり、その呼びかけを無意識のうちに聞いてしまっているのである。

デリダが「ウィ」についてのもっとも詳しい考察を展開しているテクストの一つ、『ユリシーズ・グラモフォン』。デリダが手ずから数えたところでは少なくとも二二二回、専門家の計算では三五四回の「イエス」が登場するジョイスの『ユリシーズ』のなかで、とくにその四分の一以上（少なくとも七九回？）の「イエス」が集中するという有名なモリー・ブルームの独白に注目するこのジョイス論を、デリダは一九八四年の二度めの東京への旅の途中で書きはじめたという。彼は滞在先のホテル・オークラの地下の売店で、マサアキ・イマイの著書『〈イエス〉を答えと思ってはならない』(*Never take yes for an answer.*)を手にとる。おそらく欧米人に向けて、日本人と外交上、商売上の交渉をするときには、彼らの「はい」を肯定の回答と受けとってはならないと戒めた書物だろうが、デリダには印象的だったようである。彼にとっては、なにものも名ざさず、なにものも記述せず、奇妙な文法的・意味論的身分をもつ「イエス」を少なくとも「答えと思わなければならない」ことだけは、断固として確かなことなのである。

根源的な「ウィ」は、したがってすでに他者への応答である。ということは、それは「根源的」ではないということである。〈私〉の「ウィ」はつねに第二のものであり、他者の「ウィ」に先立たれている。〈私〉がエゴ・コギト、コギト・スム、われ思う、われ在り、などと語ったり、書いたりするとき、そして沈黙のうちにそうするときにも、すでに〈私〉は他者によって先立たれているのであって、超越論的自我、超越論的主体の根源性はつねにすでに差延されているのである。自己は他者の先に行くことはできない。絶対的起源としての自己なるものは存在しない。〈私〉から出発したのでは、〈私〉はなに一つ語ることも書くこともできない。超越論的主体主義、自己中心主義は、抹消不可能なこの他者への関係を忘却し、あるいは否認しているにすぎない。

〈私〉の措定、存在の措定、言語の措定は、この「ウィ」に対してなお派生的でありつづけている。［……］他者的なもの（de l'autre）があるならば、「ウィ」といったもの（du oui）があるならば、他者はもはや自同者や自我によって生み出されるままにはならない。あらゆる署名、あらゆる行為遂行の条件である「ウィ」は他者的なものへ向けられているのだが、この他者は「ウィ」によって構成されるのではないし、「ウィ」はそれにつねに先行する要求への応答として、「ウィ」というようそれに要求することを要求することからはじめるしかないのだ（同前、強調は高橋）。

こうして言語のなかから、「言語の措定」に先立つ他者、「まったき他者」との関係が見いだされる。〈私は存在する〉の自己への現前に先立ち、「〈私〉の措定」にも「存在の措定」にも先立つがために、この他者からの呼びかけが〈私〉に対して現前し、〈私〉の現在においては聞かれることはけっしてない。〈私〉がそれに気づくときには、この呼びかけはつねにすでに〝過ぎ去って〟しまったものであり、つねにすでに「痕跡」であり、「かつて一度も現前したことがなかった過去」の「記憶」なのだ。〈私〉の「ウィ」とそれに先立つ他者の「ウィ」との関係は、現在とその変様体――過ぎ去った現在としての過去、現在する現在、来たるべき現在としての未来――という「通俗的時間」のカテゴリーによっては思考できない。「通俗的時間」のなかから見るかぎり、他者の「ウィ」は「記憶にない過去」、「絶対的過去」と呼ぶしかないだろう。

以上の点は、主体の形而上学と結びついた「責任」の概念の脱構築にもおおいにかかわってくる。デリダはレヴィナスの試みにならって、責任（responsabilité）を応答可能性（responsabilité）という原義から考えるのだが、自己意識としての〈私〉が責任主体であるという伝統的理解が、「ウィ」のレベルに対していかに限定されたものにすぎないかは明白だろう。〈私〉の責任は、〈私〉の措定以前に、自己意識的主体による「自由」で「自律的」な選択、決定以前に、他者の呼びかけへの責任＝応答可能性というレベルですでにはじまっている（〈私〉の措定以前の〈私〉の責任とか、「私の」応答、「私の」ウィといった言いかたが、「この不定で最小の呼びかけを翻訳する修辞上の必要への譲歩」でしかないことはいうまでもない）。「まったき他者」への責任＝応答可能性という次元は、能動／受動、自律／他律の形而上学的二項対立を超えて、原‐受動的、原‐他律的なものとして考えられねばならない。責任は「根源的」には〈他者への責任〉でしかありえない。「応答することからはじめなければならない」（『アデュー』）のだ。

「ウィ」はなぜ「ウィ、ウィ」でなければならないか

他者への「ウィ」について、もう一つ大切なポイントがある。それはただちに反復されねばならない、「ウィ」はつねにすでに「ウィ、ウィ」でなければならない、ということだ。

どんな約束、誓約、自己拘束も、それがなされた後ただちに破棄されるとしたら、それとして効力をもちえない。私が明日までに一五枚の原稿を仕上げると約束しながら、一瞬後、三〇分後、一時間後にはそれに拘束されなくなるとしたら、それは約束とはいえないだろう。これは署名の構造であり、「最初の」署名はたえざる連署によってのみ「最初の」署名でありうるという、あの構造にほかならない。同様に、原-根源的な他者への「ウィ」もまた、それが真の肯定であるためには、なされた後にただちに破棄されるようなことがあってはならず、逆に第二の「ウィ」によってただちに確認され、「反復」されるのでなければならない。〝最初の〟「ウィ」は、自己自身を記憶し、反復するという約束なしには〝最初の〟「ウィ」でさえないだろうし、自己自身の反復、第二の「ウィ」によってあらかじめその同一性を分割されているのでなければ、〝最初の〟「ウィ」ではないだろう。要するに、〝最初の〟「ウィ」はみずからのうちに、「約束の記憶」を保持するという「記憶の約束」を含んでいなければならないのである（「ウィの数／多くのウィ」[Nombres de *Oui*]『プシケー』所収）。

肯定、承認、同意、契約、アンガージュマン、署名、贈与などの〈ウィ〉は、それが価するものの価値をもつためには、みずからのうちに繰り返しを含んでいなければならない。[……] その使命に応えるためには、〈ウィ〉はただちに自身を再肯定しなければならない。それが署名されたアンガージュマンの条件なのだ。〈ウィ〉がみずからを言うことができるのは、それがみずからに自己の記憶を約束する場合のみである。〈ウィ〉の肯定は記憶の肯定である。〈ウィ〉はみずからを保持し、したがってみずからを反復し、みずからの声を記録して、それが聞かれるようにくりかえし与えなければならない。［……］署名とはつねに〈ウィ、ウィ〉であって、あらゆるアンガージュマンを条件づける約束と記憶の総合的な行為遂行なのだ（『ユリシーズ・グラモフォン』）。

言語の措定以前の沈黙の「ウィ」のうちにも書きこまれる反復可能性の〈法〉。それは一方では、例によって「空虚な」反復の可能性を導入し、「ウィ」が真の肯定なしに、アンガージュマンなしにただ機械的に反復されるだけの危険性、ひいては「忘却」の危険性をも呼びこんでしまう（「蓄音機効果」）。だがデリダは、他方でこの危険、この「必然的可能性」をチャンスに反転させようとする。というのも、もしも「ウィ」の記憶がまったく忘却の可能性なしに反復されたらどうだろうか？　その場合には明らかに、第二の「ウィ」は最初の「ウィ」の自然的、あるいは心理的、あるいは論理的な「帰結」になってしまい、新たに生じた出来事、「ウィ、私は署名する」という約束の出来事ではなくなってしまうだろう。忘却の「構造的」危険なしには、記憶はアンガージュマンではありえず、「記憶の約束」ではありえない。「〈第二の〉ウィは、あたかも〈第一の〉ウィが忘却され、十分過ぎ去ってしまって、新たな最初のウィが要求されるかのようにしなければならない」。この場合、記憶と忘却とは対立しない。記憶がその使命を果たすためには、「記憶そのものが忘却しなければならない」のだ（「ウィの数／多くのウィ」）。忘却のこの構造的可能性のなかにこそ、「ウィ」が他者の記憶に継承される可能性が宿っている。

〈ウィ〉は記憶に託されなければならない。要求の非対称性においてすでに他者から、〈ウィ〉を要求するよう要求されている他者から到来し、〈ウィ〉は他者の記憶に、他者の〈ウィ〉の記憶に、他なる〈ウィ〉の記憶に託されるのだ（『ユリシーズ・グラモフォン』強調は高橋）。

この議論のポイントは、原－根源的な責任＝応答可能性の継承が、「まったき他者」に発する均質で連続的な〈伝統〉として形成されてしまうのを根本から不可能ならしめることにある。「ウィ」の記憶は、〈差異を含んだ反復〉として、いいかえれば〈忘却を含んだ記憶〉として他者に託されることで、「父に帰属＝回帰しない」あのラディカルな散種の過程に入る。他者への責任＝応答可能性は、それを肯定した者の意図や意識を超え、その死をも超えて生き延びて、無数の新たな「ウィ」のなかで不断にチャンスを待ちつづける。これを、ユダヤ教的であれキリスト教的であれ、その他のどんな伝統のであれ、ある特定の「まったき他者」をアルケーとしてある特定のテロスに至る、そんな〈歴史〉のなかに回収することはできない。反復と散種の運動は、〝私の〟「ウィ」に先行する「まったき他者」の「ウィ」のうちでつとにはじまっているのだから。

第四章　法・暴力・正義

1　脱構築の二つの焦点

言語と法のアナロジー

前章では、言語についてのデリダの思索を追いながら、脱構築がある肯定（affirmation）の思想だということ、他者（l'autre）の肯定の思想だということを見てきた。このことを確認するもう一つの手立ては、〈法〉についてのデリダの思索を検討することである。〈言語〉と〈法〉はデリダにとって二つの特権的な〝テーマ〟であり、脱構築の実践はつねにこの二つを焦点として展開していると考えることもできる。いや、この二つの〝テーマ〟は必ずしも二つではない。言語についての考察は法についての考察としても読むことができるし、逆に、法についての考察は言語についての考察としても読むことができるからだ。〈言語〉と〈法〉をめぐる主要な論点の間には、かなりの程度、アナロジー（類比）が成り立つ。両者は、テクスト＝法典、解釈＝決定、規則＝コード、著者＝立法者、読者＝解釈者、普遍性と特異性（適用可能性）といった問題要素をほとんど共有しているからである（もちろん、アナロジーは同一性ではないし、両者の特異性を尊重しなければならないのはいうまでもない）。

デリダが〈法〉にかんして最も包括的な考察を呈示したのは、一九八九年一〇月の講演「法の力──権威の神秘的基礎」においてである。この講演はニューヨークのイェシヴァ大学カードーゾ・ロー・スクールで開かれたコロキウム「脱構築と正義の可能性」の基調講演として行なわれた。そして、ここでデリダは、法と暴力との複雑な絡《から》み合いを追究しながら、法の脱構築可能性に対して「正義」の「脱構築不可能性」を明言して大きな反響を呼んだのである。脱構築は脱構築不可能なもの、「他者との関係」としての「正義」の可能性──それは「不可能なもの」の可能性だとされるのだが──の肯定である。「法の力」のこの大胆不敵なテーゼが、一見、最近のデリダの「倫理＝政治的転回」といった解釈を動機づけるようにみえるとしても、じつはそれまでのデリダの思考から見てけっして唐突なものではないことはもはや明らかだろう。「暴力と形而上学」（一九六四）の一節をもう一度想起しておこう。

> 言語はみずからのうちに戦いを認め、これを実践することによって際限なく正義のほうへ向かっていくほかはない。それは暴力に対抗する暴力である。［……］光が暴力のエレメントなら、最悪の暴力、つまり言説に先行し言説を抑圧する沈黙と夜の暴力を避けるために、ある別の光をもってこの光と戦わなければならない（強調は高橋、本書一四三頁

参照)。

デリダにおける法、暴力、正義の関係はおそらく、ここでの言語＝光、暴力、正義の関係とアナロジカルに考えることができる。原－暴力たる言語に端的な外部がないように、原－暴力たる法にも端的な外部はない。にもかかわらず、あるいはまさにそれゆえに、言語をとおして「言語の他者」との関係が追究されるのと同様に、法をとおして、法を超える「まったき他者」との関係が、すなわち正義が追究されるのである。〈言語〉の考察と〈法〉の考察とに共通するのは、他者との関係の追究である。デリダの言語論は、一見そう見えない場合でもつねに倫理－政治的な射程をもっているのだが、その理由の一つはここにある。

文学部から法学部へ？

「脱構築と正義の可能性」を論じるに当たって、デリダはまず、彼の仕事が「正義」という〝テーマ〟を中心に据えていないとか、倫理や政治といったテーマを中心に据えていないように見えるとしても、それは「見かけのことにすぎない」と明言する。

第一に、直接に「法」を主題とするテクストがいくつもある。デリダ自身があげている例では、当然まず第一に「暴力と形而上学」などのレヴィナス論、そして『弔鐘』(一九七四)のようなヘーゲルと法哲学にかんするもの、権力論である「思弁する――〈フロイト〉について」(一九八〇)、カフカの『法の前』(*Vor dem Gesetz*) を論じた「予断――法の前」(一九八五)、「合衆国独立宣言」(一九八四)、「ネルソン・マンデラの感嘆あるいは反射=反省の法」(一九八六)などである。これらはあくまで一九八九年までのものであり、また八九年以前で「法」をテーマにしているものは、「ジャンルの法」(一九七九)や『哲学への権利/法から哲学へ』(一九九〇)に収められた諸論考など、他にもまだあげられるだろう。

第二に、「二重の肯定」つまりあの「ウィ、ウィ」や、交換や分配の彼岸の贈与、決定不可能なもの、計算不可能なもの、特異性、差異と異質性といったテーマは、すべて「少なくとも斜めから」正義を論じようとするものだ、とデリダはいう。それればかりか、彼が初期から一貫して行なってきた自然とその対立物、ピュシスとノモス(法、制度、慣習)、ピュシスとテシス(措定、定立)といった形而上学的二項対立の脱構築や、固有なもの、意識、志向性、主体(責任主体、法=権利の主体、道徳の主体)などの価値に対するすべての問いかけも、その動機として、法、正義、権利、倫理、政治についてのラディカルな問いかけをもっていたのだ、と考えられる。そもそも法と正義、倫理と政治の問題領域を構成している主要な概念は、形而上学の概念以外のなにものでもないのだから、形而上学の脱構築がそうした問題領域と無縁なところではじまったとか、無縁でありつづけるなどということは、最初からありえないことなのである。

脱構築は、根本的に法と正義への問いかけである。したがって、デリダはいう。

脱構築的なスタイルをとる探究が法＝権利《ドロワ》、法、正義の問題系にまで行き着くことは当然であったし、予想できたし、望ましいことであった。それこそが、脱構築的探究にとっての最も固有の場所——もしそんなものがあるとしたら——なのだ。〔……〕実際には当然ありえないことなのだが、そうした「問いかけ」あるいは脱構築的なメタ‐問いかけが自己固有の場というものをもっているとしたら、それは哲学科やとりわけ文学科——その内部に脱構築的な問いは収容されるべきだとしばしば信じられてきた——においてよりも、ロー・スクールにおいて、また、ときにそういうことが起きるように、おそらく神学科や建築学科において、よりアット・ホームである、ということになるだろう（『法の力』カードーゾ・ロー・レヴュー版［仏英対訳版］以下Cと略記）。

これは、ある種の人びとにとっては驚くべき発言だろう。デリダはいわば〝文学好きの哲学者〟であり、すでに言及した多くの文学者のテクストを論じており、彼の影響力をいっきょに拡大したアメリカの「脱構築批評」も、ポール・ド・マンをはじめとするイェール学派を中心に、大学の比較文学科、英文学科、仏文学科などを根城にして展開した。そこから、たとえばハーバーマスのように、デリダは哲学を文学に解消することを狙っているなどと誤解して批判する人たちも出てくる（『近代の哲学的ディスクルス』一九八五）。そうした批判派が、哲学科での影響力拡大を防ぐためにも、「文学科」内部に「脱構築的な問いは収容されるべきだとしばしば信じ」てきたとしても不思議はないだろう。ハーバーマスに対立し、哲学と文学との境界線の解消をむしろ歓迎するローティのような哲学者も、デリダが〝文学的な哲学者〟だという信念は共有している（ローティによれば、そうであるべきなのである）。

一方、アメリカにも〝哲学的〟デリダ派が存在する（ロドルフ・ガシェ、イレーヌ・ハーヴェイなど）。〝文学的〟受容を批判し、デリダの思考の厳密に哲学的な要求を尊重すべきだと主張する彼らからすれば、脱構築の本拠は当然「哲学科」だということになるだろう。

ところが、デリダはここで、まさにそうした〝哲学派〟と〝文学派〟の抗争に冷水を浴びせるように、脱構築的探究の「最も固有の場所」ないし「自己固有の場」がもしあるとしたら、それは「哲学科」でも「文学科」でもなく、「法＝権利《ドロワ》、法《ロワ》、正義の問題系」にかかわる「ロー・スクール」であろう、と宣言する（ガリレー版［仏語第二版、以下Gと略記］では、アメリカとフランスの制度の違いを考慮して「ロー・スクール」ではなく「法学部」となっている）。そんな場が「もしあるとしたら」というのは、「固有なもの」の神話を解体する脱構築にとって、「最も固有な場所」や「自己固有の場」など厳密にはありえないからである。にもかかわらず、あえていえば、脱構築的探究の最もふさわしいフィールドは法と正義のそれである、とデリダ自身が宣言したわけだから、その意味は大きい。

デリダと批判法学、ポストモダン法学の出会い

ところで、「哲学科」や「文学科」の脱構築派にとって意外であったかもしれないこと

が、「ロー・スクール」や「法学部」にとっては意外でもなんでもなかったとしたら、どうだろう？　デリダはこの文脈で、ただちに、いわゆる「批判法学」やスタンリー・フィッシュ、バーバラ・ハーンステイン・スミス、ドゥルシラ・コーネル、サム・ウェーバーの名をあげ、彼らの仕事は「脱構築の最もラディカルなプログラムに対応するもの」で、「今日最も生産的で最も必要なもの」だと評価している。デリダが言及しているのは、一九八〇年代にアメリカ法学界に起こった新しい波の一部にほかならない。「ポストモダン法学」と呼ばれることもあるこの潮流において、デリダの影響を受けた一群の脱構築派法学者が活躍をはじめたことは、アメリカで七〇年代までに形成された脱構築のイメージが一面的すぎることを明らかにした。

批判法学（critical legal studies）は、略称ＣＬＳ、これに属する研究者はクリッツ（Crits）と呼ばれる。「ポストモダン法学」のなかでも最大の潮流で、一九七六年にウィスコンシン大学ロー・スクールで結成されたグループに起源をもつ。彼らは「法は政治だ」（Law is politics.）をスローガンに、既成の法理論の「中立性」や「客観性」を否定する。彼らによれば、主流派の理論が正当化する「法の支配」は、アメリカ・エスタブリッシュメントの利害を代弁するイデオロギーにすぎない。問題は、主流派法学がリベラリズムのイデオロギー的表現として、不当な階層秩序的社会構造の維持にいかに寄与しているかを暴露することである、というわけだ。

批判法学のなかでデリダの影響が強まるのは、とくに八〇年代半ばからである。憲法、行政法、会社法、契約法などさまざまな法の領域に脱構築的分析を適用し、それらの法がデリダのいう諸概念の階層秩序的二項対立を前提し、正当化しえないイデオロギー的決定に支えられていることを明らかにする論文がつぎつぎに現われた。ジェラルド・フラッグ「アメリカ法における官僚性イデオロギー」（一九八四）、クレア・ドルトン「契約説の脱構築試論」（一九八五）、ゲアリー・ペラー「アメリカ法の形而上学」（一九八五）、ジャック・バルキン「脱構築的実践と法理論」（一九八七）、ピエール・シュラッグ「〈テクストの外、それは私だ〉――形式の政治と脱構築の飼い馴らし」（一九九〇）などが代表作だ。シュラッグは現在、古典的・規範的法理論に対するラディカルな批判によって最も有名な〈ポストモダン〉法学者の一人だが、彼は、法理論への脱構築の「方法的適用」というバルキンに代表される立場に対して、それが脱構築を体制内に囲いこんでしまう危険性を指摘し、方法化されえない批判力を維持するよう主張した。

批判法学のなかには、フェム・クリッツ（Fem-Crits）と呼ばれる一群のフェミニスト法学者たちが存在し、やはり八〇年代半ばには脱構築的戦略を採るものが登場する。家父長制的なジェンダー・ヒエラルキーが、形而上学の階層秩序的二項対立の典型であることはいうまでもない。ジョアン・ウィリアムズの「ジェンダー戦争――選択の共和国における自己なき女性」（一九九一）は、『グラマトロジーについて』の「危険な代補」についての分析を「女性的なもの」に適用することによって、主流派リベラリズム法学が依拠する男性的価値の支配を脱構築しようと試みた。そしてこのフェミニスト法学の分野で最も代表的な脱構築派の論客こそ、コロキウム「脱構築と正義の可能性」の企画の中心となった法哲学者ドゥルシラ・コーネルにほかならない。彼女は『限界の哲学』（一九九二）をはじめとする一連の著書や論文で、デリダの思想の核心に法の批判をとおした正義への「ユートピア的」要求があることを精力的に論じ、また同性愛、妊娠中絶、ポルノグラフィー、セクシュアル・ハラスメントなどにかかわる司法判断を具体的に問題にしながら、既成のシステムを「変形的」に解放していく脱構築の可能性を擁護してきた。

八〇年代も終わりにかかるころから、批判法学のなかから批判法学自身の人種イデオロギー批判の不十分さを指摘しつつ、批判的人種理論（critical race theory）を名乗るグループが台頭する。はじめは「黒人」つまりアフリカ系アメリカ人の法学者中心だったこの流れは、アジア系アメリカ人など他の人種的マイノリティをも巻きこみながら、アメリカ社会の人種・民族的多様性を根本的に認知し、人種・民族的本質主義の徹底批判に進もうとする。この潮流に属する一人キンバール・クレンショーによれば、人種主義イデオロギーはデリダのいう「現前の形而上学」を確立するために、白人／黒人の対立を極とした人種間の階層秩序的対立をたえず再生産しつづける（クレンショー「人種、改革、抑制――行政法における変形と正統化」一九八八）。

そのほか、「法と文学」（law and literature）運動のなかでも、八〇年代半ばに「解釈的転回」を遂げるとともに、デリダへの関心が高まった。デリダが『法の前』で論じたカフカは、「法と文学」運動に属する法学者たちにとっても特権的なテクストの一つである。

このように、八〇年代においてアメリカの脱構築運動は、それまでの〝文学中心〟から〝法学中心〟へと前線を大きく変えたように思われる。『法の力』の講演がこうした状況を背景に、法学者や政治学者を聴き手として行なわれたことに注意しよう。もちろん、脱構築を文学部に閉じこめることが誤りだと同じく、法学部に閉じこめることも誤りである。重要なのは、「純粋に思弁的、理論的でアカデミックな言説の内部に閉じこもるのではなく、[……]物事を変えるよう、そして、たしかに幾重《いくえ》にも媒介された形でではあれ、専門職業においてのみならず、都市やポリスやより一般的に世界と呼ばれているもののなかで、有効かつ責任ある仕方で介入を行なうよう要求しようと欲する」とデリダ自身がいう「脱構築の最もラディカルなプログラム」に、法的、政治的な脱構築的探究が対応しているということなのだ。

2　法の力

法は脱構築可能だが、正義は脱構築不可能だ

法と正義と脱構築との関係を、『法の力』のデリダはつぎのように明言する。

法（droit）は［……］本質的に脱構築可能である。［……］法のこのような脱構築可能な構造こそ、あるいはこういった方がよければ、法としての正義のこのような脱構築可能な構造こそが、同時に脱構築の可能性を保証しているのだ。もしも正義それ自体（la justice en elle-même）というようなものが、法の外あるいは法のかなたに存在するとしたら、それを脱構築することはできない。同様にまた、もしも脱構築それ自体（la déconstruction en elle-même）というようなものが存在するとしたら、それを脱構築することはできない。脱構築は正義なのである（C）。

もっと簡潔にいえば、こうだ。

一、法の、合法性の、正統性の、あるいは正統化（たとえば）の脱構築可能性が、脱構築を可能にする。

二、正義の脱構築不可能性もまた、脱構築を可能にする。それどころか、それは脱構築と見分けがつかない（se confond）。

三、帰結。脱構築は、正義の脱構築不可能性と、法や正統化する権威あるいは正統化される権威の脱構築可能性とを分かつ間隙に生起する（C）。

「脱構築は正義なのである」とデリダは言い切っている。たしかに、脱構築は「暴力に対抗する暴力」として「際限なく正義のほうへ向かっていくほかはない」とすでにいわれていたのは事実としても、このあまりに単純明快な脱構築と正義との等置には、だれしも戸惑わずにはいられないかもしれない。デリダ自身、こうした言明は脱構築の敵対者や批判者にだけでなく、その理解者や共鳴者にもショックを与えかねないと認めている。この講演の四年前にデリダは、「日本人の友への手紙」（『プシケー』所収）のなかで、「脱構築はXである」というタイプのあらゆる文は「アプリオリに適切でなく」、「少なくとも偽である」と述べていたはずだ（ちなみにこの「日本人の友」とは、故井筒俊彦氏である）。とすれば、どうして「脱構築は正義なのである」といえるのか？

もちろんこの言明は、単純明快な主語と述語の等置ではありえない。それ自身、まさに脱構築的に読まれなければならないのだ。「脱構築は正義なのである」の前提は、「もしも正義それ自体というようなものが存在する（existe）としたら」であり、「もしも脱構築それ自体というようなものが存在する（existe）としたら」である。ところで、「正義それ自体」や「脱構築それ自体」というようなものは「存在する」ものではない。リアルな存在者としても、イデア的な存在者としても、また人であれ、物であれ、秩序であれ、体制であれ、なんであれとにかくそういった「あるもの」として現前的に存在しうるものではないのである。したがって、「脱構築は正義なのである」（La déconstruction *est* la justice.）の「である」は、けっして現前的に「存在する」ことのありえないものを存在動詞の直接法三人称現在形で語っていることになる。いいかえるとこの言明は、もともと存在論の言語では語りえないものを、「アプリオリに不適切」ないし「偽」になる代償を払いつつ、あえて存在論の言語で語ったものなのである。私たちは結局のところ、形而上学や存在論の言語以外の言語をもたない。厳密を期すなら、ハイデガーにならって「である」に抹消記号を付すべきところかもしれない。
「脱構築は正義なのである」ということは、いわんや、ジャック・デリダの哲学が正義であるとか、ジャック・デリダその人が正義の人であるとか、を意味するわけではまったくない。デリダの「正義」論からみると、それはありえないことである。むしろ、デリダの「正義」論はそういった想定をこそただちに不正と断ずるようなものなのだ。

少し先を急ぎすぎた。正義の脱構築不可能性に先立ち、デリダはまず法の脱構築可能性を問題にしている。まずこちらから見ていくことにしよう。

法の起源には無根拠な暴力がある

法（droit）の本質的な脱構築可能性が脱構築を可能にする、とデリダはいう。これはいいかえれば、脱構築はつねになんらかの「法」の脱構築として生起するということだ。ここで「法」というのは、実定法という意味での「法律」や自然法などにとどまらず、一般にある行為がそれに従って正統（légitime）であるといわれるようなすべての「権威」をさす、といってよい（ここで「法」と訳しているフランス語droitには「権利」という意味もあり、デリダのいう脱構築可能性は両者を含めて成り立つ。読みにくくなるので必ずしも「法＝権利」とはしないが、両義的であることを念頭においていただきたい）。

さて、法が本質的に脱構築可能であるのは、まずなによりも、法が一般に構築可能であり、構築されたものだからである。自然法と実定法との対立は、自然／人為、ピュシス／ノモスの形而上学的二項対立とともに脱構築される。自然法や自然権といえども法＝権利である以上、ある解釈可能な意味単位として存在し、したがって、あの反復可能なマークの構造、「設立された痕跡」(trace instituée) の構造をもつ。にもかかわらず、「自然的」であると主張されるのである。デリダによれば、実定的であろうと「自然的」であろうと、成文法であろうと慣習法であろうと、「欽定《きんてい》」法であろうと「民主的」法であろうと、すべての法は歴史的に制定され「構築」されたかぎりにおいて、逆に脱構築することが可能なのである。

だが、法の脱構築可能性は、より本質的にはつぎのことにかかわっている。すなわち、あらゆる法の「起源」には無根拠な暴力があるということである。デリダはいう。

正義と法はその出現そのもののうちに、すなわち法を設立し、創設し、正当化する瞬間のうちに、行為遂行的 (performative) な力、いいかえればつねに解釈の力を含んでいる。［……］法を創設し、創始し、正当化することに帰着する操作、すなわち法を作る (*faire la loi*［場を支配する］) ことに帰着する操作は、力の一撃 (coup de force) からなるものであろう。この力の一撃は、行為遂行的暴力、したがって解釈の暴力にほかならないが、それ自身は正当でも不正でもない。そしてまた、いかなる正義も、いかなる事前の、先行する創設の法も、いかなる既成の創設行為も、定義上、その暴力にお墨付きを与えることはできないし、それを反駁したり無効化したりすることもできないだろう。正当化を行なういかなる言説も、設立の言語活動の行為遂行性に対して、あるいはその支配的な解釈に対して、メタ言語の役割を確保することはできないし、確保すべきでもないのである（G）。

法はその「出現そのもの」のうちに、つまりその成立の構造そのもののうちに、みずから正当化（justifier）することのできない暴力を含んでいる。法の創設、「立法」の行為は、本質的、構造的に無根拠な「力の一撃」であり、実力行使である。議会などで「合法的」に立法する場合でも、当の議会自身の「合法性」の起源、その「権威」の起源をさかのぼってゆけば、必ず、それ自身はもはやどんな法に従っているともいえない「力の一撃」に至るだろう。ある法の創設の成功が、それに先立つ一定の条件、規則、慣習などに依っているとしても、そうした条件、規則、慣習そのものを創設した行為は、究極的にはパフォーマティブな暴力でしかありえなかった。いわゆる国内法のすべてが、最終的には立法権力としての国家権力によって正統化（légitimer）されるとしても、国家権力そのものの創設は行為遂行的暴力の典型的な一例である。そしてある国家の創設が、なんらかの国際法や国際的な慣習によって承認され、成功したと思われる場合でも、今度はその国際法や国際的慣習そのものの成立が「力の一撃」なしにはありえなかったはずなのだ。

ある法は〈法の支配〉（rule of law）のもとで合法的でありうるけれども、〈法の支配〉

それ自体は合法的ではありえない。〈法の支配〉はその「起源」において、先行するいかなる法もないところで力によって樹立されるのであり、この原暴力（violence originaire）は、構造上必然的に合法／不法の対立に先立つ、いわば原－エクリチュールの暴力なのだ。この行為遂行的暴力がいったん成功すると、法や〈法の支配〉はみずからの起源を隠蔽し、暴力の痕跡を抹消しようと企てる。すなわち不可能な正当化を企てる。まさにそこに脱構築が起動する可能性が生じるわけだ。

アメリカ独立宣言を分析するデリダ

『法の力』以前からデリダは、「合衆国独立宣言」、「ネルソン・マンデラの感嘆あるいは反射＝反省の法」、『記憶《メモワール》＝回想──ポール・ド・マンのために』などで法創設の原暴力について論じてきたが、ここでは最も早期の「合衆国独立宣言」（『耳伝──ニーチェの教育と固有名の政治』所収）を見ておこう。このテクストは模範的な簡潔さ（デリダらしくない？）で問題の核心をえぐり出したものだが、もとの講演のコンテクストがまた面白い。アメリカ独立宣言の分析という講演のテーマは、その年一九七六年が建国二〇〇年記念に当たり、同時に、独立宣言の起草者である「建国の父」トマス・ジェファーソンの没後一五〇年にも当たることから選ばれた。ジェファーソンはまた講演が行なわれたヴァージニア大学の創立者でもある。デリダの問題は国家の創設のみならず、大学を含む制度（institution）一般の法的創設にかかわるのだから、これ以上象徴的な〈とき〉と〈ところ〉を選ぶことは困難だろう

（もう一つ、ジェファーソンが当時のアメリカ哲学会会長［！］を務めた人物であることも付け加えるべきかもしれない）。

デリダが問うのは、「一つの国家はいかにして作られ、基礎づけられるのか」ということである。いいかえれば、一つの国家の「独立」は、また「みずからに固有の法（loi）を与え、それに署名する者の自律性」は、いかにして作られ、基礎づけられるのか？

ジェファーソンは独立宣言の「草稿《ドラフト》」の起草者ではあるが、宣言そのものの真の署名者ということはできない。権利上（en droit［法＝権利において］）は、彼は彼に起草を委託した大陸会議のメンバーを、他の起草委員とともに一時的に代表（represent［再現前］）したにすぎない。では大陸会議のメンバーはといえば、彼らは彼らで「大陸会議に結集したアメリカの連合諸邦の代表者（representatives）」だったのだから、権利上の署名者は、彼らが代表（再現前）していた一三植民地の「善良なる人民」だったということになろう。「そこで、大陸会議に結集したアメリカの連合諸邦の代表者たるわれわれは、自由かつ独立したこれらの諸邦の善良なる人民の名において、またその権威によって（in the name and by authority of the good people）公布し、宣言する［……］」。

問題は、この権利上の署名者の「権利」である。代表の代表、再現前の再現前がみずからの根拠とすべき「善良なる人民」の根源的現前は、じつは存在しないのではないか？　この宣言以前には、そのものとしては存在しないのではないか？　独立宣言がすでに存在するかのように述べている「自由かつ独立した」「人民」とその「権威」は、まさに独立宣言によってはじめて産み出されるのであって、この宣言に先立っては存在しえないはずではないか？

ここにあるのは、署名がはじめて署名者を産み出すというパフォーマティブ（行為遂行的）な事態である。署名者が署名する「権利」を得、「権威」を得るのは、この署名行為の実力行使＝力の一撃（coup de force）が終わってから、事後的に＝一撃の後で（après coup）であって、回顧的なフィクションによってにすぎない。署名者の同一性と主体性もこの行為によってのみ形をなすのであるから、彼らを「代表」する者たちの代表性も、同じく事後的にフィクションによってしか正統化されえないのだ。正統化するフィクションの要点は、問題の行為遂行的（performative）な言説を、あたかも事実確認的（constative）な言説であるかのように見せかける点にある。独立宣言はこうして、起源の暴力の痕跡を抹消しようとするのである。

このような法（権利）の一撃（力の一撃といえるだろう）にとって固有の時間であるこの前未来（futur antérieur）は、宣言され、言及され、考慮に入れられてはならない。それはまるで存在しなかったかのようなのだ。［……］このような架空の出来事、架空の物語——それはいくばくかの痕跡を含み、実際、一つの現在の自己自身との不一致によってしか可能ではないのだが——によって、署名はみずからに名を与える。［……］ここで自己（soi）は、（主格、与格、対格の）あらゆるケースにおいて、署名が自己を信用するやいなや出現するのだが、それはただ力の一撃によってのみ、エクリチュールへの権利として、エクリチュールの一撃でもあるような力の一撃によってのみなされるのである。力の一撃が法を作り、法を創設し、法を与え、法に日の目を見させるのだ（「合衆国独立宣言」）。

現前の形而上学は法の原暴力を隠蔽する

法の創設、国家の創設の「力の一撃」は「エクリチュールの一撃でもある」という言葉が注意を引く。独立宣言への署名行為が、その根源的な書きこみ（inscription）の結果として、「自由かつ独立した」「善良なる人民」という法的・道徳的「主体」をはじめて作り出す構造は、名づけるという原エクリチュールが、特異な単独者を暴力的に共同体に登録し、法的・道徳的「主体」としてはじめて作り出す構造とほぼ同型だ。書きこみの暴力の痕跡を抹消し、「主体」があらかじめ存在したかのように信じさせる点でも共通している。アメリカ合衆国の「国民」主体は、国家創設の原暴力とともにここに創出されたのである。

デリダによれば、いかなる国家、国民、「国民国家」の創設も、例外なしにこうした構造をもつ。このことを問題にするのは、専制国家と共和制国家、全体主義国家と民主主義国家など、最悪の国家と〝よりましな〟国家との区別を無化し、ひとしなみに悪と見なしたいためではもちろんない。なによりも、たとえば〝最良の〟国家と自負したり、〝正義の〟国家と自称したりする国家でも、国家であるかぎり必然的に内包する暴力を忘れず、その原暴力が排除し、抑圧し、沈黙させたものを想起するためである。そしてここで国家について成り立つことは、法一般についても成り立つ。古代ギリシャ・ポリスにおけるパルマコスの追放を喚起するのと同じく、政治的自由を樹立した唯一の革命（ハンナ・アーレント）などとも称賛されるアメリカ建国革命の原暴力を、ほかならぬその二〇〇周年を記念（commemorate［共同－記憶］）する〈とき〉と〈ところ〉において想起させることこそ、デリダ一流の戦略である。

さて、アメリカ独立宣言における原暴力の隠蔽と主体の構成はまだ終わらない。じつはもう一つの主体が、権利上の署名者である「善良な人民」のまさにその「善良」性を保証し、宣言の意図の完全な真正さを担保するために登場する、とデリダは指摘する。宣言の冒頭と末尾は、最終的にはつぎのようになったのである。

人事の進行過程で、ある人民が彼らを別の人民に結びつけてきた政治的紐帯《ちゅうたい》を解消して、自然と自然の神の諸法とが彼らに付与した各自の平等な地位を天与の諸力によって引き受けることが必要になったときには、人類の意見をしかるべく尊重するなら、彼らは彼らを分離に駆り立てる諸原因を宣言すべきだと考えられる。われわれは以下の真理を自明であると見なす。すなわち、すべての人間は平等に創造された、彼らは創造主によって一定の譲渡しえない権利（Rights）を賦与されている、［……］

そこで、大陸会議に結集したアメリカの連合諸邦の代表者たるわれわれは、われわれの意図の正しさのために世界の至高の審判者に訴え、これらの植民地の善良な人民の名において、またその権威によって、これらの連合した植民地が自由かつ独立した諸邦であり、かつ当然の権利として（of right）そうであるべきことを、正式に公布し、かつ宣言する。

権利上の署名者である「人民」の当の「権利」を作り出す暴力は、最終的には「神」の名をもって呼ばれる。「自明」（self-evident）の「真理」としての自然法、自然権は、「神」的根拠によってのみ存在するものとして確認される。デリダによれば、行為遂行的なものと事実確認的なもの、「あるべき」ことと「ある」こととの差異は、こうして絶対者のうちに掩《えん》蔽《ぺい》されてしまうのだ。

「あることとあるべきこと」（Are *and* ought to be）。この「と」こそがここで、あることとあるべきこと、確認と命令、事実と権利という二つの言説様相を連結し、結合している。「と」とは神である。自然の創造者であると同時に、審判者でもある神なのだ。［……］ひとはこの独立宣言を、揺れ動く信仰の行為、政治－軍事－経済的実力行使に不可欠の偽善などとして、あるいはもっと単純に、もっと省略的に、つぎのようなトートロジーの分析的で首尾一貫した展開として理解することができよう。すなわち、この独立宣言が意味と効果をもつためには最終審級が必要である、と。神はこの最終審級と究極の署名者のための名、その最良の名なのだ（「合衆国独立宣言」）。

アメリカ独立宣言が示しているのは、近代国民国家を創設する正統化の言説が、第二章で見た現前の形而上学の存在‐神‐目的論的構造をもっている、ということである。代表と再現前の連鎖に終止符を打ち、創設行為の決定不可能性を解消するのは「人民」という名の共同主体の現前であり、さらにその現前の真正さを最終的に保証する「神」の絶対現前なのだ。これらの現前がじつは事後的なフィクションでしかないことは、『声と現象』最終部で語られたあの印象的な場面へと私たちを連れていく。すなわち、超越論的主観性の〈自己への現前〉は無限に差延されるので、「根源」には「もろもろの再現前を相互につなぎ合わせる記号の群れ」しかない。現前とはすなわち「再現前の再現前」なのだ、という場面である。フッサール現象学の脱構築と、アメリカ独立宣言の脱構築的分析の呈示する原場面が似ているのは、なんら偶然ではない。主観や主体の〈自己への現前〉はつねに、根源的現前が不在のところ、再現前から再現前へと無際限の〈他者への差し向け〉しかないところに、その無根拠性を消すために「暴力的」に立ち上げられるのである。現前の形而上学はしたがって、法の創設、国家の創設の原暴力とその隠蔽の動きを記述することができない。現前の形而上学こそは、「現在の自己自身との不一致」の代わりに〈自己への現前〉としての純粋現在を置くことによって、起源の暴力を隠蔽する当のものなのだから。

脱構築は「正義」に狂っている

あらゆる法は脱構築可能である。法の脱構築可能性が脱構築を可能にするのだから、脱構築とは法の脱構築以外のなにものでもない。

デリダはあらゆる価値の破壊者だ、脱構築はニヒリズムだと信じてきた人ならば、ここで「わが意を得たり」と思うかもしれない。「それみたことか、デリダはあらゆる法を破壊し、正義の可能性を否定しようとしている」と。ところが、事態はまったく逆なのである。脱構築はニヒリズムではない、それは「肯定」の思想だ、というデリダの主張が最も明確な形をとるのは、まさにこの地点においてなのだ。

あらゆる法が脱構築可能なのは、正義が脱構築不可能だからである。「もしも正義それ自体というようなものが、法の外あるいは法のかなたに存在するとしたら、それを脱構築することはできない」。正義は脱構築不可能なものである。脱構築が起こるのは、脱構築不可能な正義がある仕方で——現前としての存在とは別の仕方で——「存在」するからである。すべてが脱構築可能なのではない。脱構築不可能なものが「ある」からこそ、脱構築は生じる。脱構築とは脱構築不可能なものの肯定である。つまり、正義の肯定なのである。「脱構築はすでに無限の正義の要求によって賭けられ、拘束されている」。「規定されたコンテクストにおいて正義や正義の可能性と呼ばれるものの所与の諸規定［すなわち法］を超えた、つねに満たされることのないこの正義の要求のなか以外に、脱構築はいったいどこにその力、その運動、あるいはその動機づけを見いだすだろう？」。

だれもが知っているように、法はつねにおのれが正しいこと、正義であることを主張する。だがデリダにとって、法が正義と完全に一致することはけっしてない。なぜか？　たったいま見たように、どんな法も法であるかぎり創設の原暴力を含んでいる。また、法の維持は創設の原暴力の反復を含んでいる。原暴力とはすなわち、決定不可能なものの決定であり、（主体の、現前の、ロゴスの普遍性の）他者との関係の抹消である。法と正義がけっして一致しないのは、正義の核心にまさにその他者との関係があるからにほかならない。法は必然的に一般的形式的であり、特殊者をその適用対象として包摂するが、正義はつねに特異な者、単独者（singularité）に、他者としての他者、「まったき他者」にかかわっている。脱構築が正義の肯定だというのは、それが「まったき他者」の肯定だということ以外のなにものでもない。他者の呼びかけへの応答としてのみ脱構築ははじまる。他者との関係こそが脱構築不可能なのである。

現前的正義についての規定的確実性を想定することといっさいに対する脱構築は、それ自身、無限の「正義の理念」から出発してなされるのだが、この「理念」が無限なのはそれが還元不可能だからであり、還元不可能なのはそれが他者に負うものだから、あらゆる契約に先立って他者に負うものだからであり、それが他者から来たものだから、つねに他である特異な者としての他者の到来だからである。［……］この「正義の理念」はその肯定的性格において破壊不可能であると思われる。［……］そして脱構築は、このような正義に狂っている（folle de［夢中になっている］）。このような正義の欲望に狂っているのだ。このような正義は法とは異なるが、アカデミーや現代文化のなかで「脱構築主義」と題された言説として現われる前にも、法のなかで、法の歴史のなかで、政治の歴史と歴史そのもののなかで働いている脱構築の運動そのものなのだ（『法の力』C、G）。

あらゆる契約に先立つ〈他者への関係〉としての正義という思想は、当然、レヴィナスの思想を想起させる。デリダ自身、レヴィナスの主著『全体性と無限』（一九六一）から「《他人》（Autrui）に対する関係――すなわち正義」という表現を引用し、彼の正義の観念が「ある地点までは」レヴィナスのそれに近いことを認める。ただ、他方では両者の微妙な異同も無視することはできないだろう。レヴィナスでは、特異な他者との関係は正義よりもむしろまず「倫理」として考えられ、正義は第三者との関係を考慮する計算、理性、法＝権利に対応させられる傾向が強いのに対し、デリダでは反対に、法＝権利が一般性、規則性、合理性、計算可能性に対応し、正義はそれを超えた特異な他者との関係を強調するものになっている。また、レヴィナスの場合、正義はまさに《他人》への関係であり、他なる人間への関係に限定されるのに対し、デリダはその人間中心主義――人間以外の生物に対する供犠《くぎ》（サクリファイス）の構造――を問題にする、等々。

正義の「理念」と言っている点にも注意が必要である。こう言いながら、デリダはすぐに、これをカント的意味での統制的理念や、ユダヤ教、キリスト教、イスラム教的なメシアニズム、ヘーゲル主義、マルクス主義、ポスト・マルクス主義的なタイプの終末論、目的論などの「地平」と同一視してはならない、と付け加える。カント的な無限の「理念」では、内容は与えられていなくても可能な経験を統制する規則が現前することになるし、「地平」とはそのギリシャ語源からしても元来〈視野を限るもの〉のことであって、「開けであると同時にその開けの限界でもある」。まして、特定の内容の現前を予定するメシアニズムや終末論、目的論では、「まったき他者」の到来に開かれていることにはならないのだ。

3　アポリアとしての正義

正義は法＝権利のうちに定着される必要がある

正義は、法創設の暴力が排除し、抑圧し、沈黙させた特異な他者たちへの関係である。あらゆる法＝権利（droit）の脱構築は、法＝権利を創設し維持する力が忘却させた特異な他者たちを想起する、脱構築不可能な正義の名において生ずる。法＝権利は正義のために、正義に向かって脱構築されるのである。

このことは、法＝権利は正義の対立物ではないということでもある。法＝権利は不正な暴力以外のなにものでもなく、正義と二項対立の関係にある、というのではない。法＝権利が正義に向かって脱構築されるのは、法＝権利が正義にかかわるところをもつからである。「法＝権利は正義の名において行使されることを求め、正義はといえば、施行される（力を与えられる［enforce］）べき法＝権利のうちに定着されることを要求する」。なぜなら、まず第一に、特異な他者への関係である正義は、現実世界では「法の力」がなければまったく無力である。正義なき法＝権利は盲目であるが、法＝権利なき正義は空虚なのだ。第二に、もしある人が正義の名においてある特定の他者にだけ関係し、それ以外のすべての他者を無視するとしたら、あるいは、彼または彼女がいっさいの規則や原則を無視し、そのつどただ恣意的・即興的に行為するだけだとしたら、かえって極端な不正が招き寄せられる恐れがある。法＝権利の一般性、規則性も、正義にとっては必要である。

こうして、「正義と法＝権利という二つの次元は、それらの異質性において分離不可能である。事実上も権利上も」ということになる。たしかに正義は、なんらかの法＝権利の形をとって十全に現前することはけっしてない。けれども、法＝権利の絶滅や廃棄によって正義が現前することもけっしてない。したがって、正義は法＝権利をとおして、法＝権利のたえざる脱構築のプロセスによってしか追求されえないのである。前の引用文中で、正義は「法とは異なるが、［……］法のなかで、法の歴史のなかで、政治の歴史と歴史そのもののなかで働いている脱構築の運動そのものなのだ」といわれるのもそのためである。たぶんここには、デリダにおける言語の問題と法の問題との構造的類似性が認められるだろう。言語も法も、特異な他者への暴力を含んでいる。他者への関係、社会そのものの創設と維持にかかわる根源的暴力である。だが、言語も法もその全面的廃棄は最悪の暴力につながる以上、われわれは「暴力のエコノミー」のなかから、「最小の暴力」をとおして「際限なく正義のほうへ向かっていくほかはない」。言語（ロゴス）の脱構築も、法＝権利の脱構築も、あの「暴力に対抗する暴力」として以外には遂行されえないのだ。

正義は不可能なものの経験である

さて、このことはしかし、解決不可能なアポリアに導くのではないだろうか？　つねに特異な他者にかかわり、かけがえのない単独者にそのつど唯一の状況において応答しようとする正義の要求と、たとえ個々の特殊な事例への適用を定めているとしても、必然的に一般的な形式をとらざるをえない法＝権利の存在とを、どうやって両立させることができるのか？「正義の行為」と「正義の規則」との二律背反する要求を、同時に満たすのは原理的に不可能ではないか？

デリダはここで、彼の正義論の核心に導く発想の逆転を提起する。特異性と普遍性との両立は不可能だから正義は不可能である、というのではなく、まさにその不可能性の経験こそ正義の経験そのものなのだ、と主張するのである。

正義とは不可能なものの経験（expérience de l'impossible）である。アポリアを経験しないような構造になっている、そんな正義の意志、欲求、要求には、それがその当のもの、すなわち正義の正当な訴えとなるチャンスなど少しもありはしないだろう。ものごとが通り過ぎたりうまくいったりするたびに、また、人がある良き規則をある個別の事例に、適切に包摂されるある範例に、ある規定的判断に従って平穏無事に適用するたびに、それで法＝権利の差し引き勘定はつくかもしれないが、正義については断じてそうではないことを確信してよいのである。［……］法＝権利は計算のエレメントであり、法＝権利が存在することは正当であるが、正義は計算不可能なものであり、計算不可能なものを考慮に入れるよう要求する。そして、もろもろのアポリア的な経験は、ありそうにないもの（improbable）ではあるがそれに劣らず必然的な正義の経験、すなわち、正か不正かの決定がけっして規則によっては保証されないような、そんな瞬間の経験なのである（C、G）。

「可能なもの」の次元においては、人はただ自己自身の可能性を展開するだけで、けっして「まったき他者」には出会わない。それは計算であり、プログラムの展開であり、エコノミー（わが家の法）への回収であり、行為を知あるいは技術の適用にしてしまい、決定をテクノロジーにしてしまう。正義は逆に「まったき他者」の到来として、予見不可能な出来事として「不可能なものの経験」でなければならない。非知の経験を示すこの語の使用には、明らかにジョルジュ・バタイユの影響が見られる。

不可能なものの経験は、また「アポリアの経験」ともいわれる。アポリアはギリシャ語のアポロス（aporos）に由来し、元来は出口のないこと、通過できないこと、袋小路を意味する。デリダはすでに六八年の「ウーシアとグランメー――『存在と時間』のある注についての注」（『余白――哲学の／について』所収）において、ハイデガー、ヘーゲルからさかのぼってアリストテレスの時間論の「アポリア」概念を論じていた。そのモチーフが、ポール・ド・マンのアポリア論との対話などを経て深められ、ハイデガーの「死」を論じる『アポリア』（一九九六）で主題化される。アポリアの経験とは、矛盾、両立不可能なもの、一般に「不可能なもの」の経験であり、二律背反、パラドクス、ダブル・バインド（二重拘束）の経験といっても同じである。ロゴス中心主義哲学にとっては、これらの経験は理性のスキャンダル（躓《つまず》きの石）以外のものではないけれども、デリダにとっては、これらの経験こそ脱構築の経験であり、したがって正義の条件なのである。

正義の条件はまた、責任の条件でもある。「不可能なものの経験ではないような責任など存在しない」（『他の岬』一九九一）。さきに第三章の冒頭で、脱構築は「なんでもあり」の無責任思想であるどころか、新たな「責任」の思想を提起するものだと述べたのは、まさにこの点にかかわっている。デリダのいう「破壊不可能な責任」とは、不可能なものの経験である正義への責任であり、法＝権利とつねに特異な他者との二重の要求に応えるアポリア的正義への責任である。この責任は不可能なものの経験であり、アポリアの経験であるかぎり、伝統的「責任」概念の前提からみれば、責任の無責任化にみえることもありうるが、じっさいには反対で、「責任のいっそうの増大」こそここで生じているものである。

可能なものの経験であり、アポリアを欠くならば、責任は有限であり、規則の適用によって終わるだろう。それはプログラムの適用になり、むしろ無責任に近づくだろう。不可能なものの経験であり、アポリアの経験であるときこそ、既知の規則の適用ではない真の責任が問われ、終わりなき責任が生じるだろう。形而上学的テクストの読解の場面で焦点となっていた「決定不可能なもの」のモチーフも、こうした新たなコンテクストで真の射程を明らかにする。責任とはすなわち、責任ある決定の責任である。ところが、責任ある決定とは、正義の行為と正義の規則との二重の要求に応える決定、すなわち「不可能な」決定にほかならないとするなら、それはまさしく「決定不可能なもの」における決定以外のなにものでもないだろう。

決定不可能なものとは、単なる二つの決定のあいだでの動揺や緊張ではない。決定不可能なものとは、計算可能なものや規則の秩序とは異なり、異質であって、しかもそれでいて、法=権利や規則を考慮に入れた不可能な決定に委ねられるべき——語られるべきは義務（devoir）なのだ——ものの経験である。決定不可能なものの試練を通らないような決定は自由な決定ではないだろうし、プログラム化されうる適用、あるいは、ある計算可能なプロセスの連続的展開でしかないだろう。それは合法的（légale）ではあるかもしれないが、正しい（juste）とはいえない。しかしまた、決定不可能なものに直面した宙づりの瞬間のただなかにおけるそれも、やはり正しいとはいえない。なぜなら、決定することだけが正しいのだから（C、G）。

こうして、決定不可能なものの経験も正義の条件となる。形而上学的言説の脱構築が、テクストのなかに決定不可能なものの動きを探るのも、それがロゴスの法の支配下に隠蔽された他者性の痕跡であり、テクストの他者性に「正義」を返す、すなわち「責任」を負うためにほかならない。テクスト読解においても、決定不可能なものの試練がなければ責任ある決定は、すなわち解釈はありえない。そしてもちろん、言説なき法＝権利は存在しないのだから、言説ないしテクストの問題と法＝権利の問題とはけっして別の問題ではないのである。脱構築は、言語と法を二つの焦点として、決定不可能なものの経験における決定という同じ一つの責任の構造、正義の構造を問題にしているといえる。

規則のエポケーのアポリア

『法の力』でデリダは、「問題なのはただ一つの潜在的なアポリア系（aporétique）であり、それが無限に分類されていくのだ」（G）と述べ、アポリアの経験の三つの例をあげている。

第一のアポリアは、「規則のエポケー（停止、宙づり）」にかかわる。すでに見たように、正しい決定は恣意的であったり自己満足的であったりしてはならない以上、正義の規則としてのなんらかの法に従っていなければならないが、しかし同時に、ただ単に既存の規則を適用したり、プログラムを実施したりするだけならば、そのつど唯一の状況の特異な他者に応答したことにはならない。無責任になり、不正な決定になってしまう。したがって、「ある決定が正しく責任あるものになるためには、その決定はその固有の瞬間――もしそんなものがあるとしたら――において、規則に従うと同時に無規則でなければならず、法を維持すると同時に、おのおのの事例ごとに法を再創出、再正当化すべく、法を破壊したり宙づりにしうるのでなければならない」。たとえば、ある裁判官（判定者、判断者［juge］）の判決は、単に既成の法＝権利に照らして合法的であるだけでなく、「再創出的な解釈の行為によって、あたかも極限的にはその法がそれ以前には存在しなかったかのように、あたかも裁判官自身がケースごとにそれを発明したかのように、それを引き受け、承認し、その価値を確認しなければならない」のである。もしそうでなければ、判決を下す裁判官は「計算する機械」のようなものになってしまうだろう。

デリダはこの文脈で、さきにも名前の出たスタンリー・フィッシュの fresh judgement（新規まき直しの、初心の判決）という概念を引き合いに出している（ただし、フィッシュの法哲学全般に対してデリダが近いということではない）。裁判官――ある行為の正不正を判断し、判定し、決定する立場におかれた私たち一般――の判断、判定、決定は、正当な法＝権利に従っていなければならないが、同時にまた、その法＝権利がまさにその唯一の瞬間に特異な他者に応えて初めて創出されたかのように、新たな状況に責任を負う fresh judgement でなければならない、というわけだ。

ここで分かるのは、この決定の瞬間がさきの法創設的暴力の瞬間に酷似している、ということである。じじつデリダは、ベンヤミンの「革命的暴力」（ゼネスト）について論じながら、法創設的暴力は「法＝権利のなかにあって法＝権利を宙づりにするもの」だといっている。「それは、ある別の法＝権利を創設するために既成の法＝権利を中断する。この宙づりの瞬間、このエポケー、法＝権利の創設あるいは革命（révolutionnaire［再転回］）のこの瞬間は、法＝権利のなかにある非‐法＝権利（non-droit）の瞬間である。しかしまた、これが法＝権利の歴史のすべてでもある。この瞬間はつねに起こっているが、けっして現前性においては起こらない」（強調はデリダ）。

どんな「正しい」決定も、またどんなに非暴力的に平和裡になされた決定も、決定であるかぎり法創設行為の原暴力を反復せざるをえない、という事態がここにある。いいかえれば、どんな決定も決定であるかぎり、決定不可能の試練を経た決定であっても、不可避的になにほどかはプラトン主義的なのである。にもかかわらず、法＝権利の脱構築はこの過程を経ずにはありえない。既存の法＝権利へのどんなラディカルな批判も、いっさいの法＝権利を絶滅する――そんなことが可能だろうか？　――のでないかぎり、この構造の外に出ることはけっしてできないのである。そうだとすれば、問題は、法創設行為の反復を差異を含んだ反復として、しかも、「際限なく正義のほうへ向かっていく」差異を含んだ反復として実践していくことだろう。それはすなわち、みずからの（言語）行為の暴力性を可能なかぎり縮減しつつ、新たな決定＝解釈の瞬間に、「決定不可能なものの経験における決定」のためのチャンスを、いいかえれば、特異な他者たちの呼びかけに普遍的に応えるというアポリアの経験からの決定のチャンスを見いだすことにほかならない。

決定不可能なものの幽霊が決定にとり憑く

第二のアポリアは、「決定不可能なものにとり憑《つ》かれること」とされる。

決定不可能なもの（l'indécidable）というモチーフは、前章の冒頭で触れたように、脱構築が決定の責任から遁走《とんそう》する無責任の思想だと決めつける人びとの格好の標的になってきた。それがとんでもない誤解であることはいまや明白だろう。決定不可能なものは、決定の責任を回避するための口実であるどころか、決定の責任を極限にまで先鋭化する。それは、特異性と普遍性、他者性と法＝権利、正義の行為と正義の規則といった矛盾する二重の要求のどちらをも放棄しないということからくる、責任＝応答可能性の極度の「試練」を意味するのだ。その経験なしにはいかなる責任ある決定も不可能になるかぎり、それは責任ある決定そのものの「不可能な」可能性の条件である。

デリダは当然、決定不可能なものの試練のなかで決定しなければならないと主張する。「およそいかなる正義も、切断する決定なしには実践されず、与え返されず、効果をもたず、法＝権利の形式において規定されない」（G）。「決定することだけが正しい」のだから、決定不可能なものの経験にいつまでもとどまっていることは正義に反することなのである。

ところが、ひとたびある決定が行なわれるや、それは「法＝権利の形式において」規定される。新たな法＝権利を創設したか、既成の法＝権利を維持したか、少なくともそれを再創出したかのいずれかである。もし人がこの法＝権利を固定化し、それ自身が法創設行為の原暴力を行使したか、それを反復したかのいずれかであることを忘れてしまえば、正義も責任も失われてしまうことになるだろう。したがって、「決定不可能性の記憶が、決定を決定として永久にマークする生きた痕跡を保持しなければならない」。決定不可能なものの試練は、けっして単純に過ぎ去ってしまったり乗り超えられてしまったりしてはならず、「少なくとも幽霊(fantôme)として、とはいえ本質的な幽霊として、あらゆる決定と決定の出来事のうちに含まれ、宿りつづけ」なければならないのである。

デリダがここで「幽霊」について語っているのは、けっして偶然ではない。それは『マルクスの亡霊たち』(一九九三)をはじめとしてとりわけ九〇年代のテクスト群でクローズ・アップされる重要なモチーフであるばかりでなく、あの「プラトンのパルマケイアー」(第二章参照)においてすでに、「決定不可能」なパルマコンの「幽霊」(fantôme)について語られていたのである。決定不可能なものの幽霊は、パルマコンないしエクリチュールとしてロゴスの法にとり憑き、正義のアポリアの経験として法=権利にとり憑く。そして「その幽霊性は、あらゆる現前性の保証を内側から脱構築してしまう」のだ。

「幽霊」の問題系については次章で見ることとして、ここではデリダが次の点を強調していることに注意しておこう。すなわち、正義がこうしたアポリアの経験である以上、ある人、なんらかの制度、さらにいかなる決定の瞬間であっても、そこに「正義それ自体」が十全に現前するというようなことはありえない、ということである。

どんな瞬間においても、決定というものは、現在＝現前的に（présentement）かつ十全に正しいとはいわれえないように思われる。決定は、いまだ一つの規則のもとに捉えられておらず、それを正しいということが許されていないか、あるいは、すでにある規則——与えられたり、受け入れられたり、確認されたり、維持されたり、再創出されたりした規則——に従ったけれども、今度はその規則のほうがなにものによっても絶対的には保証されないのか、そのどちらかなのだ。それに、もしその決定が保証されるものだとしたら、それは再び計算になってしまっているのであり、それを正しいということはできないのである（C、G）。

「決定することだけが正しい」にもかかわらず、どんな決定も現在、現前的に、かつ十全に正しい、正義であるとはいえない。要するに、すべての他者にその特異性において同時に応えることは不可能なのだから、どんな決定も、またどんな人も、どんな制度も、どんな法＝権利も、十全に正しい、正義であるということはありえないのだ。ましてや、どんな人も「私は正しい」「私は正義である」ということはできない。そんなことをいう人は、そのこと自体によってその人が正義のアポリアを引き受けていないということ、したがって不正であるということを暴露している。デリダはだから、自分の正しさを疑うこともせず、自分が正義のうちにいることを知っているかのごとくに語り、ふるまう人びとの「潔白意識」（bonne conscience）をくりかえし手厳しく批判するのである。正義は存在するものではない。脱構築が存在するものではないのと同様に。

正義は待ってくれない

第三のアポリアは、「切迫が知の地平を遮断する」ということである。

正義はアポリアの経験を要求し、決定不可能なものにとり憑かれることを要求するのだが、それにもかかわらず、いま、ここで、一刻の猶予もなく応答することを要求する。正義は「待ってくれない」のであり、「正しい決定はつねに、即刻、ただちに、もっとも早くなされるよう要求される」のである。決定するためには無限の情報が必要だとか、条件が整わないからなどといって、決定しないことを正当化することはけっしてできない。かりに十分な時間と必要な知識が全部与えられたとしても、決定の瞬間そのものが「待ったなしの慌《あわ》ただしい有限な瞬間」であることにはまったく変わりがない、とデリダはいう。責任ある決定は理論的な知識や前提からの単なる帰結や結果であってはならない――そうでなければ、その決定はつねに唯一の特異な状況に応えるものではなく、規則やプログラムの適用になってしまう――のだから、それに先立つ法的、倫理的、政治的、理論的熟慮に対して断絶をもたらすものでなければならないし、したがって、有限な決定以外のものではありえない。それは「どんなに遅くやってくるものであっても構造的に有限」であり、「非知と非規則の夜のなかで」なされる以外にはないのである。

このあたりのデリダの主張には、キルケゴール的な響きが強く感じられる。じっさい彼は、「決定の瞬間は一種の狂気である」というキルケゴールの命題を引き合いに出す。この命題は第三章で指摘しておいたように、「暴力と形而上学」とほぼ同時期、六三年に書かれたフーコー論「コギトと『狂気の歴史』」のエピグラフとして掲げられていたものである。おなじ「決定の狂気」のもとに、かつては理性とその他者、ロゴスと非ロゴスの分割が、「つねにすでに始まっており、また終わることのない」「危機」の瞬間として論じられたのに対して、今度はその同じ瞬間のうちに、他者の呼びかけに応答することの「限界なき」責任、分割の暴力を「正義のほうに向かって」分割のなかで縮減していくことの責任が認められ、強調される。そして脱構築は、「こうした正義に狂っている」というのであった。

正義は「待ってくれない」ということ、決定はつねに知や理論や計算や熟慮の「断絶」をもたらすということ。デリダが「未来」(avenir) や「出来事」(événement) や「歴史」(histoire) について語ることにも、この点がかかわってくる。「未来」は、現在の期待や予期や理念の地平上に、その枠づけのなかでのみ可能な「将来」(futur) とは区別される。それはつねに「来たるべきもの」(à-venir) であり、期待や予期や理念のあらゆる地平の外から、その地平を遮断して、突然到来すべくつねに機会をうかがっているもの、知や理論や計算や熟慮の外にあるものなのだ。出来事や歴史にしてもそうである。現在から先取りされた地平の枠内でしかことが生じないとしたら、それは現在あるものの変様にすぎず、勝義の「出来事」とはいえない。歴史が真に未知なる展開に開かれているためには、それはプログラムやプロジェクト、つまり現在から将来に投げかけられた企ての規則に還元されてはならない。デリダはすでに『グラマトロジーについて』で次のように記していた。「未来は絶対的危険というかたちにおいてしか先取りされえない。それは構成された正常性＝規範性(normalité)とは絶対に手を切るものであり、したがって、怪物的なもの(monstruosité)としてしか自分を告知し、呈示することができない」。四半世紀後、デリダは『法の力』にこう記す。「正義には未来があり、正義があるのはひとえに、出来事として計算、規則、プログラム、予想といったものを超える、そうした出来事がなにほどか可能であるかぎりにおいてである。正義は絶対的他者性の経験として現前化しえないが、そのことが出来事の機会＝チャンスであり、歴史の条件なのだ」。

計算不可能なものを「計算に入れる」ことが必要だ

決定の瞬間は「一種の狂気」であり、「非知と非規則の夜」であるなどというと、たぶんまた誤解する向きが出てくるだろう。やはり反知性主義、非合理主義の極みだ、と。だがデリダはここで、知、理論、計算、熟慮、一般に「理性」の要求を否定したり、放棄したりしているわけではまったくない。デリダにとっても、知や理論や計算や熟慮は当然必要であり、十分に「理性」の要求を満たす必要があるのはいうまでもない。問題は、「まったき他者」との関係である正義がそうした「理性」には還元されず、それに対する「過剰」としてあるということで、かりに「理性」の要求をあらかじめ完全に満たしえたとしても、それをもって正義が満たされたということはできないのである。

デリダはさらに、「計算不可能な正義は計算せよと命じる」ともいう。正義は計算不可能だからといって、計算可能なものとのかかわりをいっさい拒否するならば、つまりたとえば法＝権利や政治のレベルとのかかわりをいっさい拒否するならば、最も倒錯した計算が支配する最悪の事態をも招きかねないだろう。「法＝権利と計算に対するこの正義の過剰、規定可能なものに対するこの現前化不可能なものの過剰を、ある制度や国家の内部での、また制度間や国家間での法的－政治的な闘争（luttes juridico-politiques）に加わらずにいることのアリバイとして用いることはできないし、用いてはならない」。計算不可能な正義は、その要求の極度の切迫のために、計算不可能なものを考慮しつつ計算すること、計算不可能なものを「計算に入れる」ことを求めるのである。

計算不可能なものの要求と計算の要求のどちらも放棄しないこと、二つの要求を同時に働かせつづけること。結局それは、正義と法＝権利という二つの次元が「その異質性において、事実上も権利上も互いに分離しえない」ということを再確認することである。そう考えるデリダが、たとえば「人権宣言」や「奴隷制廃止」以来「全世界で男たちや女たちのために進められており、今後も進められねばならないあらゆる解放闘争」に言及し、つぎのように語ったとしてもなんら不思議はないだろう。「私には、古典的な解放の理想ほど古びていないものはないように思われる。粗雑な仕方であれ洗練された仕方であれ、今日それの失効を宣言しようとすれば、少なくともいささか軽率のそしりを免れないし、最悪のものに加担することにしかならない」。

1989年、地方選挙における移民の投票権を要求する集会で発言するデリダ

デリダが自分をみずから「ポストモダニスト」と称したことは一度もないが、それも当然である。彼はこのように「古典的な解放の理想」をはっきりと肯定しているのだから。デリダが近代のこうした理想をも否定する反近代主義者、反啓蒙主義者であるかのようにいう一部の議論は、テクストをきちんと読まないことから来る誤りである。同時に、しかし、「人権」であれ「解放」であれ「民主主義」であれ、それらが法＝権利として同定され、実定化されるなら、それが正義に完全に対応することはけっしてない、ともデリダは主張する。正義は「まったき他者」との関係であるかぎり、構成された「人権」や「民主主義」に対しては必然的にある「過剰」を含むのである。ある時点で構成された法＝権利は、まさにこの正義の「過剰」のために脱構築されうるし、されるべきなのである。

第五章　メシア的なものと責任の思考

1　アブラハムと責任のパラドクス

神の記憶をもつ無神論者？

デリダのセミナーに出ていて、こんな場面に出くわしたことがある。ある女子学生がふいに質問に立ち、ドストエフスキーの小説を引き合いに出しながらひとしきり自説を開陳したのち、「あなたは神についてどう考えるか？」と聞いたのだ。二〇〇人あまりの聴講者で一杯だった講堂に、一瞬、緊張が走った。このあまりに単刀直入な質問にデリダがどう答えるか、私も息を呑んで見守った。そのとき表情ひとつ変えずにデリダが話しはじめたのは、『聖書』の「創世記」にあるアブラハムの「イサク奉献《ほうけん》」の物語であった。あらためて述べるまでもないだろうが、アブラハムは一〇〇歳にしてはじめて授かった一人息子イサクを全焼のいけにえ（ホロコースト）として捧げよという神の命を受け、モリヤの山の頂上でイサクに向かって刀を振りおろす。デリダはその神の要求の厳しさ、アブラハムの試練の苛酷さを強調し、「神とはそういうものだ」と応じたのだ。

西洋形而上学の、いいかえれば存在論‐神学の脱構築者デリダ。「神の死」を宣言したニーチェの継承者デリダ。そのイメージからして、デリダは無神論者だと思っている人が多いかもしれない。たしかに存在論‐神学的な神、つまり「第一原因」であったり、「万物の創造者」であったり、「絶対的存在者」であったりする神の存在はデリダでは認められないが、しかし無神論が有神論と同様、あくまで神を「存在」「非存在」のレベルで決定可能だとする「論」（ロゴス）であるなら、デリダは有神論者でないだけでなく、単純な無神論者でもないというべきだろう。九四年一月にソルボンヌで行なわれたあるシンポジウムで、「神の記憶をもつラディカルな無神論」（l'athéisme radical qui se souvient de Dieu）の重要性を力説していたデリダが思い浮かぶ。彼の研究室で話す機会があったとき、そのことに水を向けると、「ニーチェもそうだったでしょう」というだけではぐらかされてしまったが……。存在論‐神学的なすべての神の殺害――「ラディカルな無神論」――にもかかわらず、特定の実定宗教の神とも別に、ある種の「神の記憶」が残る。あるいは、「神」という「名」が残る。ともあれ、デリダにとって「神」の問題が根本的な重要性をもっていることはまちがいない。

「神をどう考えるか」と問われて、デリダが「イサク奉献」の物語をもちだしたのは偶然ではない。彼にとってこの物語は、責任、決定、倫理、法、正義などを考える場合の特権的な参照物《レフエランス》だからである。すでに一九八三年のインタビュー「ディアラング」でも、「決定不可能なもののなかでの決定」を説明するために「イサクの犠牲」が引き合いに出されていた。

そしてデリダはついに、「法の力」の講演の三年後に発表された『死を与える』(一九九二)において、このアブラハムの物語を本格的に論じるにいたる。このテクストはチェコの哲学者ヤン・パトチカ――「憲章七七」(四五頁参照)の有力メンバーだった――の「責任」論をとりあげた点でも注目されるが、とくに「イサク奉献」の解釈の部分は、前章で見た「アポリアとしての正義」の思想に物語的イメージをとおして接近できること、キルケゴールやレヴィナスとの比較ができること、さらに「アブラハム的宗教」に対するデリダのかかわりの一端が見えることなどから、ぜひとも押さえておきたい。

「死を与える」という問題

『死を与える』(*Donner la mort*)というタイトルに注意しよう。これはもちろん、アブラハムが神の命に応じてイサクを殺す＝イサクに死を与えること、そしてまさにそのことによって、自分の信仰の証《あか》しとして神にイサクの死を与えることを意味すると考えられるが、「与える」(donner)という表現は、「贈与」(don)の問題系が意識されていることを示唆している。

「贈与」の問題とはなにか？　デリダはこれをつぎのようなアポリアとして呈示する。ある人(A)があるもの(B)を別のある人(C)に贈与する。ところが、これが真の意味での「贈与」であって「交換」でないためには、贈り手と受け手のあいだに相互性があってはならず、したがって、受け手からの返礼や反対給付、また受け手の側での負債の発生などがあってはならない。そうしたものがあるやいなや、「贈与」はじつは「交換」であった、ということになってしまうからである。しかもこのことは、贈与や反対給付、負債やその返済が物質的レベルで起ころうと、象徴的ないし精神的レベルで起ころうと、本質的にはまったく変わらない。（A）が（B）を（C）に贈ったとき、（C）が（A）に感謝しなければならないとしたら、（C）は精神的負債を負ったのだし、（A）が（C）に感謝されて満足するとしたら、（A）は精神的な反対給付を受けたのである（中元、歳暮、付け届から、バレンタインデー、ホワイトデーまで、日本の贈答文化のメカニズムを想起されたい。他人から献本されたり手紙を受けとっただけでも、返事や礼状を送るまでは〈負債〉を負った気分になるのはなぜか？ 大学や寺社、教会などの建物に寄付者の名が明記され、図書館などの寄贈本に寄贈者の名が明記されているのはなぜか？）。厳密にいえば、（A）であれ（C）であれ、ただ（B）を贈与として意識しただけで、同じような効果が生じてしまう。

したがって、贈与のアポリアとはこうである。「究極的には、贈与としての贈与は贈与として現われないのでなければならない――贈与する者にも、贈与される者にも」（『時間を与える』第一章）。贈与があるためには、それは贈与として現前してはならないのであり、贈り手も受け手もそれを贈与として意識したり、記憶したり、認知＝承認したりしてはならないのである（デリダによれば、これは「無意識の負債」など無意識レベルでも変わらない）。別のいいかたをすれば、贈与は贈与として現われたとたんに贈与ではなくなってしまう。もし贈与があるとしても、それが現前（présenter）することは絶対にないし、現実存在（exister）することは絶対にない。贈与は贈与として現われるやいなや交換になり、投資と回収のエコノミーの循環のうちに巻きこまれ、贈与としては廃棄されてしまうのである。こうして、デリダによれば、贈与は不可能なもの（l'impossible）である、ということになる。贈与の可能性の条件はその不可能性の条件である。贈与はアポリア、パラドクス、ダブル・バインドの経験としてしか考えることができないのだ。

この贈与と交換の関係は、前章で見た正義と法＝権利の関係を想い起こさせるだろう。両者がほぼパラレルな関係にあることは、『法の力』のつぎの一節からもうかがえる。すなわち、「〈正義の理念〉はその肯定的な性格において、それが交換なき、循環なき、認知《ルコネッサンス》＝承認なき、経済的円環なき、計算や規則なき、統制的支配という意味での理性や合理性なき贈与を要求する点において、還元不可能であるように思われる」。正義は交換なき贈与を、自己から出て自己に戻るエコノミックな循環を超えた贈与を要求する。正義が不可能なものとして法＝権利の脱構築を引き起こすように、贈与も不可能なものとしてエコノミーの脱構築を引き起こす。同時にまたそれにもかかわらず、普遍性、対称性、均衡、公正さ、平等の要求も放棄しえない以上、法＝権利と同じく交換やエコノミーにもチャンスを与えなければならない。

贈与が不可能なものの別名だとしても、それでもわれわれはそれを思考し、名ざし、欲望する。［……］われわれはその現前する存在において、あるいはその現象においてそれに出会ったり、それを認識したり、確証したり、実験したりすることはけっしてないが、たとえそうだとしても、あるいはだからこそ、まさにそのかぎりにおいて、それを思考し、名ざし、欲望するのだ。［……］問題なのは欲望を超えた欲望であって、贈与（don）の命令ないし命法（「与えなさい」）にも、意味の命令ないし命法（現前、科学、認識）にも、忠実にかつ可能なかぎり厳密に応えることなのである。［……］贈与による円環の踏み越えは、もしそれがあるとしても、言語を絶した単純な、超越的で関係なき外部へはおもむかない（『時間を与える』強調はデリダ）。

「贈与」はデリダの思考の最も持続的なテーマのひとつで、「エコノミー」論を含めれば、ほとんどすべてのテクストに関連する箇所を指摘できるといっても過言ではない。デリダの「贈与」論には明らかにジョルジュ・バタイユの影響が色濃いが、彼はすでに六七年には画期的なバタイユ論「制限されたエコノミーから一般的エコノミーへ」を公にしていた（『エクリチュールと差異』所収）。そこで追究されている「純粋な消費」とは「贈与」以外のなにものでもないのだから、このバタイユ論は「少なくとも斜めから」正義を論じたものであるわけだ。自己から出て自己へ戻ってくることのない「散種」としての言語、エクリチュールとしての言語も、「贈与」としての言語といいなおすことができる。ちなみに、ただちに負債に転化する毒をもった贈り物という「贈与」の性格は、パルマコン（薬／毒）の運動を想起させるが、デリダはじっさい「プラトンのパルマケイアー」において、「贈与」についての最初の思想家マルセル・モースの「ギフト／ギフト」（Gift／gift）との関連を指摘していたのである（贈与を意味するゲルマン語源のGiftは、もともと同時に毒という意味をもっていた）。デリダのテクストのいたるところにちりばめられた贈与論、エコノミー論を、正義論の展開として読みかえてみるのも興味をそそる作業である。

アブラハムの秘密あるいは『おそれとおののき』

死を与えること、死の贈与としてのイサク奉献。デリダの読解は、キルケゴールの『おそれとおののき』（一八四三）に沿って進む。このコペンハーゲンの哲学者は、アブラハムの行為にキリスト者としてアプローチし、倫理的なものから宗教的なものへの決死の飛躍をそこに認めた。デリダの議論はある意味でキルケゴールにきわめて近いが、その構造を「責任」のパラドクスという形で取りだすところにポイントがある。パラドクスはまたアポリア、スキャンダル、ダブル・バインドともいわれており、「正義」の場合と議論の構造はまったく同じといっていい。

デリダが「責任」をレヴィナスにならって「応答可能性」から考えるということは先に述べたが、アブラハムの物語はこの点にも光を当ててくれる。「創世記」第二二章は、神のアブラハムへの呼びかけと、それに対するアブラハムの応答からはじまる。「アブラハムよ」——「はい、私はここにいます」。自我に先立つ「まったき他者」からの呼びかけと、それに応える「ウィ」。デリダによれば、この「はい、私はここにいます」（Me voici.）こそ、

「他者の呼びかけへの唯一可能な最初の応答」であり、「責任の根源的瞬間」である。責任＝応答可能性の論理の原型はおそらくここにあるのだろう。この「ウィ」が実際に発声されようと、沈黙の応答であろうと、とにかく「まったき他者」からの促しをすでに聞いてしまったところからすべてがはじまるのだ。

責任のパラドクスとは、一言でいえば、絶対的責任と倫理的責任との矛盾、唯一絶対の「まったき他者」に応える責任と他の他者たちに応える責任とのあいだの解消不可能なダブル・バインドのことである。

デリダはまず、キルケゴールとともに、アブラハムの「秘密」に注目する。アブラハムは神の命令に応じるという自分の決定を、妻サラにも、僕《しもべ》エレアザールにも、イサク自身にも明かさない。全焼の捧げ物《ホロコースト》にする子羊はどこにいるのかとイサクに聞かれても、アブラハムは「きっと神が備えてくださる」としか答えない。真相はじつはアブラハム自身も知らないのであって、ことの核心には神の沈黙、神の秘密があるのだが、その不可解、不条理な神の命令を受け容れるという決定を彼はけっしてだれにも明かさないのだ。こうした「秘密」は絶対的責任の条件である。

アブラハムは、決定の瞬間にはつねにたった一人で、自分自身の単独性（＝特異性[singularité]）に引きこもっていなければならないという責任を引き受ける。私の代わりに死ぬことがだれにもできないように、私の代わりに決定をすること、決定と呼ばれているものをすることはだれにもできない。ところが、話すやいなや、言語の境地に入りこむやいなや、人は単独性を失う。したがって、決定する可能性あるいは権利を失う。こうしてあらゆる決定は、その根底において、孤独にして秘密の、かつ沈黙の決定でありつづけなければならないだろう。[……]常識にとっても哲学的理性にとっても、最も広く受け容れられている明証事は、責任ということを、公表性、秘密でないこと、他者たちの前で説明［報告］したり、正当化したり、身ぶりや言葉を引き受けたりする可能性や、さらに必然性に結びつけるものである。だが、ここでは逆に、つぎのことも同じく必然的に明らかになる。すなわち、私の諸行為の絶対的責任は、それが私のものであり、まったく単独的で、だれも私の代わりになしえないものとしてあるべきかぎり、単に秘密を含意するだけでなく、他者たちに話さず、説明［報告］しないこと、なんの責任も負わないこと、他者たちに対してあるいは他者たちの前で、私がなにも応えないことをも含意する、ということである（『死を与える』）。

倫理的責任、すなわち家族、友人、社会、民族、国民などヘーゲルのいわゆる人倫共同体(Sittlichkeit)や、究極的には人類全体に対する責任は、その決定の理由や行為の動機についての公的、一般的な説明を要求する。言葉による明確な説明可能性、アカウンタビリティが求められる。プラトン、カント、ヘーゲル、そして現代の啓蒙的理性においても、哲学、倫理、そして法＝権利の審級では、いかなる秘密も絶対に正当化されえないという公理がある、とデリダはいう。ところが、公的説明をはじめるやいなや、それどころか言語に訴えるやいなや、私は自分の単独性を離れて概念の一般性のレベルに身を置くことになり、唯一絶対の他者への私だけの代替不可能な責任を放棄することになる。言語はその必然的な反復可能性によって私の単独性を剝奪し、私をいやおうなく代替（substitution）の連鎖のなかに引きずりこむのだ（「はい、私はここにいます」でさえ例外ではありえない。それは言語であるかぎりすでに反復されている。つまり「ウィ、ウィ」である）。言葉は一般性のなかで表現するので「われわれを安心させる」とキルケゴールもいっている。その一般性のなかで私は、私自身に呼びかけた他者への絶対的責任を裏切らざるをえないのである。

絶対的に忠実であるためには、絶対的な沈黙を守らなければならない。他者への絶対的責任を果たすためには、他の他者たちには応えない、したがって無責任になるのでなければならない。デリダは、『おそれとおののき』の著者が自分の名を秘密にしたこと、ヨハネス・デ・シレンティオ（沈黙のヨハネス）という仮名を使ったことにも、このモチーフを見てとっている。

絶対的責任は倫理的無責任を要求する

絶対的責任と倫理的責任との矛盾は、イサクに死を与える、イサクの死を与えるという行為において頂点に達する。

アブラハムの行為は、単に残酷でおぞましい殺人、倫理的に絶対に許されない罪であるだけではない。イサクはアブラハムにとって、齢一〇〇歳にしてようやく得られた神との契約の子であり、なにものにも代えがたい独り子である。その愛《いと》し子を子羊のごとくに屠《ほふ》り、全焼のいけにえに捧《ささ》げよなどと、なぜよりにもよって神が私に命じるのか？

　キルケゴールが引いている「ルカ伝」の一節。「わたしのもとに来て、自分の父、母、妻、子、兄弟、姉妹、そのうえ自分のいのちまでも憎まない者は、私の弟子になることはできない」（第一四章第二六節）。絶対的責任を引き受けるためには、ただ憎むべきものを憎むだけでは十分でない。憎むべきを憎み、忌《い》むべきものに死を与えたとしても、それは犠牲（サクリファイス）ではない。死を与える瞬間に、自分が愛しているものを憎むのでなければそれは犠牲（サクリファイス）にはならないし、贈与にはならない。なぜよりによって愛し子を犠牲にしなければならないのか、ではなくて、まさに愛し子だからこそそれが犠牲になるのだ、と考えるべきなのである。アブラハムの行為が「まったき他者」への贈与となるのは、彼がイサクの上に斧を振り下ろすその瞬間に、イサクを愛しながら裏切ること、倫理的義務を再確認しながらそれに違反することによってのみなのだ。

> 　矛盾とパラドクスが瞬間そのものにおいて耐え抜かれるべきである。［……］義務と責任の絶対性は、あらゆる義務、あらゆる責任、あらゆる人間的法を告発し、拒絶し、超越することをいっきょに要求する。それは、普遍的一般性の次元に現われるすべてのもの、一般に（en général）現われるすべてのもの、現われ（manifestation）の本質存在と秩

序そのもの、すなわち本質存在(essence)そのもの、現前性と現われから分離しえないかぎりでの本質存在一般を裏切ることを求める。絶対的義務は、そこで犠牲にされるものそのもの、すなわち人間的倫理と責任の次元を承認し、確認し、再肯定しながら、まったく同時に無責任な仕方(背信あるいは偽証)によってふるまうことを要求する。一言でいえば、義務の名において倫理が犠牲にされねばならない。この義務は、倫理的義務を義務によって尊重しないという義務である。ひとは倫理的でない仕方で、責任あるのではない仕方で、単に倫理的であったり責任あるだけではない仕方でふるまわねばならないが、それは義務の、無限の義務の名において、絶対的義務の名においてなのである。そして、つねに特異でなければならないこの名は、ここでは、まったき他者(tout autre)としての神の名、神の名前なき名前、絶対的で無制約的な責務、唯一無比で交渉の余地のない義務が私をそこに結びつける他者としての神の発声しえない名なのである(同前)。

絶対的責任の厳格さ、仮借なさ。それは「あらゆる人間的法」の超越を、ポリスの、エトスの、またオイコス(家、内部)のノモス(法)としてのエコノミーの超越を要求する。ヘーゲル的な人倫共同体の慰めも、カント的な道徳律の確信もここには存在してはならないのだ。この「責任」概念の脱構築が、法=権利の脱構築や現前性の脱構築と深く結ばれていることは一目瞭然だろう。しかもデリダは、絶対的責任が成り立つためには、倫理的なものが単純に廃棄されるのであってはならず、それらが「瞬間そのものにおいて」同時に「承認」

され、「確認」され、「再肯定」されていなければならない、と主張する。そしてこれは、単に「犠牲」の意味によって要求されているというだけではない。ちょうど正義が必然的に法＝権利の一般性を求めるように、絶対的責任ももっと強い意味で、それが超越すべき倫理的次元から分離しえないことが明らかになるのだ。

すべての他者はまったき他者だ

キルケゴールの『おそれとおののき』の議論は、倫理的なものの犠牲による宗教的なものへの超越、キリスト者としての信仰への飛躍を証しするものである。デリダは、この倫理的なものの犠牲というモチーフを深く受けとめながらも、しかし「絶対的責任」を、キリスト教のような特定の宗教――それがユダヤ教であれ、イスラム教であれ、その他のなんであれ――の文脈に収めることをしない。彼にとってイサク奉献の物語は、アブラハムをなんらかの形で信仰の始祖の一人とする「アブラハム的宗教」（三大一神教）の引力圏を超えて、「責任についての最も日常的で最も一般的な経験」にかかわっている。そしてこの解釈の梃子《てこ》になるのが、*Tout autre est tout autre.* というフランス語の表現だ。*Tout autre est tout autre.* 一見すると単なるトートロジー（同語反復）に見えるこの表現は、フランス語としてさまざまな意味をもちうるが、ここでは「すべての他者はまったき他者だ」という定式として問題になる。

デリダによれば、アブラハムの「神」とは、「他者であり唯一者であるかぎりでの絶対他者の名」である。しかし、他者であり唯一者であるような絶対他者は、アブラハムの神だけではない。アブラハムにとってはイサクやサラやエレアザールのような他者も、それぞれに「他者」にして「唯一者」であり、他の他者とは交換不可能な特異な他者、他から切り(ab-)離された(-solu)絶対的(absolu)な他者である。すべての他者は他者として、私に対して根源的には現前せず、未知にして到達不可能、秘密にして超越的、無限に他者でありつづける他者なのだ。わたしの家族や隣人でさえ「ヤハヴェと同じく」まったき他者だ、とデリダはいう。「すべての他者はまったき他者だ」。

とすれば、私はそうした他者と関係に入るやいなや、必然的にアブラハムの状況に置かれることになる。「アブラハム的宗教」の信仰をもっていようといまいと、聖書の物語の歴史性をどう考えようと、イサク奉献の物語は、私たちのいかなる他者との関係にとっても範例的意味をもっているのであって、それは「そのパラドクスにおいて、すべての男、すべての女が瞬間瞬間に問われる責任を言明している」のである。すべての他者は、決定の瞬間に、私が「信仰の騎士」（キルケゴール）のごとくに振るまうことを要求する。つまり、他のすべての他者を犠牲にして、まさにその、唯一絶対の他者への呼びかけに応えることを要求するのだ。

私を私の特異性において他者の絶対的特異性に結びつけるものは、ただちに、絶対的犠牲の空間ないし危険のうちに私を投じる。ほかにも無数の他者たちがおり、他者たちの数えきれない一般性があるので、同じ責任、一般的で普遍的な責任（キルケゴールのいう倫理的次元）が、私をその他者たちに結びつけるにちがいない。私は、他の他者（l'autre autre）を、他の他者たち（les autres autres）を犠牲にせずには、ある他者の呼びかけ、要求、責務、それどころか愛に対しても、応えることはできない。すべての他者はまったき他者だ。［……］私が他者との、他者のまなざし、要求、愛、命令、呼びかけとの関係に入るやいなや、私はつぎのことを知ることになる。すなわち、私はそれに、倫理を犠牲にすることによってしか、いいかえれば、すべての他者に対しても同じ仕方で、同じ瞬間に応える責務を私に課すものを犠牲にすることによってしか、応えることができないということを。私は死を与え、誓いを破る。そのために私は、モリヤ山の山頂で私の息子に刀を振り上げる必要はない。昼も夜も、あらゆる瞬間に、世界中のモリヤ山の山頂で、私はそれをしつつある。すなわち、私が愛するもの、愛すべきもの、他者、私が共約不可能な仕方で絶対的な忠誠を負うあれこれの他者に対して、刀を振り上げているのである（同前）。

私（本書の筆者）はいまこの原稿を書きながら、一定の他者たちへの責任を果たしているかもしれない。担当の編集者や企画の関係者、遅れに遅れた刊行を心待ちにしてくれている未来の読者たち、などなど。だが他方、私はいまもこの原稿を書きながら、多くの他の他者たちとの関係を犠牲にしていることを認めざるをえない。この仕事にいささかでも集中するかぎり、新たな仕事の依頼や対話の申し出は断らなくてはならないし、家族、友人、知人たちからのけっして少ないとはいえない「呼びかけ」にも十分応えることができない。それに私は、いまこの瞬間にも、世界中で多くの人びとが飢餓、戦争、病気、貧困などで死んでいくのを知っているし、それどころか、さしたる時間もかからずに駆けつけることのできる街々に、社会の助けを必要とする人びとがいることを知っている。それなのに、なぜ私はこんなことをしているのか？　私の尊敬する隣国の人権活動家は、現在、不当な嫌疑を受けて当局に拘束されている。友人の一人として、なぜ私は、自分のすべての時間と力を彼の救援活動のために捧げないのか？

私はある他者の呼びかけに応えることで、他の他者たちの呼びかけに応えられなくなってしまう。私は他の他者たちを犠牲にせずには、どんな他者への責任を果たすこともできない。いま私が犠牲にしている他者たちへの責任を果たそうとすれば、今度は必然的に、他の他者たちへの責任を犠牲にすることになるだろう。デリダによれば、私はこの犠牲を正当化する（justifier［正義とする］）ことはけっしてできない。「私があるもの（ある他者）を他者に優先させたり、あるもの（ある他者）を他者の犠牲にしたりすることはけっして正当化できないだろう」。

「世界中のモリヤ山の山頂で」とデリダはいう。そして、たとえばモンマルトルの丘に上って息子を殺害し、絶対他者の沈黙の命に従っただけだと証言する男に対しては、最も忌まわしい犯罪として厳罰に処するにちがいない先進社会が、同じ地球上で無数の子供たちが飢餓や病気で死んでいくのを放置しているばかりか、その要因を作り出してもいるという「犠牲」の構造を指摘している。いったいだれが、だれのために犠牲にされているのか？　デリダはまた、「アブラハム的宗教」相互間の争いをも重視する。モリヤ山は、第三次中東戦争でイスラエルが占領・併合した東エルサレムの、嘆きの壁、岩のドーム、エル・アクサ・モスク、ビア・ドロローサなどが集中する一角に当たると考えられており、三大一神教の聖地である。これらの宗教は、古くから、そして今日もまた、それぞれ絶対他者の名において他の他者たちを犠牲にし、この地への権利を主張して流血をくりかえしてきた。イサク奉献、このホロコースト（全焼のいけにえ）は、「日々つづいている」といわざるをえないのだ。

キルケゴール、レヴィナスとの異同

デリダがこうした犠牲の不可避性を強調するのは、この構造に居直ったり、無責任のアリバイにしたりするためではもちろんない。まったく逆に、責任の要求を極度に先鋭化するためである。正義についてと同様、責任についても、デリダはこれを可能なものを超えて不可能なものにまで先鋭化する。パラドクス、アポリア、ダブル・バインド、不可能なものの経験なしに責任はない。「不可能な」責任とはなにか？　「すべての他者はまったき他者だ」ということ、すべての他者を唯一絶対の他者として遇しなければならないということ、にもかかわらず、他の他者たちを犠牲にせずには一人の他者にさえ責任をとれないということである。ポイントはここでも、明らかに、特異性と普遍性の二重の要求のどちらも放棄しないということ、特異な他者たちの呼びかけに普遍的に応えるという要求をどこまでも維持するということにある。もしこの要求を放棄してしまったら、責任は責任でなくなるだろう。一者との共同性に自閉して他の他者たちへの責任を忘れるか、一般的規則の適用へと責任がすり替えられてしまうだろう。

キルケゴール、レヴィナスとの異同もこの点にかかわっている。「すべての他者はまったき他者だ」という定式を、キリスト者キルケゴールが受け容れることはないだろう。キルケゴールにとって絶対他者は、あくまでイエス・キリストの神、ヤハヴェ以外にありえない。絶対的責任が倫理的なものの犠牲を要求するという点では深くキルケゴールに同意しながら、キルケゴールにとってはあくまで「例外」であるこの絶対的責任を、例外のままで普遍化しようとする点でデリダは分かれる。ただし、この普遍化はキルケゴール的言説の射程を「狂わせる」だけでなく、その「潜在的可能性」を最大限に引き出すものだともいうのだ。

一方、レヴィナスは『おそれとおののき』のイサク奉献の解釈を批判している。キルケゴールは、レヴィナスによれば「他人」(autrui) としての「無限の他者」との関係であるはずの「倫理」を、一般性の次元へと平板化し、倫理的なものを犠牲にして神へと飛躍する。だがそれは、「私」の「内面性」のエゴイズム、「他人」という他の他者たちへの暴力である。イサク奉献のドラマの真骨頂は、倫理的なものの犠牲にあるのではなく、イサク殺害を結局は禁止して、アブラハムを倫理的次元に連れもどし、「他人」の犠牲を最終的に禁じようとする声を聞くことにあるのだ、と(「キルケゴール/実存と倫理」邦訳『固有名』

所収)。

レヴィナスとデリダは、他人にも無限の他者性を見てとる点では共通している——もちろん、デリダがレヴィナスから多くを学んだのだろう——が、キルケゴールの「潜在的可能性」を認めるかどうかで分かれる。すでに何度も言及した初期のレヴィナス論「暴力と形而上学」においても、デリダはレヴィナスのキルケゴール批判に反論し、キルケゴールは単に自我に依拠して全体性のシステムを拒否したのではなく、「アブラハムのような人の側に立って」「まったき他者 (tout autre) の還元不可能性」を見てとっていたのであり、その彼が「倫理を反復において再肯定すること」にはなんの不思議もないのだ、と主張していた。キルケゴールのうちに、「まったき他者」への関係を倫理的普遍性のレベルで「再肯定」する可能性を認めていたわけである。そしてデリダは、『死を与える』において、今度はレヴィナスに対して、「すべての他者はまったき他者だ」の徹底を求める。他人が無限の他者だとしたら、他人との関係を神との関係から完全に区別することは困難であり、レヴィナスの「倫理」はすでに「宗教」によって浸透されていることになる。

レヴィナスが指摘するとおり、倫理もまた絶対的特異性の次元とその尊重であって、単に一般性と同じものの反復の次元ではないということを、キルケゴールは認めざるをえないだろう。したがって、キルケゴールはもう倫理と宗教とを容易に区別することができない。だが、レヴィナスのほうはといえば、彼は他の人間との関係において絶対的特異性を、いいかえれば絶対的他者性を考慮しようというのだから、もはや神の無限の他者性と各人間のそれとを区別できない。すなわち、レヴィナスの倫理はすでにして宗教なのだ。どちらの場合にも、倫理的なものと宗教的なものとの境界は、関連するすべての言説と同様に、まったく不確かなものとなる。このことは、ましてや、政治的なものや法的なものには妥当する（同前）。

宗教的なものとの境界の不確実化は、倫理的なものについて妥当するだけでなく、「政治的なもの」や「法的なもの」については「ましてや」妥当する。ということは、特異な他者への絶対的責任のレベルから、政治も法も「反復において再肯定される」ということにほかならない。他者の他者性、特異性を考慮しないような政治や法、どこかで絶対的責任に結ばれていないような政治的責任や法的責任は、その名に価しないだろう。それは、単なる計算、プログラムの適用、エコノミーの追認にすぎなくなってしまうだろう。『法の力』の議論を想起しよう。デリダにおいては、アポリアとしての正義、責任のパラドクスの地点から、倫理、政治、法＝権利の次元が脱構築的に再肯定されるのである。

エコノミーを断ち切るもの、女性、動物

イサク奉献の解釈をめぐって、残る論点をいくつかあげておこう。

第一に、イサク殺害の禁止について。右に触れたように、レヴィナスはこのドラマの核心

をアブラハムと神との関係にではなく、イサク殺害の禁止による倫理的なものの回復、人間を犠牲に捧げることの禁止に見た。しかし、イサクが殺されずにすむことについて、デリダはまったく別の問いを発する。それは、贈与の瞬間における交換の回帰、エコノミーを断ち切るもののエコノミーの循環のなかへの再回収ではないか、というのだ。

> 勝負に勝つ＝利益を得る（gagner）ことを放棄し、応答も報酬も、自分に返されるなにものも、自分に戻ってくるなにものも（かつて散種を「父に戻らないもの」と定義したとき、われわれはアブラハム的放棄の瞬間を記述してもよかっただろう）もはや期待しなくなったアブラハムは、その絶対的放棄の瞬間、彼が犠牲にすることを同じ瞬間にすでに決定していた当のものが、神から彼に返されるのを見る。アブラハムが計算しなかったから、それは彼に返されたのだ。もはや計算しないということにポイントがあるこの卓越した至高の計算の暴露者たちなら、うまくやったな、というだろう。生の贈与としての、あるいは同じことだが死の贈与としての、贈与の非エコノミー（anéconomie）は、父の法のもとでエコノミーに再回収されるのである（同前）。

「父に戻らないもの」という先に見た「散種」の規定が、「アブラハム的放棄」の記述に重ね合わされている。交換なき贈与、「まったき他者」への無限の責任は、言語においては散種、反復、エクリチュールの経験に対応する。つまり、これらは言語における「不可能なもの物語である。第二に、女性の不在について。神による「試し」の物語、絶対的責任の、極限の証しの物語であるイサク奉献は、徹頭徹尾、父と息子、男性的形象（父なる神、アブラハム、イサク）の物語であって、サラをはじめとして女性についてはなに一つ語られない。それはなぜなのか？　二重の死の贈与であるこの犠牲的責任（responsabilité sacrificielle）のシステムは、その最深の深みにおいて、女性の排除と犠牲のシステムではないのか？　もしそこに一人の女性が介在し、重要な役割を果たすとしたら、この苛酷で厳格な責任の論理のなかにも、なんらかの変様がありうるのではないか？　デリダはこのように問いかける。

第三に、神でも他人でもない「他者」について。「すべての他者はまったき他者だ」というとき、この「他者」を（神と）人間に限るのはけっして自明なことではない、とデリダは考える。たとえば、動物とのあいだに、呼びかけと応答の関係、つまり責任＝応答可能性の関係がありえないといえるだろうか？

レヴィナスの場合、責任が生じるのは（神と）他人としての他者に対してのみであり、動物その他には責任は生じない。イサク殺害の禁止は人間的犠牲の禁止として決定的意味をもつのであって、動物を犠牲にすることにはまったく問題がない。レヴィナスは、西洋哲学の自我中心的人間主義に対しては独創的な批判を行なったけれども、彼の立場は「他者の人間主義」（humanisme de l'autre homme）であって、人間中心主義であることに変わりはないのである。「〈殺すなかれ〉は、ユダヤ－キリスト教の伝統のなかでは、また明らかにレヴイナスによっても、〈生物一般を死なせてはならない〉という意味で理解されたことは一度もない」。「人間主義を超えて」存在の思考を推し進めたはずのハイデガーも、犠牲（サクリファイス）のエコノミーを問いなおすことはできなかった。ハイデガーでもレヴィナスでも、「主体」とは、「犠牲が可能であり、生命一般の侵害が禁じられていない世界における、ただ人間の生命に対する、隣人である他者の、現存在としての他者の生命に対する侵害だけが禁じられている世界における人間なのだ」（「〈正しく食べなくてはならない〉あるいは主体の計算——ジャン＝リュック・ナンシーとの対話」）。

こうしてデリダは、ユダヤ＝キリスト教も含めて、西洋形而上学の「肉食‐男根ロゴス中心主義」（carno-phallogocentrisme）を問題化する。それは、現代の動物実験、生物学実験に至るまで、「肉食的犠牲が主体性の構造にとって本質的である」ような世界である。いまからほど遠くない過去に、「われわれ人間」が「われわれ成人の、男性の、白人の、肉食の、供犠をなしうるヨーロッパ人」を意味した時代もあった（『法の力』）。いまやこの前提——それは、私たちの時代の国内、国際の法的、政治的、倫理的な諸構造をいまなお規定しつづけている——が、根本的な脱構築にさらされざるをえないのである。

もちろん、こういったからといって、万人が肉食を止めるべきだとか、ヴェジタリアンになるべきだというのではない（それも一つの選択肢ではあるけれども）。デリダによれば、象徴的食人などを含めて、「いずれにせよわれわれは他者を食べる」のだし、「他者によって食べられるがままになる」のだから、問題は、「いかに正しく食べるべきか？」（Comment faut-il bien manger?）ということでしかありえない。そしてそれは、「自己を他者に、また他者を自己に関係させる最良の仕方、最も尊敬に満ちた、最も感謝にあふれた、そして最も多く贈与する仕方を規定することに帰着する」。正義と法＝権利、贈与と交換、絶対的責任と倫理的責任などのアポリア的関係が、ここにも貫徹していることが分かるだろう。

主体は決定することができない

第三章のはじめで私は、脱構築はある意味で「決定」の思想だと述べた。そして、それを新たな「決定」の思想にしているのは、それが「決定不可能なもの」における「決定」を主張する思想だからだ、とも述べておいた。ここまで来れば、いまや、その意味はかなり明らかになったのではなかろうか。

プラトン主義的決定とは、決定不可能なものを外部に（外部として）排除し、そのようにして生じた内部／外部、自己／他者、現前／不在、パロール／エクリチュールといった分割を、階層秩序的二項対立として、ロゴスの法として固定化しようとするものであった。脱構築は、そこで外部として排除されたものが内部の内部に――「亡霊的」に――回帰するのを示し、ロゴスの法のなかに決定不可能性を再導入することによって、決定不可能なものの経験のなかで別の決定がなされることを要求する。テクスト解釈の用語でいえば、既成の支配的な解釈――解釈の法として機能している――に対して、そこで排除された契機に着目して決定不可能性を導入し、テクストをそのつど特異な他者性において経験しつつ、その呼びかけに応える新たな解釈を提起する、というわけだ。

決定不可能性のなかでの決定。決定不可能なものの経験における決定。前章から本章にかけて私たちは、このいわば脱構築的「決定」概念が、法、政治、倫理、宗教の分かちがたく錯綜する場面において、ますます鮮明に浮かび上がってくるさまに立ち会うことができたと思う。アポリアとしての正義、責任のパラドクスは、決定不可能性における決定の（不可能な）可能性の条件にほかならない。こうした不可能なものの経験こそが決定すべきものを与えるのであって、それなしには、法的決定も、政治的決定も、倫理的決定も、決定とは名ばかりの規則の適用、単なるテクネー（技術）になってしまう。私たちはこの決定不可能性における決定を、イサク奉献の物語についてのデリダの解釈をふまえて、アブラハム的決定と呼ぶこともできるだろう。アブラハムの決定は、前章で見た正義のアポリアの三特徴をもちろんすべて備えている。すなわち、規則のエポケー、決定不可能なものにとり憑かれること、切迫による知の地平の遮断。決定不可能性における決定とは、範例的にはまさにアブラハムの決定のようなものなのである。

> 最も深刻な決定、《賭け》、《イサクの犠牲》、行なわなければならず肯定しなければならない重大な決定は、この決定不可能なものとの関係そのもののなかで行なわれ、肯定されるのです。それが可能でなくなるまさにその瞬間に、可能になるようなものとして。［……］ここではキルケゴールのことを想起してください。唯一可能な決定とは、不可能

な決定のことなのです。決定が決定として可能になるのは、なすべきことを知ることが可能でないとき、知が規定的ではなく規定的である必要もないときにほかなりません（『ディアラング』）。

さらに、デリダの「決定」論のもう一つ重要なポイントが、アブラハムの決定をとおして見えてくる。それは、「主体」には決定はできない、なぜなら、真の決定はある意味で他者の決定でなければならないから、ということである。

主体は決定することができない？　真の決定とは他者の決定である？　西洋哲学のオーソドックスな伝統からすれば、たしかにこれほど異様な思想もないだろう。決定が主体的決定を意味するのは、ほとんどトートロジカルな自明事ではないか？　自由で意志的、自律的、能動的、自己意識的な主体であってこそ決定することができるのであり、他者による他律的決定など無責任の極みではないか？

デリダによれば、事態はむしろ逆である。古典的な「主体」概念は、つねに〈自己への現前〉ないし〈自己との同一性〉を最終根拠として構成されている。すなわちそれは、自己に先立つ他者との関係と、それに由来する決定不可能なものとを、みずからのうちから排除することによって構成される内部性そのものである。自己を決定の起源と考えることは、自己の宣言が他者の呼びかけへの応答であること（「アブラハムよ」――「はい、私はここにいます」）の否認であり、決定不可能なものの経験の拒絶なのである。主体には決定という出来事は起こらない。なぜなら、主体は決定不可能なものを排除するから。

ショックを与えるかもしれないが、ある意味ではこういってもよいかもしれない。すなわち、主体はなに一つけっして決定できない、と。主体とは、主体を主体たらしめる本質的同一性と実体的な〈自己への現前〉には影響を及ぼさない周辺的偶然事としてでなければ、決定がそれには到来しえないところのものでさえある――もしも「主体という」この語の選択が少なくとも恣意的でなく、われわれの文化においてじっさいに「主体」というものにつねに求められているものに依拠するならば（『法の力』G）。

主体とは、他者との関係に開かれようとするなら、ぜひとも縁を切らねばならない「構成された正常性＝規範性」そのものである。決定が主体的決定であるなら、それはこのすでに構成された正常性＝規範性の枠内でのものになるだろうし、主体のうちにすでにある基準、原則、「可能なもの」の適用、その展開にすぎないものになるだろう。「主体は計算可能性の原理でもある」（「〈正しく食べなくてはならない〉あるいは主体の計算」）。

この意味で、決定不可能なものの経験とは、主体が他者に先立たれる経験、他者に呼び出され、召喚され、要求されるがままになる経験、要するに、主体が主体でなくなる経験としてしかありえない。他者の歓待、他者への贈与という「不可能なもの」が生じるためには、なんらかの仕方で主体の崩壊が、あるいは主体の脱構築が経験されねばならないのだ。「決定の瞬間は一種の狂気である」というのは、決定の瞬間が「構成された正常性＝規範性」の中断の瞬間にほかならないからである。この意味で、アブラハム的決定は主体的決定ではない。それは「一種の狂気」である。アブラハムの決定の起源には他者の呼びかけがあり、また最後には彼は、なんの手掛かりもないまま、「非知と非規則の夜のなかで」他者の呼びかけに応じるのである。

非決定（L'indécision）とは、この見地からいえば、自由な主体、「自我」、自由な意識としては決定できないということ、動けなくなるということです。ですが、そうなるのはなによりもまず、他者に決定を与える＝贈与するからなのです。決定すべきものは他者に帰属します［＝戻っていきます（revient）］。アブラハムのケースでは、じっさいには神こそが決定するのです。それは、アブラハムがなにもしないということを意味しませんし、彼はなすべきすべてのことをなすのですが、ある意味で彼は《他者》に従っていることを知っています。「来なさい」（viens）がなにを意味するかを決定するのは他者です。そこにこそ応答があるのです（「ディアラング」）。

決定の他律性（hétéronomie）というこの論点は、同じく決定の瞬間、その例外性を強調しながら、デリダが自分の思想を、カール・シュミット流の決断主義（decisionnism）から区別する要素の一つでもある（『友愛の政治』第三章など）。決断主義が一般に、主権者の至高の決定権を強調する主体性の形而上学の側面をもつとすれば、デリダの思想が決断主義と相いれないことは明らかだろう。

2　幽霊のポリティクス

幽霊にも正義を！

「すべての他者はまったき他者だ」。デリダの思考はつねに、他者との関係とそれが引き起こす決定不可能なものの経験をめぐって展開される。ところで、デリダの「他者」を考えるさいに忘れてならないのは幽霊（fantôme, spectre, revenant）である。前章で触れたように、デリダは「プラトンのパルマケイアー」以来、決定不可能なものの様態を何度か「幽霊」の語で形容してきたが、この観点を徹底すれば、決定不可能性を一貫したモチーフとするデリダの思考は、つねに一種の「幽霊論」（hantologie［デリダの造語］）だということもできよう。「幽霊の論理は事実上、脱構築的論理である」（『エコグラフィー』一九九六）。「怪力乱神を語る」哲学者など噴飯ものだといわれるかもしれないが、私たちは第二章でソクラテスとパルマケウスの、つまり哲学者と魔術師の危うい関係を確認している。そこでは哲学は、純粋哲学としての身分（哲学／魔術）を、決定不可能なもの（パルマコン、幽霊）をおのれの外部に（外部として）放逐する悪魔祓いの行為によってはじめて手に入れるのだった。

問題は、生／死の形而上学的二項対立である。デリダのいう「幽霊」とは、純粋な〈自己への現前〉としての生と、その不在としての死との階層秩序的二項対立に決定不可能性をもちこむものにほかならない。幽霊は純粋な生でも純粋な死でもなく、純粋な現前でも純粋な不在でもなく、純粋に現実的でも純粋に非現実的でもない。生とのあらゆる関係を失った死者に対して、幽霊は「死後の生＝生き延びること」(sur-vie) の境地であり、死者が死してなお生者の世界に回帰し、さまざまな効果を及ぼす「亡霊」(revenant［回帰するもの］)を典型とするが、それだけでなく、まだ生まれていない者の幽霊的到来をも含んでいる。幽霊はもはや現前しないものである。あるいは、いまだ現前しないものである。しかしその現前しないもの、生ならざるものが、その「不気味な」(unheimlich)「存在のかなた」(エペケイナ・テース・ウーシアス) から、私たちを見つめ、私たちに呼びかけてくる。とすれば、正義は単に生ける他者との関係についてだけでなく、こうした幽霊的他者との関係についても問われなければならない。同じことは、言語を介した死せる他者との関係であるテクスト解釈、(最広義の) 文化的伝承 (héritage) についてもいえる。こうした観点から、デリダは『マルクスの亡霊たち』(一九九三) で大々的に幽霊論を展開してみせた。まず、序文の重要な一節。

私は長いあいだ、幽霊について、伝承と諸世代について、幽霊の諸世代について、いいかえれば、私たちに対しても、私たちのなかでも、私たちの外でも、現前したり現前的＝

現在的に生きていたりしないある種の他者たちについて語る準備をしているが、それは正義の名においてである。［……］すでに死んでしまったか、あるいはまだ生まれていないかで、もはや、あるいはまだ、現にそこに、現前的＝現在的に生きて存在するのではない、そうした他者たちの尊重を原理として認めないようなどんな倫理も、革命的であれ非革命的であれどんな政治も、可能であるとも、考えられるとも、正しい（*juste*）とも思われない以上、幽霊について、いやそれどころか、幽霊に対して、幽霊とともに語らなければならないのだ。あらゆる生ける現在を超えて、生ける現在を脱臼《だっきゅう》させるものにおいて、まだ生まれていなかったり、すでに死んでしまった者たち——戦争、政治的その他の暴力、民族主義的、人種主義的、植民地主義的、性差別主義的（sexistes）その他の虐殺、資本主義的帝国主義やあらゆる形式の全体主義の抑圧の犠牲者たちや、そうではない犠牲者たち——の幽霊の前で、何らかの責任を負うという原理なしには、どんな正義も——どんな法も、とはいわないし、くりかえせば、ここでは法＝権利が問題なのではない——ありえないし、考えられないように思われる（『マルクスの亡霊たち』強調はデリダ）。

時間の関節が外れてしまったのだ（ハムレット）

『マルクスの亡霊たち』は、いわゆるマルクス論であるにもかかわらず、冒頭からしばらくはシェークスピアの『ハムレット』が中心に論じられるという面白い構成をもっている（もっとも、マルクスがシェークスピアを好んで引き合いに出すことは周知の事実で、ここには偶然以上のものがあることもたしかだ)。ハムレットは、毒殺された父、先王ハムレットの亡霊から復讐《ふくしゅう》の義務を課せられ、苦悩する。その悲劇は、すでに現前しない他者から、「歴史の過ち」を清算するという「法的」責任を課せられた「第二世代」の悲劇、それ自身が流血の起源をもつ「法」のレベルの責任を継承させられた「遅れてきた世代」の悲劇である、とデリダはいう。「復讐の宿命」から自由な正義について、時代はまだ予感さえもっていない。ハムレットは嘆く。The time is out of joint.

デリダはハムレットのこの一句に魅入られたかのようだ。『マルクスの亡霊たち』全編は、この一句を根本モチーフにしているといってもよい。The time is out of joint. この場合の time は、「この世」とも、「時代」とも、「時間」ともとれる。「この世」の、「時代」の、あるいは「時間」の「関節が外れてしまった」のだ。このハムレットの呪詛《じゅそ》の言葉に、だがデリダは正義のチャンスを読みこむ。「この世」の既成秩序、「時代」の表向きの安定、「時間」の一見自然な、ノーマルな流れに雑音が入り、調子が乱れ、「脱臼」が生じるときこそ、新たな他者との関係が到来すると期待できるのではないか？　従来の秩序の骨組み、その「法的」構造が隠蔽《いんぺい》し、忘却し、抹消してきた他者たちとの新たな関係が結ばれ、「この世」の別のあり方、「時代」の別の相貌、「時間」の別の流れが生じうるのは、まさにそうした「脱臼」の瞬間なのではないか？　そして『ハムレット』においては、それはまさに腐った王国に亡霊が回帰する瞬間であり、この瞬間を悲劇がはじまる瞬間と区別することはできないのではないか？

　デリダはこの見地から、ハイデガーとの相違を明確にする。ハイデガーは「ソクラテス以前の哲学者たち」の一人アナクシマンドロスの断片を解釈し、ディケー（Dike）――ギリシャ語で「正義」――の根源的意味は、通常そう解されているような法的正当性や罰ではなく、「接合」（Fuge）であり、したがってその逆のアディキア（Adikia）は、「不接合」（Un-fuge）であるとした。この解釈はまた、「存在」を「結集」（Versammlung）としての「現前性」（Anwesen）に見る見方の枠内でなされている。これに対してデリダは、out of jointに対応するドイツ語表現がaus den Fugenであることを指摘する。ハイデガー自身、アディキアは「あるものがバラバラになっている、不接合であること（Etwas ist aus den Fugen）を意味する」と書いているのである。out of joint = aus den Fugenをとおして、『ハムレット』とハイデガーがつながる。より正確にいえば、『ハムレット』を読むデリダとアナクシマンドロスの断片を読むハイデガーがつながり、両者の相違が浮かび上がる。この世の、時代の、時間の関節が外れていること、out of jointあるいはUn-fugeが、ハイデガーにとっては不正の極みであるのに対し、デリダにとっては正義のチャンス、正義の可能性なのである。

　out of jointあるいはUn-fugeとしての脱-臼とは、脱-構築そのものだといえるかもしれない。他者との関係が開かれるためには、「われわれの現在としての現在」の安定性が破られ、「私の生あるいはわれわれの生としての生」の調和が破砕されてしまうような、アナクロニック（反時間的）な契機が介入してくる必要がある。いいかえれば、存在と時間の秩序を攪乱し、一者あるいは全体性への「結集」の運動に乱調をもたらすもの、それこそ他者の到来であり、ここでは幽霊的他者の到来なのだ。

ここに告げられるのは、つねに、贈与と脱構築不可能な正義の思想としての脱構築であるだろう。この正義は、あらゆる脱構築の脱構築不可能な条件であるが、それ自身、脱構築の状態にあり、Un-fug の脱臼状態にとどまり続ける、また、とどまり続けねばならない——これは命令である——条件である。そうでなければ、正義は、義務が果たされたという潔白意識に安んじて、未来の、約束の、呼びかけの、そしてまた欲望（すなわち、それ「自身の」可能性）の、（同定可能な内容とメシアなしの）砂漠のメシアニズムのチャンスを失ってしまう。［……］メシア的なもの、すなわち他者の到来、正義としての、到来するものの絶対的で予見不可能な特異性。このようなメシア的なものこそ、マルクスの遺産の抹消不可能な——抹消できないし、すべきでもない——マークであり続けるし、おそらくは継承すること（*hériter*）の、遺産継承＝伝承一般の経験のそのようなマークであり続けると、私たちは信じている（同前、強調はデリダ）。

なぜ「マルクスの亡霊たち」なのか

「他者の到来」としての、「到来するものの絶対的で予見不可能な特異性」の経験としての、out of joint の経験。それがここでは、「砂漠のメシアニズム」あるいは「メシア的なもの」との関連において語られている。『マルクスの亡霊たち』は、デリダが「メシア的なもの」の思想をはじめて展開したテクストとしても重要である。「メシア的なもの」とは、脱構築における「他者の到来」としての「正義」の経験の別名にほかならない。では、なぜ「マルクスの亡霊たち」なのか？

『マルクスの亡霊たち』は、一九九三年の四月、Whither marxism? をテーマにカリフォルニア大学（リヴァーサイド校）で開かれた国際コロキウムでの基調講演をもとにしている（講演は二日間にわたる長大なものであった）。Whither marxism? は、「マルクス主義はどこへ行く？」という意味だが、発音を聞いただけでは、Wither marxism?（マルクス主義は衰滅するのか？）と区別できない。ソ連・東欧の社会主義圏が崩壊し、冷戦が西側の「勝利」に終わったとされてから、マルクス主義の威信は地に落ち、世界中で「マルクス葬送」の行進曲が奏でられている。マルクスは死んだ、マルクス主義は死んだ、いまや政治的には自由民主主義、経済的には資本主義市場経済こそ、人類社会の乗り超え不可能な地平であることが証明された、云々。デリダはこの状況に対して、敢然と声を上げた。『マルクスの亡霊たち』はきわめて明確な政治的態度決定の書、歴史的な状況へのコミットメント、「アンガージュマン」の書である。つまり、デリダによれば、「マルクスの遺産」は「抹消不可能」な要素を、「抹消できないし、すべきでもない」要素をもっているというのだ。

第一章でも触れたが、デリダは政治的には一貫して彼のいう「民主主義的左翼」としてふるまってきたものの、既存の政治的諸コード（規約、教義、語彙、文法など）のなかに自分の位置を定めることにはつねに違和感をもつという。パリの知識人社会で共産党の影響力がまだ強かった時期にも、孤立感を味わいながら、反スターリン主義者として党にもマルクス主義にも一定の距離をとり続けた。テクストでは、ハイデガーやフロイトとのいつ果てるともしれない対話を続ける一方、マルクスへの言及は皆無ではないにせよ微々たるもので、そのことが、保守の側からだけでなく、左翼の側からも脱構築への政治的批判が出てくることにつながっていた。「私がマルクスについて書くのを回避していたのは事実です。実のところ、私はこう考えたのです。私の読んだかぎり、マルクスのテクストはやはり形而上学的である、と」（インタビュー「政治と友愛と」一九九三［発言時点は八九年四月］）。あるテクストが「形而上学的」だからといって書くことを回避するなら、初期デリダのほとんどのテクストは書かれなかったにちがいない。デリダは、マルクスのテクストについても当然、他の形而上学的テクストと同様、けっして同質のものではなく複数の異質な層をもつと早くから指摘していた（『ポジシオン』）。問題はむしろ、マルクスに対する脱構築的な問題提起がもちうる政治的意味や機能について、デリダの側で得心のいくような状況に恵まれなかったということだろう（『マルクスの亡霊たち』以前のデリダとマルクス主義との関係全般については、右のインタビューが参考になる）。

『マルクスの亡霊たち』でも、それ以前にも、デリダは明言している。本格的な脱構築は「マルクス主義以前の空間においてはありえなかっただろうし、考えられもしなかっただろう」。ロゴス中心主義や言語学主義の脱構築、とりわけ、固有のものの価値をめぐるあらゆる脱構築的論議、差延や脱固有化（exappropriation）や贈与のエコノミーをめぐる思考などは、「ある種のマルクス主義の伝統」における徹底化としてのみ理解できる。マルクスは、ハイデガー、フロイト、ニーチェ、レヴィナスなどと同様、それなしにはデリダ的脱構築がありえなかった固有名の一つなのだ。「たしかなことは、私はマルクス主義者ではないということである」。しかし、「〈私はマルクス主義者ではない〉というために、いまさらマルクスを引き合いに出す必要があるだろうか？」。肝心なのは、いまや「アンガージュマン」である。かつてイデオロギー的独断論と共産党権力にいささかも譲歩したことのなかった人びとにこそ、「マルクスの死」を宣告する今日の独断論とヘゲモニーに抗して、「資本」の論理に対するマルクス主義的批判の「精神」を継承していく責任がある。そうデリダは主張し、『マルクスの亡霊たち』で前代未聞の戦略をとる。つまり、「幽霊」を導きの糸として、マルクスのテクストを今日の状況もろとも読み解き、批判の「精神」を甦《よみがえ》らせようとするわけである。精神（esprit, spirit, Geist）が、同時に霊であり、幽霊でもあることはもちろん偶然でない。

「マルクスの亡霊たち」（spectres de Marx）は複数形である。いくつかの「マルクスの亡霊」があるからだ。最も大きく分ければ、それはまず第一に、思想家マルクスの、マルクス主義の、そしてマルクスが描き出したコミュニズムの幽霊であり、第二に、マルクス自身にとっての幽霊、マルクスが経験し、追放しようとした幽霊である。

コミュニズムの幽霊と悪魔祓い

まず、思想家マルクス、マルクス主義、そしてコミュニズムの幽霊について。じつは、これが問題になる状況も、デリダによれば二つある。一つは、いうまでもなく今日、冷戦終結後の状況。そしてもう一つは、マルクスが生きていた当時である。

デリダは、マルクス主義の約束、コミュニズムの普遍的解放の約束が、そもそものはじめから幽霊として出現したことを想起する。マルクス・エンゲルスの『共産党宣言』（一八四八）の周知の冒頭。「ヨーロッパに幽霊が出る――コミュニズムという幽霊が」（Ein Gespenst geht um in Europa――das Gespenst des Kommunismus.）。「幽霊」は『共産党宣言』のテクストの最初の名であり、この名が同じページに三度現われる。『共産党宣言』では『ハムレット』と同じように、「すべては幽霊の出現からはじまる」のだ。そして、テクストがはじまるときにはすでに幽霊はくりかえし出没し、デンマークの王宮エルシノア城に、あるいはヨーロッパ全土にとり憑《つ》いてしまっているのである。

『宣言』は続く。「古いヨーロッパのすべての権力は、この幽霊を退治しようとして神聖な同盟を結んでいる。法王とツァー、メッテルニヒとギゾー、フランス急進派とドイツ官憲。反対党にして、政権党からコミュニズムだと罵《ののし》られなかったものがどこにあるか？　反対党にして、自分より進歩的な反対派に対して、また反動的な政策に対して、コミュニズムの烙印《らくいん》を押しつけて悪口を投げかえさなかったものがどこにあるか？」。幽霊は不気味なもの

（das Unheimliche）である。それが徘徊《はいかい》すると、わが家（オイコス）の法（ノモス）としてのエコノミー（オイコノミア）の安定が、われわれの家（Heim）の居心地のよさ（das Heimliche）が根底から震撼《しんかん》される（フロイトが議論しているように、不気味なものと近しいものとの区別に決定不可能性がもちこまれる）。現存秩序に利益を得ているものたちは不安に陥り、脅威を感じ、恐怖におとしいれられる。当然、共通利益に与かるすべての権力は幽霊退治のために結託し、悪魔祓いの行動を起こすだろう。

一九世紀半ば、「古いヨーロッパのすべての権力」は「幽霊退治」のために「神聖な同盟」を結んだ。二〇世紀末の「新しいヨーロッパ」あるいは「新世界秩序」（new world order）においても、事態は似ているとデリダはいう。コミュニズムの幽霊はかつては未来から呼びかけてきたのに対し、今日では過去から呼びかけてくる、まったく対照的ではないか、と思われるとしたらそれは誤解である。幽霊との関係の「脱臼」した時間性、out of joint の時間性は、両者の区別を決定不可能にしてしまう。「幽霊の固有性とは、もしそんなものがあるとしたら、それは幽霊が回帰するもの＝亡霊《ルヴナン》として、過去の生者を証言するのか未来の生者を証言するのか分からない、ということである。というのも、回帰するもの＝亡霊は、約束された生者の幽霊の再帰をすでにマークしていることがありうるのだから」。死者の亡霊的回帰（revenir）も、その回帰がつねに来たるべきもの（à-venir）であるかぎり、未来からの呼びかけという要素をもつ。コミュニズムの幽霊はそのうえ、現存秩序の変革の可能性、つまりこの「来たるべきもの」そのもの、他者の到来としての「メシア的なもの」を証言する幽霊なのだから、それが未来からの呼びかけでもあることを否認することはできない——精神分析的意味では、「否認」することしかできない——のである。

悪魔祓いとはなにか？　それは、幽霊に死亡宣告を下すことにほかならない。幽霊に死を！　エクソシストたちは、法医学者よろしく死者が決定的に死んだことを宣言し、それに死を与える。事実確認的なものであることを装うこの行為遂行によって、エクソシストたちは、「死者はまちがいなく死んだ」のであり、それが戻ってくることはありえない、死者が「われわれのうちで」死後の生を生きたり、生き延びたりすることはけっしてないのだから、いまや安心してよいのだと結論を下す。この死亡宣告は、回帰する幽霊への宣戦布告であり、じっさいには死刑執行である。これによってはじめて、生は生であっていささかも死ではなく、死は死であっていささかも生ではないという生／死の二項対立が確立される。パルマコン、パルマコスとしての幽霊が、悪魔祓いによって「われわれの生」の〈自己への現前〉から一掃されるのである。

デリダは、悪魔祓いの勢力が「法王とツァーリ」を含む「神聖な同盟」を結んでいるという『宣言』に注意を促す。コミュニズムの幽霊に対する今日の戦線においても、「聖なる父の父性的形象」であるローマ法王のプレゼンスは重要であり、ヨハネ＝パウロ二世はソ連・東欧圏の崩壊に少なからぬ役割を果たしただけでなく、新たなヨーロッパを「キリスト教ヨーロッパ」として約束し、新たな「世界ラテン化」（mondialatinisation）の企てに乗り出そうとしている。かつての神聖同盟と同じく、ロシアも再び鍵を握ろうとしている。そしてなにより、冷戦の終結を市場経済と自由主義陣営の決定的勝利とし、そこにヘーゲル＝コジェーヴ流の「歴史の終焉」を見て世界的な成功を収めたフランシス・フクヤマの議論が、「本質的にはキリスト教終末論」であることを見逃してはならない。デリダはフクヤマの『歴史の終焉と最後の人間』（一九九二）の批判的分析に『マルクスの亡霊たち』のほぼ二章を当て、それが「新福音主義」であるゆえんを明らかにしている。フクヤマが勝利を言祝《ことほ》ぐ自由民主主義国家とは、単に相互承認論のヘーゲル的国家であるだけでなく、「キリスト教的ヴィジョン」を特権化したヘーゲル的国家であって、この言説は現代の神聖同盟を支持する点で法王の言説と深く共鳴しあっているのだ、というのである。

マルクスのプラトニズム――彼も幽霊と手を切ろうとした

「マルクスの亡霊」のもう一つの意味は、マルクスにとっての幽霊、マルクス自身が経験し、さらに追放しようとさえした幽霊ということである。マルクスは幽霊に注目し、それを記述し、コミュニズムの幽霊を呼びおこしただけではない。幽霊を嫌悪し、排除しようともしたのであり、コミュニズムの幽霊をさえ抹消しようとしたのである。『マルクスの亡霊たち』の最大の脱構築的契機の一つは、マルクスのテクストのこの両義性を浮かび上がらせることにある。マルクスのテクストは、現実的なものと非現実的なもの、存在と無、生と死などの階層秩序的二項対立にもとづいて、幽霊を存在しないもの、端的な無へと還元しようとするかぎり、なお「形而上学的」だといわざるをえない。ソクラテス（＝プラトン）がパルマコンを悪魔祓いする哲学的パルマケウスであったように、マルクスもまた、幽霊を悪魔祓いする哲学的パルマケウス、存在論的エクソシストであったことになる。四半世紀の隔たりをおいて、『マルクスの亡霊たち』が「プラトンのパルマケイアー」のモチーフを差異を含んで反復する。幽霊を追放するプラトニスト、マルクス！

たとえば、『共産党宣言』の続き。「コミュニストがその考え方、その目的、その傾向を全世界のまえに公表し、コミュニズムの幽霊物語に党自身の宣言を対立させるのに、いまがちょうどよい時期である」。デリダによれば、マルクスは結局、コミュニズムの幽霊はいずれ幽霊としては廃棄され、「生ける現実」になるはずだ、古いヨーロッパのイデオロギー的表象のなかで幽霊でしかなかったものが、将来は「現前する現実」になるはずだと想定している。しかもこの「現前する現実」は、「党」と呼ばれる組織の支配によってもたらされるはずだと考えている。「普遍的な共産党、コミュニスト・インターナショナルが幽霊の最終的受肉、現実的現前となり、したがって、幽霊的なものの終焉＝目的（fin）となるだろう」というわけである。「党」として現前する組織体、一つの現前する法（droit）において、ある理念の目的論的完成が、現前する存在者におけるメシアニズムの最終的成就が想定されているのである。この想定にしたがって、幽霊的なものの完全な廃棄をめざそうとするかぎり、逆説的にもマルクスは、「古いヨーロッパのすべての力」に似てくるとデリダはいう。そして、マルクスの思想の全体主義的遺産は、他の全体主義同様、幽霊一般の絶滅をめざそうとするこうした意志にかかわっているのではないか、と示唆する。

『マルクスの亡霊たち』ではこうした視点から、『ドイツ・イデオロギー』、『ルイ・ボナパルトのブリュメール一八日』、『経済学批判』、『資本論』などでの幽霊的なものの扱い方が検討される（『デモクリトスとエピクロスの自然哲学の差異』の「献辞」さえ重要である）。なかでもデリダが「哲学史上最大の幽霊戦争」と呼ぶのは、『ドイツ・イデオロギー』のマックス・シュティルナー批判である。神、教会、国家、道徳、「人間」などすべてを実体なき幽霊とし、「唯一者」としての自己とその身体の絶対性を主張するシュティルナーに対して、マルクスはその「唯一者」としての自己をも幽霊中の幽霊とし、物質的現実への回帰を説く。だがデリダによれば、両者はここで、幽霊を「生ける現実」に対立させ、いっさいの幽霊を廃棄するという「共通の公理」に立っているのだ。

これらの分析――マルクスのテクストのなかでせめぎあう異質な諸力に十分注意深く、ニュアンスに富む分析――を詳しく紹介する紙幅はないが、「メシア的なもの」との関連で、『ルイ・ボナパルトのブリュメール一八日』をめぐる議論の一部に触れておこう。冒頭からマルクスは、革命と「死者の呼びだし」（Totenbeschwörung）の密接な関係を指摘し、ルターとパウロ、フランス革命、ナポレオンと古代ローマ、クロムウェルの革命と旧約聖書の関係などを例にあげ、こう述べる。「人間は、自分自身と事物を変革する仕事、かつてなかったものを作りだす仕事にたずさわっているように見えるちょうどそのとき、まさにそういう革命的危機の時期に、気ぜわしげに過去の幽霊（Geister）を呼びだして自分の用事をさせ、その名前や、戦いの合言葉や、衣装を借りうけて、そういう由緒ある衣装をつけ、借りもののせりふを使って、世界史の新しい場面を演じるのである」。ところが、一八四八年のフランス二月革命から五一年のルイ・ボナパルトのクーデタにいたる過程においては、死者の呼びだしは過去の革命の「もじり」でしかなく、「茶番」として反復されたにすぎない。そこで、こういうことになる。

　これらの革命［フランス大革命やイギリス清教徒革命］で死者を甦らせたのは、新しい闘争に栄光を添えることに役立ったのであり、古い闘争をもじるためではなかった。与えられた課題を空想のなかで誇張するために役立ったのであり、その解決を現実において避けるためではなかった。革命の精神を再び見いだすことに役立ったのであり、革命の幽霊を再びうろつきまわらせるためではなかった。［……］

　一九世紀の社会革命は、その詩を過去から汲《く》みとることはできず、未来から汲みとるほかはない。それは、過去へのあらゆる迷信を捨て去らないうちは、自分の仕事をはじめることができない。これまでの革命は、自分自身の内容について自分をあざむくために、世界史を回想する必要があった。一九世紀の革命は、自分自身の内容をはっきり理解するために、死者に死者を葬らせなければならない（『ルイ・ボナパルトのブリュメール一八日』）。

デリダはここに、またしても、幽霊を呼びだすと同時に追放してしまうマルクスを認める。デリダにとって、「革命の精神（Geist）」と「革命の幽霊（Gespenst）」との区別は決定不可能であり、両者は、より一般的で共通の幽霊性（原-幽霊性？）のなかでの差異にすぎない。革命の精神は幽霊なしにすますことはできないのであって、それは、つねにすでに革命の幽霊＝精神（Geist）なのである。マルクスも、革命精神と幽霊の「本質的混交《コンタミナシオン》＝汚染」に、いいかえれば、革命的時間の本質的アナクロニー、「関節の外れた」時間性に敏感であるはずなのに、結局は、あらゆる幽霊を嫌悪し、幽霊との関係を最終的に清算しようと欲する。「一九世紀の革命」――マルクスの課題である革命――は、もはや過去の革命の記憶を必要としない。成功した革命――そんなものがかつてあっただろうか？――や失敗した革命の死者たちと、彼（女）らの（裏切られた）希望をめぐって対話し、「死者について責任を負い、死者に応答し＝責任を負うこと」を必要としない。喪《も》の作業をすべきではない、「死者に死者を葬らせなければならない」というわけだ。

絶対悪――死者に死者を葬らせること

「死者に死者を葬らせなければならない」。「一九世紀の革命」はもはやその「詩」を「過去」から汲みとるべきでないというために、みずからイエスの言葉（「マタイ伝」第八章第二二節）を引用し、幽霊＝精霊（Geist）を呼びだして、パフォーマティヴな矛盾を犯してしまうマルクス！

　デリダによれば、死者が死者を葬るというのは「ありえない」ことである。「たとえ人がそう望んだとしても、死者に死者を葬らせることはできないだろう。それは意味をもたず、ありえない（impossible）ことである。死すべきものだけが、生ける神々ではない生者だけが、死者を葬ることができる。死すべきものだけが死者を見守り＝通夜をする（veiller）ことができる」。

死者を葬るとは、喪の作業（Trauerarbeit, travail du deuil）をすることである。デリダでは、喪の作業はダブル・バインドであり、正義や贈与と同じくアポリアの経験である。死者を完全に内面化し、私のうちに体内化（incorporation）することに成功したら、死者の他者性は無化され、他者としての死者は忘却される。私は内面化や体内化に失敗するかぎりでしか、死者の他者性を尊重することができない。死者を死者に葬らせる、つまりいかなる内面化もないなら、死者は完全に忘却されるし、完全な内面化しかないなら、死者は他者としてはやはり忘却される。喪の作業は、完全な外部化も完全な内部化もないまま回帰する死者——亡霊——との終わりなき対話なのである（『記憶＝回想《メモワール》——ポール・ド・マンのために』）。先に触れた、他者を「正しく食べなくてはならない」とはこのことでもある。

さて、問題はしかし、この「ありえない」ことが「ありうる」ということ、起こりうるということである。そして、注目すべきことには、デリダはここに「絶対悪」の可能性を見るのだ。

ありえないこと「死者に死者を葬らせること」が、残念ながらつねにありうるということを、たえず想起しなければならない。こうした絶対悪（mal absolu）（絶対的生、充実した現前の生、死を知らず、死について語られるのを聞こうと欲しない生）が起こりうるということを、たえず想起しなければならない。正義が望ましいものとなる――法＝権利を通じて、しかしまた法＝権利を超えて――のは、このありえないことの恐るべき可能性からでさえあるのだということを、たえず想起しなければならない（『マルクスの亡霊たち』）。

ありえないことがありうるとは、ありえないことを「欲する」と考えればいいだろう。「われわれは死者に死者を葬らせようと欲することがつねにありうる」（『エコグラフィー』）。その帰結は重大であらざるをえない。幽霊との関係は、すなわち死者としての他者との関係は、いわゆる生きた他者との関係においてつねにすでにはじまっている。だから、死者に死者を葬らせるとは、「われわれの生」の「生ける現在」に自閉し、いっさいの死者の記憶をあらかじめ排除することを意味するばかりではない。それは究極的には、いっさいの他者との関係の拒絶、いっさいの言語の拒絶、呼びかけに応えて「ウィ」を発することもなければ、そもそも呼びかけを聞くこともない、そうした他者との関係の全面的拒絶につながっていかざるをえないのである。この恐るべき可能性からこそ、「正義が望ましいものとなる」というのもうなずけよう。

「絶対悪」とは「絶対的生」であり、絶対的に充実した〈自己への現前〉の生だという。当然、この観点から、「現前の形而上学」の脱構築というデリダの実践全体の意味を見なおすことができるだろう。エクリチュール、痕跡、差延、反復可能性、代補、散種といったモチーフも、すべてこの意味では、「絶対悪」への抵抗線として理解できる（遺抗［restance］＝抵抗［résistance］）。エクリチュール、痕跡……といったものがあるやいなや、純粋な〈自己〉への現前〉の生はなくなり、到来する他者のための空間が開かれる。エクリチュールや痕跡は、幽霊と同じく、すでにそれ自身が他者の痕跡であり、他者そのものが現前することはけっしてない（神そのものの現前がないように）。「絶対悪」とはしたがって、痕跡一般の絶滅による他者一般の絶滅の企てだということができよう。

「死者に死者を葬らせる」という「ありえない」こと、「絶対悪」を、デリダは「絶対的な灰」（cendre absolue）とも呼んでいる。『散種』の「プラトンのパルマケイアー」と一九七一年一二月付けの献辞に謎めいたかたちでくりかえし現われる「灰」は、八七年の特異なテクスト『亡き灰／火灰』（*Feu la cendre*）に見られるように、ある時期からデリダのなかで、「現前でも不在でもなく」「残ることなく残る（rester sans rester）あるもの」を名ざす言葉として、エクリチュールや痕跡以上に好まれるようになる。「灰は、痕跡一般において、エクリチュール一般において、それが書きこむものを消去するところのものを明言するのです」。「灰はこういってよければ、証人の消失を証言しています。それは記憶の消失を証言しているのです」（いずれも、インタビュー「ナルシシズムそのものはない」一九八七）。

「絶対的な灰」とは、そうすると、証人の消失を証言し、記憶の消失を証言する「灰」そのものの消失と区別しがたいだろう。

絶対的不幸（malheur absolu）――そしてそれは灰の不幸なのです――とは、証人が消失することです。灰とは記憶の破壊、破壊のしるしそのものが運び去られてしまうような記憶の破壊なのです。犠牲者の名前が消去されます。ここで問題になっているのは名のパラドクスでもあり、それは日付のパラドクスと同じものです。名は一個の特異性の呼称なのですが、同時にまた、この呼称の反復可能性において、その特異性の消去でもあります。名ざすことと名を消失させることとは、必ずしも矛盾することではないのです。［……］エクリチュールについてのこうした省察のなかに、絶対的な破壊を再出現させるようたえず試みる必要があるのですが、それはその破壊を救済したり、甦らせたりすることを意味するとはかぎりません。名は必要なのです。［……］

忘却そのものが忘却されます。灰においてはすべてが無化されるのです。灰とは、ある意味で灰さえもが残らないものの形象です。そうしたものはなにも残っていないのです（インタビュー「パサージュ――外傷から約束へ」一九九〇）。

別のインタビューでは、やや私的な秘密を明かすといったニュアンスで、「私のエクリチュールは喪に服している＝悲嘆に暮れている（endeuillée）」とも述べている。彼にとって「慰めようのない」「喪失」がただ一つだけあって、それは「記憶の喪失」であり、彼の最も深い欲望はしたがって、哲学的その他の著作をものすることではなく、「記憶を保持すること」にあるという。「私にとってエクリチュールの起源にある苦痛とは、忘却や健忘症の苦痛であるだけでなく、諸痕跡が抹消されることの苦痛なのです」（「ディアラング」）。痕跡の抹消の経験から欲望されるエクリチュールは、しかしそれ自身、純粋な固有性、唯一性、特異性を抹消する働きである。記憶は忘却の犠牲のうえにしか生き延びることはできない。記憶の約束は、エクリチュールの書きこみによる特異性の焼却（incinération）の灰の上にのみ、残ることなくして残る。アポリアとしての記憶、エクリチュールのダブル・バインド、あるいは「名のパラドクス」。こうしたアポリア、ダブル・バインド、パラドクスこそ、記憶、伝承、約束、反復、歴史といったものの可能性の条件である。「絶対悪」とは、この可能性の条件そのものの抹消を意味するだろう。

　エクリチュールと歴史の関係をめぐって、この文脈での発言をもう一つ、やや長くなるがあげておこう。九二年のこの発言と、エクリチュールの原暴力にかんする『グラマトロジーについて』の議論（第三章参照）を突きあわせてみていただきたい。

> 絶対的な犠牲者、それは抗議することさえできない犠牲者です。人はそれを犠牲者として同定することすらできません。それは、自己をそれとして呈示＝現前化することさえできないのです。それは言語活動によって全面的に排除され、覆《おお》い尽くされ、歴史によって全面的に無化されている。［……］エクリチュールについて省察すること、つまりそれは

消去について省察することでもあるのですが、［……］それは、読みとれなくするもの、あるいは読みとれなくされたものについて不断に省察し続けることです。［……］全歴史が諸力の抗争の場であり、そこで問題なのは、読みとれなくすること、排除すること、排除しつつ措定すること、排除しつつ支配的な力を押しつけること、つまり、ただ単に犠牲者たちを周縁に追いやり、のけ者にするだけでなく、犠牲者たちのいかなる痕跡も残らないようにし、彼（女）らが犠牲者であるという事実を人が証言することさえできなくし、あるいは犠牲者たちがそのことをみずから証言することさえできなくすることなのです。エクリチュールについての省察は、このような絶対的弱さ、あなたが犠牲者と呼ぶものの絶対的弱さについての省察なのです（「パサージュ」）。

3　メシアニズムなきメシア的なもの

メシア的なものは他者の到来の経験の構造である

マルクスの遺産の抹消不可能なマークとして、デリダは「メシア的なもの」について語っていた。それは「他者の到来」の経験であり、「到来するものの絶対的で予見不可能な特異性」の経験であって、「（同定可能な内容とメシアなしの）砂漠のメシアニズム」ともいわれていた。この「メシア的なもの」の思想は、これまで私たちが見てきたようにデリダが執拗に追究してきた「まったき他者」との関係、「他者の他者性」の経験の思想のいわば「歴史哲学的」表現と考えることができよう（『マルクスの亡霊たち』では、「メシア的なもの」とベンヤミンのいわゆる『歴史哲学テーゼ』の「弱いメシア的な力」との関連が明言されている）。

ここでなによりも重要なことは、デリダのいう「メシア的なもの」（le messianique）と「メシアニズム」（messianisme）とを混同しないことである。「メシアニズムなきメシア的なもの」という表現であればはっきりするが、『マルクスの亡霊たち』ではまだ用語法が揺れていて、「メシア的なもの」が「砂漠のメシアニズム」や、「宗教なきメシアニズム」や、「絶望のメシアニズム」などと呼ばれている箇所もある。最近では、「メシア的なもの」あるいは「メシア性」（messianicité）に定着してきている。

デリダはこの論点については、意外に無造作に「形式」と「内容」の対概念に訴えていて、メシア的なものを、特定の内容を欠いた、つまり到来する他者たるメシアの内容を欠いた、他者の到来の形式、「経験の普遍的構造」だと説明する。したがってメシア的なものは、ユダヤ教やキリスト教やイスラム教など特定の内容（教義）をもつ宗教的メシアニズムとは一致しないし、ヘーゲル主義やマルクス主義的な特定のテロス（目的・終末）が規定された近代的メシアニズムとも一致しない。カント的「理念」や現象学的・解釈学的「地平」のような、具体的内実は未規定でも進行の規則が定められてしまうような目的論的形式とも一致しない。メシア的なものとは、到来する他者の「絶対的で予見不可能な特異性」の経験であり、まさに理念や地平に沿った規則的進行を中断させにやって来る他者の経験なのだから。「砂漠のメシアニズム」とか「絶望のメシアニズム」とかいわれるのも、到来する他者が同定され、規定され、現前する存在者となることはけっしてないこと、それはつねに「来たるべきもの＝未来」(à-venir) であり、「約束」でありつづけることを意味している。

禁欲によって、メシア的希望からあらゆる聖書的形態が、期待の規定可能なあらゆる形象さえもがそぎ落とされる。メシア的希望がこうして一糸まとわぬものとなるのは、絶対的歓待 (hospitalité absolue) が、到来するものへの「ウィ」が、予見不可能な未来＝来たるべきものへの「来なさい」(viens) が、そうであるべきものへと応えるためにそうなるのである。〔……〕開かれたこの歓待、正義としての出来事を待つこの歓待が絶対的であるのは、それがそれ自身の普遍性をつねに気遣っているかぎりにおいてである。〔……〕ほとんど (quasi) 超越論的であるが、しかしまた実体なき唯物論、つまり絶望の「メシアニズム」のためのコーラ (khôra) の唯物論に、どこまでも結びついたメシアニズム〔……〕(『マルクスの亡霊たち』)。

メシア的なもの、「メシア的希望」は、プラトンの「コーラ」の特徴をもつ。すべての未来に開かれながら、どんな特定の未来とも合致しない。だから、良き未来だけでなく悪しき未来にも開かれているが、危険なしの未来はない。悪しきものの到来がありうるからといって未来を閉じることはできず、未来を閉じることこそ最悪である。

メシア的なものはまた、「到来するものへの〈ウィ〉」でもある。第三章で見た、あらゆる言語を条件づける根源的肯定の「ウィ」についての思考は、メシア的なものの探究の一つだったといってよい。

「来なさい」と呼びかける黙示録的な他者の経験

さらに、メシア的なものが「予見不可能な未来への〈来なさい〉」に結びつけられていることからすれば、『海域《パラージュ》』に収められている七〇年代後半のブランショ論、あるいは、八〇年にデリダの仕事をテーマにはじめて開かれた国際コロキウム「人間の目的＝終末――ジャック・デリダの仕事から出発して」で行なわれた講演「哲学における最近の黙示録的語調について」などが、きわめて重要になってくる。デリダがブランショのテクストから引き出した「来なさい」は、言語を貫く言語の他者からの呼びかけとして、根源的肯定の「ウィ」に対応している。「来なさい《ヴィヤン》。――はい《ウィ》」。そして、この「来なさい」もまた他者への呼びかけである以上、他者への「ウィ」を含んでおり、したがって、「ウィ」がつねにそれに先立つ「ウィ」への応答であるのと同じく、「来なさい」もまたつねにそれに先立つ「来なさい」への応答である（「応答することからはじめなければならない」）。デリダはこのブランショの「来なさい」が、新約聖書「ヨハネ黙示録」からの引用（差異を含んだ反復）でもありうることに最初気づかなかったが、『黙示録的語調について』でこう述べる。

「来なさい」は、あらかじめ規定可能な同一性に差し向けられるのではありません。［……］ここに約束または脅威として告知されているのは、黙示録なき黙示録、見神《ヴィジオン》なき、真理なき、啓示なき黙示録であり、もろもろの送る言葉＝手紙（envois）であり（というのも、「来なさい」はそれ自身複数だからです）、メッセージもなく、宛先《デスティナシオン》＝目的地もなく、発信者や決定可能な受信者もなく、最後の審判もなく、「来なさい」の語調それ自身、その差異そのもの以外のどんな終末論もないもろもろの差し向けであり、善悪の彼岸の黙示録です。「来なさい」は、しかじかの黙示録を告知するのではありません。すでにそれは、ある調子をもって鳴り響いており、それ自身において、黙示録の黙示録です。「来なさい」は黙示録的なのです。

「黙示録なき黙示録」が、「メシアニズムなきメシア的なもの」の先駆けであることは明らかだろう。「黙示録的」な「来なさい」が「しかじかの黙示録を告知する」のではないように、メシア的なものも、しかじかのメシアニズムを告知するのではなく、「規定可能な同一性に差し向けられる」のでもないような、「見神なき、真理なき、啓示なき」メシア的なものである。デリダはそのような「黙示録的なもの」（l' apocalyptique）が、「あらゆる言説の、あらゆる経験そのものの、あらゆるマークの、あらゆる痕跡の超越論的条件」なのではないか、また「テクスト」の、「あらゆるエクリチュールの光景一般の構造」なのではないか、と問いかけている。こうして、メシアニズムなきメシア的なものとは、エクリチュール、テクスト、痕跡、マークなどの経験の構造、いや他者の経験としての「経験そのもの」の構造にほかならないことが確認される。それは、現前の形而上学の経験概念から区別された、脱構築的な「経験」の図式そのものである。

メシアニズムなきメシア的なものの思想は、現前の形而上学の存在－神－目的論的歴史哲学への批判を別の仕方で反復している。存在－神－目的論は、メシア的なもの＝黙示録的なものと呼ばれる、他者へ開かれたその開口部をみずから抹消してしまう。現前した、または現前する存在者（起源）から、現前する予定の存在者（目的＝終末）に向かって延びた軌道上を、多かれ少なかれ規定可能な規則にしたがって進行する目的論的＝終末論的歴史は、この過程そのものの他者――予見不可能な特異性、回帰する幽霊、「まったき他者」――をあらかじめ排除してしまっているのである。

範例主義的普遍主義の批判

この思想には巨大な政治的賭金が賭けられていることに注意しよう。「同定」され、「規定」された目的論的・終末論的メシアニズムにおいて到来する他者は、単に個人の形象をとるだけではない。特定のメシアとして、つまり現前する存在者として、それは、なんらかの集団や制度、つまり「党」や「国家」や「民族」や「階級」や「国家連合」や「共栄圏」や「文明」や「市場経済システム」（フランシス・フクヤマ）や、さらには「人類」（！）そのものでさえありうるのであって、そうした特定のメシアの現前こそが

「約束」の成就、目的の実現だと信じられるのである。いいかえれば、同定されたそうした特定の集団や制度が、約束の内容を特定の現在（現前）において成就すべき責任を引き受け、使命を担い、「選ばれた」普遍的な存在と化すことになる。デリダが「範例主義的普遍主義」(universalisme exemplariste) と呼ぶのはこうしたケースで、哲学的普遍性の主張とナショナリズムが結びつく範例主義的ナショナリズムはその典型的なケースだ。

ヘーゲルはフランス国民やドイツ国民が近代の「世界史的民族」であるゆえんを説いたが、二〇世紀においてもこの論理はいたるところに見られる。ハイデガーは、ドイツ民族の本質への「結集」によって古代ギリシャの「存在」への問いを反復し、ヨーロッパの再生を成就することになるとしてナチズムに加担した。そのことを批判するユダヤ人哲学者レヴィナスは、「他者」の倫理を担うべく選ばれた民「イスラエル」への同一化から、今度はシオニズムの普遍的使命を説き、現前するイスラエル国家の暴力をなかなか批判しきれない（けっして簡単な問題ではないにしても）。日本でも、皇国史観は範例的ナショナリズム——天皇の世界統治による「八紘一宇《はっこういちう》」の実現——を含んでいたし、京都学派の哲学者たちは、日本が欧米の世界支配を覆《くつがえ》して新たな「日本的世界」を創造する「世界史的使命」をもつとして戦争を弁証した。最近では、湾岸戦争後、アメリカは現代世界で唯一「倫理的責任」を果たせる国家として「世界新秩序」建設をリードする、と主張したブッシュ大統領演説などが典型的であろう。

デリダは『他の岬』などのテクストで、フランス中心主義——ヴァレリーなど——を含むたとえばヘルマン・コーヘンの言説を分析するようなときだろう（「戦争状態にある諸解釈——カント、ユダヤ人、ドイツ人」）。この「ユダヤ人の、社会主義者の、ドイツ人の、平和主義者の、ナショナリストの、インターナショナリストの、新カント派の」哲学者は、第一次世界大戦時に『ドイツ性とユダヤ性』という本を出し、ドイツ精神の頂点としてのカント哲学とユダヤ教の精神との本質的親縁性の確信から、またドイツとアメリカが担うというユダヤ－プロテスタント主義こそ「世界の中心」であり、人類の普遍的可能性であるという論理から、イギリス、フランス、ロシアに対するドイツの勝利を確保するため、アメリカのユダヤ人にアメリカの参戦を阻止すべく活動するよう呼びかけた。デリダは、ここに見られる「ユダヤ・ドイツ・プシケー（魂、鏡）」とも呼びうるものは、コーヘンに限ったものではなく、ブーバー、ローゼンツヴァイク、ショーレム、ベンヤミン、アドルノ、アーレントなどにも認められると指摘し、「ナチズムやショアーについての真摯な考察」は、この「プシケー」の構造についての多面的分析を避けてはならない、と主張するのだ。

愛着、嫉妬、憎悪、抑圧、否認など、あらゆる心的機制が入り乱れるナショナリズムの迷宮の目くるめくような分析。しかも驚くのは、ドイツ・ナショナリズムとの本質的親縁性というショアー以後のユダヤ・ナショナリズムにとって最も微妙な議論を、デリダが八八年六月にエルサレム・ヘブライ大学での講演で展開していることである。講演の冒頭で彼はいう。私はこのテーマを「いま、ここ」のコンテクストに「必然的関係」があるものとして選んだ。「ここ」とは「エルサレムのイスラエル的制度である大学」であり、「いま」とは「この土地の歴史をまたもやマークしている恐るべき暴力」である。私の言説と「いま、ここで進行中の暴力」とのあいだには多くの媒介が必要だけれども、だからといって私は「それを口実にして、即座の＝直接的な応答と責任を要請するものの前で待機したり、沈黙したりはしないだろう」。私が連帯しているのはつぎのような人びとである。すなわち、「テロリズムの犯罪と軍事的ないし警察的抑圧を弾劾する」人びと。「占領地からのイスラエル軍の撤退」と「交渉においてみずから自分たちの代表を選ぶというパレスチナ人たちの権利の承認を望む」人びと。私はまた、「イスラエル国家の存在は当然、今後は万人によって承認され、決定的に保証されるべきだ」と考えるが、同時に「イスラエル国家の前史、その最近の建国の諸条件とその機能の憲法上、法律上、政治上の基礎、その自己解釈の諸形式と諸限界」（強調デリダ）についての十分な省察が必要だと主張する……。デリダはこのコロキウムが占領地のパレスチナ知識人たちとの出会いになることを希望し、彼らの招待を実現した。

ユダヤ人デリダは、イスラエル国家の創設が「極端に暴力的」で、パレスチナ人たちに加えられた暴力が「消し去ることのできない暴力」であったこと、また現在も「パレスチナ人は異論の余地なくイスラエルの犠牲者」であることを認め、つぎに、彼らが「近隣アラブ諸国の犠牲者でもある」ことを認める。したがって、「パレスチナ人が国家に対する正当な権利に現実性を与えることを願う」という態度が出てくる（インタビュー「自伝的な〝言葉〟」

一九八七)。だが、彼はまた、ショアーとユダヤ人迫害なしにはイスラエル建国もなかったことを認めるので、イスラエル国家の存続を支持し、その保証を求める。一見両立不可能な要求に見えるかもしれないが、アポリア、ダブル・バインド、不可能なものの経験なしには正義も責任もない、という脱構築の思想が賭けられているのは、まさにこういう場面においてだというべきだろう。

エルサレムのモリヤ山頂では、三つの「アブラハム的メシアニズム」――ユダヤ教、イスラム教、キリスト教――が「エルサレムの領有=自己固有化」をめざして争っている。湾岸戦争は、このエルサレムをめぐる戦争が今日の世界戦争になることを示した。「(三つの)メシア的終末論の爆発と(三つの)聖なる契約《アリアンス》=同盟の無限の組み合わせとしての中東的暴力」は、デリダの重大関心事の一つである。八三年六月にはじめてイスラエルを訪問した旅は、「私にとって他のもろもろの旅と並ぶ一つの旅ではなかった」とデリダが語っているのも、ただ単に彼がユダヤ人だからというだけでなく、その旅がこれらの終末論的暴力の凝縮された現場へのものだったからでもあろう。この暴力は、「アブラハム的メシアニズム」がメシアニズムとして未来=来たるべきものへの扉を閉ざしたとき、つまり、自分の軌道の外から到来する他者への「絶対的歓待」の要求を捨て、「来なさい」を聞くことも発することもなく、メシア的なものを抹消してしまったときに爆発する。メシアニズムの脱構築とはたとえば、あの「すべての他者はまったき他者だ」によって、アブラハム的決定を範例主義的にではなく普遍化する、『死を与える』の議論のようなものではないだろうか。

脱構築はユダヤ思想か？

脱構築はユダヤ思想か？　これは、何度もくりかえされてきた問いである。何人かの研究者はこれに、それぞれのやり方で肯定的な回答を与えた。たとえば、脱構築をユダヤ教タルムードの「異端的解釈学」の最も極端な例としてとらえるスーザン・ハンデルマン（『誰がモーセを殺したか——現代文学理論におけるラビ的解釈の出現』一九八二）、デリダのなかに「トーラー（律法）の偉大なカバラ的解釈者たちの精神」を見いだすハロルド・ブルーム（『誤読の地図』一九七五）、メシア的正義のモチーフを重視して「旧約の預言者的ユダヤ教」の精神からデリダを理解しようとするジョン・カプート（『ジャック・デリダの祈りと涙——宗教なき宗教』一九九七）など。これらの解釈はそれぞれに興味深いものだし、きちんとその妥当性を検討するに価する水準をもっている。ただ問題は、いずれにせよ、デリダの思想や脱構築を「ユダヤ思想」の枠内に閉じこめたり、ユダヤ人としての伝記的事実に還元したりすることは、こういってしまえばきわめて反デリダ的、反脱構築的だということである。

たしかに、デリダのなかにはいくつかの「ユダヤ的」モチーフがあり、自分の「ユダヤ人」としての存在が、彼の思索の主要な動機づけ（の一つ）になってきたということもありうる。しかし、脱構築の思想的射程を考えるさいにはるかに重要なことは、デリダが、エクリチュールにせよ、割礼にせよ、メシア的なものにせよ、俗に「ユダヤ的」といわれるテーマについて語る場合でも、かならず「ユダヤ」の固有名からの離脱の方向に議論をもっていくということなのだ。こういうと、その「離脱」というモチーフがまたもやユダヤ的ではないか、などという人がいるかもしれない。だが、そんなふうに考えると、その人は今度はおよそ「離脱」が語られるところすべてに「ユダヤ的なもの」を見いださなければならなくなり、奇妙なパラドクスに陥るだろう。レヴィナスは、倫理的なものに「ユダヤ」の署名をしたために、すべての人が「少しはユダヤ人」なのだといわざるをえなくなった。脱構築とは、これまで見てきたとおり、固有名の固有性、署名の同一性、起源の現前性などからの離脱、それらの分割、脱固有化（exappropriation）の思想そのものである。「ユダヤ」の固有名についてその点を確認するために、『マル・ダルシーヴ』（一九九五）を見ておこう。

『マル・ダルシーヴ』は一九九四年六月に「記憶」をテーマとした精神分析関係の国際コロキウムで行なわれた講演だが、デリダはこの中で、マラーノ研究などユダヤ史学の大家として知られるユダヤ系アメリカ人の歴史家ジョゼフ・ハイム・イェルシャルミをとりあげる。イェルシャルミは著書『フロイトのモーセ』（一九九一）で、フロイトのユダヤ性を追究し、「精神分析はユダヤ的科学か？」という周知の問いにからめて、その真相に迫ろうとした（「脱構築はユダヤ思想か？」という問いとのアナロジー）。ここで注目したいのは、イェルシャルミがそこで提起している「ユダヤ教」（Judaism）と「ユダヤ性」（Jewishness）の区別に対するデリダの対応である。イェルシャルミによれば、ユダヤ教には終わりがあるけれどもユダヤ性には終わりがない。ユダヤ性とは、要するに「未来への特殊な希望の予期」（the anticipation of a specific hope for future）であって、これはユダヤ教の終焉後にも生き残り、宗教とも神への信仰とも一致しないユダヤ的なものの本質として継承されるのである。ユダヤ性とは、神の存在も信仰も、ユダヤ民族の宗教も文化も必要としない「未来への希望」そのものである。イェルシャルミはこのことを、フロイトにおけるライオスとオイディプスの「絶望的」な父と息子の関係に対して、旧約の預言者マラキが、預言者エリヤ（！）が到来して「父の心を息子に向けさせ、息子の心を父に向けさせる」と述べる一節を根拠に主張する。

ユダヤ教以後のユダヤ性も解体される

デリダによれば、イェルシャルミのいう「未来への希望」は、来たるべきものの肯定、あらゆる約束と希望の条件としての「ウィ」であり、「ウィ」への「ウィ」であって、彼のいう「メシア的なもの」にきわめて近い。ただ問題は、それが「ユダヤ性」という唯一の名を付与されている点である。さらにデリダは、この歴史家が名著『ザホール（記憶しなさい）――ユダヤ史とユダヤの記憶』（一九八二）でこう述べていることを指摘する。「他のどこでもなくただイスラエルにおいてだけ、記憶することの命令が一民族全体（an entire people）に対する宗教的命法として響きわたった」。つまり、デリダによれば、イェルシャルミにおいては「約束（未来）の経験と、記憶（過去）の命令における絶対的特権、絶対的唯一性」が「選び（élection）の絶対的特権」として規定されているのである。

デリダはこれに対して、それは「正義」にふさわしいのか、と問う。というのは、イェルシャルミ自身が「正義」を「忘却の反対」だといっているからである。デリダは、正義を「記憶の行為」や「忘却への抵抗」の側に位置づけた『法の力』や『マルクスの亡霊たち』の議論がイェルシャルミにきわめて近いとし、こう述べる。

固有名の問題、範例性の問題として、ここにあらゆる暴力の場が位置している。というのは、未来を想起し、想起せよという命令を想起すること、すなわち、アルシーヴを保持し結集せよという文書管理人的命令《アルコン》が正しいとしても、それにおとらず正しいのは、他者たちを想起すること、他の他者たちと自己における他者たちを想起すること、他の諸民族もまた同様に——別様にそう言うことができるだろうことを想起すること、そしてまた、すべての他者はまったき他者だ（*tout autre est tout autre*）ということを想起することなのだから（『マル・ダルシーヴ』強調は高橋）。

こうしてデリダは、イェルシャルミにおける「一者」（l'Un）としての「ユダヤ性」の特権を解体する。もしイェルシャルミのように、ユダヤ教やユダヤ文化のいっさい（ジュダイズム）が滅びても残る「未来への希望」に、なおも「ユダヤ」の署名をしつづけることに固執するなら、事実上は、ユダヤ人ではないいかなる人にも「未来への希望」は存在しないとするか、ユダヤ人ではないすべての人が「少しはユダヤ人」だとするか、いずれかになってしまうだろう（レヴィナスと同じパラドクス）。「記憶の命令」についても同じである。もしも「未来への希望」や「記憶の命令」が真に普遍的なものだとしたら、かりにそれが「ユダヤ起源」だとしても、いずれは、いやただちに、「ユダヤ」の固有名から離脱しうるのでなければならないだろう。「一者」への「結集」は、「他の他者たち」に対してのみならず「自己における他者たち」に対しても「暴力」となる。なぜなら、「すべての他者はまったき他者」なのだから。デリダの「メシア的なもの」が、かりに「ユダヤ起源」だったとしても、それは他者としての他者の到来の「経験一般の構造」として、ただちに反復され、引用され、連署され、散種されて、その「根こぎ」と「脱固有化」の過程で、固有名の固有性は他者たちのうちに自己を失っていくだろう。「すべての他者はまったき他者だ」は、ここでも非範例主義的な普遍化の論理である。イェルシャルミやレヴィナスとデリダとの、似ていても決定的なちがいの一つがここにある。前二者は、普遍的なものに「ユダヤ」の署名をしつづける。日本人やインド人は、他者への責任や未来への希望を知るかぎり、「少しはユダヤ人」でなければならない。デリダにおいては、そうではない。

　デリダは、約束に記憶を結びつけ、来たるべきものの核心に反復を書きこむときに、同時にそこに「死の衝動」を、「忘却の暴力」を、要するに「その名がどんな名であれ、伝統のなかで法を担っている当のものに死をもたらす可能性」（強調デリダ）をもちこむべきだ、と述べている。「伝統のなかで法を担っている当のもの」とは、一者と結集の原理としての父であり、家であり、民族・祖国であり、宗教であり、「父の名」であり、「名」そのものだろう。

「信」の再考――単独者たちの普遍化可能な文化に向けて

デリダは最近、こうして練り上げてきた根源的な約束、来たるべきもの＝未来の肯定としての「メシア的なもの」を、宗教以前にある普遍的な「信」(foi) の経験に結びつけている(『信と知――単なる理性の限界における宗教の二源泉』一九九六)。この「信」は、実定宗教以前にあり、またあらゆる社会的・政治的規定、あらゆる特定の共同体、聖俗の対立以前にさえあって、「複数の純粋な特異性同士を結びつける」ものである。

打ち消しがたい正義の欲望が、この期待に結びつく。定義上、この期待はなにものによっても、どんな知、どんな意識、どんな予見可能性、どんなプログラム自体によっても保証されないし、保証されてはならない。この抽象的メシア性は、そもそものはじめから、知に還元不可能な信の、信じることとの、信頼の経験、証言＝証し (témoignage) における他者との全関係を「基礎づける」信頼可能性の経験に属している。私が法＝権利と区別するこの正義は、ただそれだけが、もろもろの「メシアニズム」を超えて、複数の特異性のあいだの普遍化可能な文化 (culture universalisable des singularités) を希望すること、つまり、そこでは不可能な翻訳の抽象的可能性がそれにもかかわらず告知されうるような、そうした文化を希望することを可能にするものである。正義は、あらゆる言語行為、あらゆる他者への差し向けに宿る約束、信の行為＝信仰告白《アクト・ド・フォワ》、信への訴えのなかにあらかじめ書きこまれているのだ（『信と知』）。

デリダによれば、この「信」の経験は、「ギリシャ－ユダヤ－キリスト教的伝統」が辿ったことのある「否定の道」——否定神学——に「見紛うほど似ているが、それには還元されない」。それは、この砂漠のような「否定の道」からさらにメシアニズム的要素をそぎ落とすという意味で、「砂漠のなかの砂漠」であり、その「チャンス」は、「この道を担っている伝統を根こぎにし、それを無神学化（athéologiser）することで、この抽象が信を否認することなく、普遍的合理性とそれと不可分の政治的民主主義を解放すること」にある。

デリダは、この「信」を「無神学化」するために、つねに「顔のないまったき他者」である「コーラ」に訴える。コーラは「存在」でも「善」でも「神」でも「人間」でも「歴史」でもなく、それらの現前に抵抗するけっして現前しないもの、「無限の抵抗の場所」なのである。

無数の「単独者」たちの「普遍化可能な文化」としての「来たるべき民主主義」（démocratie à venir）に向けて……。脱構築は終わらない。

デリダ略年譜

一九三〇年――七月一五日、フランス植民地支配下のアルジェリア、主都アルジェ近郊のエル・ビアールに生まれる。名はジャッキー、父はエメ・デリダ、母はジョルジェット・サファール・デリダ。フランスの支配が始まった一八三〇年以前からアルジェリアにいたユダヤ系の家系で、デリダにも六〇歳まで本人には伏せられていたユダヤ名エリーが付けられていた。五歳上に長兄ルネ、一歳上に次兄ポールがいたが、ポールはデリダが生まれる前に亡くなる。四歳下に妹ジャニーヌ。エル・ビアールは夏のヴァカンス中の滞在地で、当時一家はアルジェ市内サン・トーギュスタン通りに住んでいた。

一九三四年――(3~4歳) アルジェからエル・ビアールに転居。

一九三九年――(8~9歳) 第二次世界大戦勃発。

一九四〇年――(9~10歳) フランス敗北。北フランスはドイツの占領下におかれ、南フランスにはペタン元帥を首班とするヴィシー政権が成立。ヴィシー政権は反ユダヤ法を制定し、アルジェリアにもユダヤ人迫害が波及。クレミュー法の廃棄により、ユダヤ人の市民権が剝奪《はくだつ》される。

一九四一年――(10~11歳) ベン・アクヌーン高等中学校《リセ》に入学。

一九四二年――(11~12歳) 一〇月、反ユダヤ法の適用で学校から追放される。デリダは、追放されたユダヤ人の教師が組織した学校に登録するが、ほとんど行かなかったという。

一九四三年——（12～13歳）一〇月、ドゴールのもとでようやく「正常化」が行なわれ、ベン・アクヌーン高等中学校に復帰。

一九四五年——（14～15歳）五月、ドイツ降伏。このころ、勉学よりもサッカーに熱中し、プロ選手になることを夢見る。

一九四七年——（16～17歳）アルジェのゴーティエ高等中学校哲学クラス（文科系最終学年）に移る。

一九四八年——（17～18歳）バカロレア（大学入学資格試験）に合格。たまたまラジオで、カミュのいたエコール・ノルマル・シュペリュール（高等師範学校）受験準備クラスの教師が語るのを聞き、ビュジョー高等中学校のこのクラスに移る。哲学への方向づけが明確になる。

一九四九年——（18～19歳）はじめてアルジェリアを離れ、パリのルイ・ル・グラン高等中学校のカーニュ（エコール・ノルマル文科系受験準備の最終クラス）に入る。精神的な不安定が昂《こう》じ、苦しむ。

一九五二年——（21～22歳）エコール・ノルマルに入学。カイマン（哲学部門の研究指導者）として教えていたアルチュセールの知己を得る。

一九五四年——（23～24歳）ルーヴァン大学のフッサール文庫に赴き、『フッサール哲学における発生の問題』を書く（一九九〇年に出版）。一一月、アルジェリア民族解放戦線の一斉蜂《ほう》起《き》により、独立戦争勃発。

一九五六年——（25～26歳）エコール・ノルマル卒業。アグレガシオン（高等教育教授資格試験）合格。給費を得てハーバード大学の「特別聴講生」となる。

一九五七年――(26～27歳)六月、ボストンでマルグリット・オクチュリエと結婚。帰国後、二年間の兵役。戦争中のアルジェ近郊コレアに、軍の学校の教員として配置される。
一九五九年――(28～29歳)ル・マンのモンテスキュー高等中学校で教え始める。
一九六〇年――(29～30歳)ソルボンヌの「一般哲学・論理学」講座の助手。
一九六二年――(31～32歳)『《幾何学の起源》序説』。アルジェリアの独立により、家族は全員南フランスのニースに移る。
一九六三年――(32～33歳)長男ピエール誕生。
一九六四年――(33～34歳)アルチュセールの招きとイポリットの推薦で、母校エコール・ノルマルの教員となる。
一九六六年――(35～36歳)米国ジョンズ・ホプキンズ大学のコロキウム「批判的言語と人間諸科学」に、ラカン、バルトらと参加。ポール・ド・マンと出会う。
一九六七年――(36～37歳)『エクリチュールと差異』、『声と現象』、『グラマトロジーについて』。次男ジャン誕生。
一九六八年――(37～38歳)五月革命。当時、ブランショと頻繁《ひんぱん》に会っていたといわれる。ペーター・ソンディの招きでベルリン大学でセミナー。このころから、ヨーロッパ、アメリカを中心に外国でのセミナー、講演が増加。
一九七〇年――(39～40歳)父エメ・デリダ、七四歳で死去。
一九七二年――(41～42歳)『余白――哲学の/について』、『散種』、『ポジシオン』。
一九七四年――(43～44歳)四月、GREPH《グレフ》(哲学教育研究グループ)結成。『弔鐘』。

一九七五年――（44～45歳）イェール大学で教え始める。
一九七七年――（46～47歳）デリダ―サール論争。
一九七八年――（47～48歳）ベナン共和国コトヌーで開かれたアフリカ諸国哲学者会議で「哲学教育の危機」について講演（初の「ブラック・アフリカ」訪問）。
一九七九年――（48～49歳）六月、ソルボンヌで「哲学の三部会」。アメリカで「イェール学派」（ド・マン、デリダ、ブルーム、ハートマン、ヒリス・ミラー）のマニフェストと見られた『脱構築と批評』出版。
一九八〇年――（49～50歳）国家博士号取得。口頭審査の主査はド・ガンディヤック、審査委員にオーバンク、ドサンティ、ジョリ、ラスコー、レヴィナス。リクールの退任で空席となるソルボンヌのポストに立候補する意味もあったが、たび重なる妨害にあい実現せず。七月、スリジー・ラ・サルの国際文化センターで、J－L・ナンシーとP・ラクー＝ラバルトの組織した一〇日間のコロキウム「人間の目的＝終末――ジャック・デリダの仕事から出発して」開催。
一九八一年――（50～51歳）ミッテラン大統領、社会党政権成立。一二月末、チェコの反体制知識人グループと秘密セミナーを行なった後、プラハ空港で逮捕、拘留《こうりゅう》。年明け後、ミッテラン大統領の介入で釈放。
一九八三年――（52～53歳）六月、初のイスラエル訪問。一〇月、国際哲学カレッジ創設と同時に初代議長に就任。一〇月、最初の日本訪問。ポール・ド・マン死去。この年、アパルトヘイト批判とネルソン・マンデラ支援の活動を強化。

一九八四年――(53～54歳) 五月、二度めの日本訪問。社会科学高等研究院教授となり、「哲学の諸制度」講座を担当。
一九八五年――(54～55歳) 初のラテン・アメリカ訪問。
一九八六年――(55～56歳) 建築家ベルナール・チュミの招きで、パリ郊外パルク・ド・ラ・ヴィレットの造園企画にピーター・アイゼンマンとともに参加。
一九八七年――(56～57歳) 一〇月、フランスでハイデガー論争起こる。一二月、アメリカでポール・ド・マン論争起こる。
一九八八年――(57～58歳) 六月、三度めのイスラエル訪問。エルサレム・ヘブライ大学のコロキウムにパレスチナ知識人を招き、占領地を訪問。
一九八九年――(58～59歳) 一〇月、ニューヨークのカードーゾ・ロー・スクールで、ドゥルシラ・コーネルの主導によりコロキウム「脱構築と正義の可能性」が開かれ、アメリカ批判法学との関係が強まる。
一九九〇年――(59～60歳) 二月、最初のモスクワ訪問。一〇月、ルーヴル美術館でデリダが「盲者」をテーマに企画した展覧会が始まる。
一九九一年――(60～61歳) 一月、湾岸戦争。一二月、ソ連崩壊。母ジョルジェット・サファール・デリダ死去。
一九九二年――(61～62歳) ケンブリッジ大学でデリダへの名誉博士号授与につき対立が生じ、五月に投票、六月に学位授与。七月、スリジー・ラ・サルでデリダを囲む二度めの国際コロキウム「越境――ジャック・デリダの仕事をめぐって」開催。三度めの来日。

一九九四年——（63〜64歳）六月、前年から活動を始めていた国際作家議会が正式に発足。デリダはブルデュー、グリッサンらと副議長に就任（議長はサルマン・ラシュディ）。

一九九七年——（66〜67歳）七月、スリジー・ラ・サルでデリダを囲む三度めの国際コロキウム「自伝的動物」開催。

二〇〇一年——（70〜71歳）九月、初の中国訪問。上海で「9・11」事件の報に接する。

二〇〇二年——（71〜72歳）七月、スリジー・ラ・サルでデリダを囲む四度めの国際コロキウム「来たるべき民主主義」開催。

二〇〇四年——（73〜74歳）一〇月九日未明、膵臓癌によりパリの病院で死去。

※この略年譜は、G. Bennington & J. Derrida, *Jacques Derrida*, Seuil, 1991 所収の Curriculum vitae および *Patric MODIANO, Jacques DERRIDA, Maurice BLANCHOT*, Didier Hatier, 1986 所収の M. Lisse 作成による Tableau synoptique を主たる典拠とし、デリダ自身の発言、自伝的記述等を加味して作成した。なお、七〇年代以降の著書、講演はあまりに数が多いのでほとんど省略した。主要著作ダイジェストを参照されたい。

主要著作ダイジェスト

「主要著作ダイジェスト」という発想はデリダにふさわしくない。デリダ的にいえば、主要なものと周縁的なものとの階層秩序的二項対立は脱構築されるし、テクストとはダイジェストしえないもの、要約や消化、同化の欲望を挫折に導くものなのだから。とはいえ、私は本論でテクスト単位の叙述をとらなかったので、デリダのエクリチュールの広がりと多様性を知っていただくためにも、ここではあえて、ごく簡単な紹介を添えてなるべく多くの著作をあげておくことにしたい。もっとも、デリダの著書は共著書や雑誌論文を除き単著書だけに限っても、二〇一四年時点で七〇冊以上に達しているので、すべてをあげることはできない。

『《幾何学の起源》序説』（*L'origine de la géométrie, de Husserl*, PUF, 1962. 田島節夫監訳、青土社、一九七六年）

フッサール晩年の遺稿「幾何学の起源」の精緻をきわめた読解から、あらゆる「意味」の伝統の可能性の条件であり、同時に不可能性の条件でもあるエクリチュールの働きをとりだしたデビュー作。後期フッサールに「生きられた世界」への還帰を見るメルロー＝ポンティ流の解釈に対して、フッサール現象学の超越論的問いかけを突きつめることが大事だという線を打ち出している。

『エクリチュールと差異』（*L'écriture et la différence*, Le Seuil, 1967. 合田正人・谷口博史訳、法政大学出版局、二〇一三年）

六〇年代前半から半ばまでの重要論文を収めた論集。差異、反復、エクリチュール、痕跡などによる現前の形而上学の脱構築というモチーフが、すでに形をとりつつある。とくにフーコー論「コギトと『狂気の歴史』」、レヴィナス論「暴力と形而上学」、フロイト論「フロイトとエクリチュールの光景」、バタイユ論「限定されたエコノミーから一般的エコノミーへ」は、今日にいたるデリダの思想の骨格を作ったものとして最重要のテクストであるほか、「エドモン・ジャベスと本の問題」はデリダのユダヤ性を考えるさいに問題となる。レヴィ＝ストロースを素材にデリダ的な「解釈」の図式を示した「人間諸科学の言説における構造、記号、ゲーム」は、六六年のジョンズ・ホプキンズ大での講演以来、アメリカのデリダ受容に大きな影響を及ぼした。ほかに、二つのアルトー論など。

『声と現象――フッサール現象学における記号の問題への序論』（*La voix et le phénomène, introduction au problème du signe dans la phénoménologie de Husserl*, PUF, 1967. 高橋允昭訳、理想社、一九七〇年）

デリダ自身、六七年と七二年に出された初期の著作のなかで「古典的な哲学的建築術からすれば第一のもの」と述べている重要な著作。初期フッサールが『論理学研究』で行なった「指標」と「表現」の区別という記号論的操作のなかに、現象学的還元の原型を読みこみ、超越論的現象学が現前の形而上学の最も洗練された、最も現代的な形態であるゆえんを明らかにする。フッサール解釈史上も画期的なものの一つだが、内的時間意識の分析から差延を引き出し、直観的充実に対する意味作用の自律性から原エクリチュールを引き出すなど、形而上学的テクストの脱構築的分析としても模範的。

『グラマトロジーについて』（*De la grammatologie*, Minuit, 1967. 邦訳名『根源の彼方に――グラマトロジーについて』足立和浩訳、現代思潮社、一九七二年）

この書の第一部は、デリダの脱構築宣言ともいうべきもので、西洋の歴史における現前の形而上学、ロゴス中心主義、音声中心主義、自民族中心主義などの一体性と、それに対する脱構築の論理が集中的に素描される。とくにここでは、当時の有力な思潮であった構造主義を意識して、ソシュール言語学の差異の原理を積極的に活用しつつ、ソシュールと彼を援用する音韻論者たちの音声－ロゴス中心主義を批判するという戦略がとられている。

第二部では、まずレヴィ＝ストロースの『悲しき熱帯』のエクリチュール論を批判（本書第三章1参照）したうえで、「ロゴス中心主義の歴史におけるジャン＝ジャック・ルソーの特権」が分析される。ルソーが根源的「自然」からの堕落と非難したエクリチュール、教育、自慰、技術、政治的代表制などの還元不可能性から、形而上学には思考不可能とされる「代補」の論理が導かれる。音韻論主義やレヴィ＝ストロースへの批判によって、「ポスト構造主義者」デリダという位置づけに大きく影響した本である。

『余白——哲学の／について』（*Marges, de la philosophie*, Minuit, 1972. 邦訳名『哲学の余白』、上巻、高橋允昭・藤本一勇訳、法政大学出版局、二〇〇七年、下巻、藤本一勇訳、法政大学出版局、二〇〇八年）

論文、学会発表など一〇本を集め、冒頭に書き下ろし「タンパン（鼓膜）」を置く。「差延」は短いが、ハイデガー、フロイト、ニーチェ、ソシュールらとの関係で脱構築の基本思想を説明した重要文献。「ウーシアとグランメー」はアリストテレス、ヘーゲル、ハイデガーの時間概念を論じ、のちに重要となる「アポリア」の概念を呈示した点で見逃せない。ほかに、ヘーゲルの記号論を論じた「竪穴とピラミッド」、形而上学と人間主義の共犯性を論じた「人間の目的＝終末」、ルソーの言語論を扱う「ジュネーヴの言語学サークル」、フッサール論「形式と意味作用」、バンヴェニストの言語学と存在問題を絡《から》めた「繫辞の代補」、哲学的隠喩論を脱構築し、P・リクールとの論争を引き起こした「白けた神話学」、ヴァレリー論「苦悩、源泉」、J・L・オースティンの言語行為論をめぐりJ・サールとの論争を招いた「署名・出来事・コンテクスト」。「タンパン」は各頁《ページ》が左三分の二、右三分の一に分かれ、二つの文章が並列された変則的テクストで、のちの『弔鐘』を思わせる。

『散種』（*La dissémination*, Le Seuil, 1972. 藤本一勇・立花史・郷原佳以訳、法政大学出版局、二〇

一三年）

　外見上は三つのテクストに序文をつけた体裁になっているが、「本の外、序文」の冒頭で、「これは（したがって）一冊の本ではなかったことになるだろう」といわれ、また「三つの試論を集めた論集」ではないと明言される。最初に（したがって）とあるのは、この「本」ならざる「本」には「最初」というものがないことを示す。「本の外、序文」は、じつはヘーゲル、マルクス、ロートレアモンなどの読解をとおして、本の本体と序文との階層秩序的二項対立を脱構築するテクストなのだ。以下、初期デリダの最も見事なテクストの一つ「プラトンのパルマケイアー」（本書第二章参照）、プラトンのミメーシス論をマラルメの散文詩「ミミック」と読み合わせて脱構築する「二重の会」、ソレルスの小説「数」の読解であり、引用の織物でもある「散種」が続く。デリダのスタイルがかなり自由度を増したテクストといえる。

『ポジシオン』（*Positions*, Minuit, 1972. 高橋允昭訳、青土社、一九八一年）

　三つの対談「含蓄的からみあい」、「記号学とグラマトロジー」、「ポジシオン」を収めた対談集。形而上学の脱構築というモチーフがほぼ明確な姿をとったこの段階で、理論的、戦略的に問題となるあらゆる問いに答えていて、デリダ入門としては最適の一冊。ラカン、マルクス主義との関係についても興味深い言及がある。

『弔鐘』（*Glas*, Galilée, 1974. 鵜飼哲訳、雑誌『批評空間』第二期・第一五～二〇号、二二～二四号、第三期・第一～四号、一九九七～二〇〇二年に部分訳）

　各頁の左側の欄でヘーゲル、右側の欄でジュネが論じられる特異な形式の大著。この形式は単純ではなく、左右それぞれの欄にさらに小さな枠取りがされ、そこに文章が組みこまれる頁もある。絶対知の哲学者と盗人で同性愛の作家の組み合わせのみならず、たえず二重化されたこのテクストの形式が、弁証法的に止揚不可能な差異の効果を生み出す。家族、父性、ファロス中心主義、喪、アンティゴネー、キリスト教とユダヤ教、固有名と署名、ダブル・バインドなど多くの重要なテーマが論じられているが、たとえばglasのglのような単語以下のレベルでの「シニフィアンの戯れ」が随所に見られ、テクストをその「内容」に還元することを許さない。一見するとユダヤ教タルムードの経典に似たテクストの形式、アルジェのシナゴーグの儀式の自伝的と思われる記述、七〇年の父の死との関連などから、ユダヤ性のモチーフを強調する論者もいる。

『衝角——ニーチェの文体』(*Éperons, Les styles de Nietzsche*, Flammarion, 1978. 邦訳名『尖筆とエクリチュール——ニーチェ・女・真理』白井健三郎訳、朝日出版社、一九七九年)

一九七二年七月、ノルマンディーのスリジー・ラ・サルで行なわれたコロキウム「今日のニーチェ」での講演。女性をめぐるニーチェのテクストを解釈しつつ、「女性なるもの」についての本質真理を否定し、逆に女性は、哲学的ロゴス中心主義が措定するあらゆる本質性、同一性、固有性を壊乱させる「非真理の真理の名」であるとする。またそうした女性を語った「ニーチェの真理、ニーチェのテクストの真理」といったものの存在も否定される。デリダは政治的コンテクストを無視することはけっしてないが、本質主義一般の批判、真理の解釈学的原理一般の批判に重点があることはたしかなので、フェミニストのあいだでは、本質主義批判派とアイデンティティ・ポリティクス重視派とで評価が分かれるようだ。

『絵画における真理』(*La vérité en peinture*, Flammarion, 1978. 高橋允昭ほか訳、法政大学出版局、一九九七年)

「絵画における真理」という書名は、E・マールに宛てたセザンヌの言葉に由来する。絵画についてというより、絵画の「周囲で」書かれた四つのテクストから成る。最初の「パレルゴン」は、カントの『判断力批判』を中心に、プラトン、ヘーゲル、ハイデガーなどを参照しつつ、絵画をめぐる言説を支配してきた哲学的枠組みを問いなおす。パレルゴン parergon とは絵画を入れる額縁のことだが、デリダはそれが、作品 ergon の内部でも外部でもなく、むしろ美学的言説を規制するあらゆる階層秩序的二項対立を脅《おびや》かしつつ、作品そのものの成立条件となっているさまを分析する。「＋R」はV・アダミ、「カルトゥーシュ」はティトゥス＝カルメルの作品に寄せられたテクスト、「復元」はゴッホの作品についてのハイデガーの解釈（『芸術作品の根源』）とそれに対するM・シャピロの批判をめぐる対話体（n＋1の声）のテクストである。

なお、カントの美学を論じたテクストとしては、「エコノミメーシス」(Économimesis, in *Mimesis des articulations*, Aubier-Flammarion, 1975) も重要。

『有限責任会社』(*Limited Inc.*, Galilée, 1990. 高橋哲哉・増田一夫・宮崎裕助訳、法政大学出版局、二〇〇二年)

デリダは『余白――哲学の／について』所収の「署名・出来事・コンテクスト」で、オックスフォードの哲学者J・L・オースティンの言語行為論を論じ、言語のパフォーマティヴ（行為遂行的）な機能を取り出したことを高く評価しながらも、「意図」や「コンテクスト」の規定、また芝居の台詞や詩や独語としての発言を「寄生的」で「言語退化」に属する用法として研究から排除した点などを、いまだ現前の形而上学に捉われているとして批判した。これに対して、アメリカの言語行為論の哲学者J・サールが、オースティンの誤解に基づく批判だとして反論（「差異ふたたび――デリダへの反論」『グリフ』第一号、一九七七）。デリダがそのサールに反論したのが、この奇妙なタイトルをもつテクストである（いわゆるデリダ―サール論争）。デリダはここで、サールの「差異ふたたび」のほぼ全文を引用し、一々の論点に答えるだけでなく、サール自身の理論をも批判の俎上に載せ、またテクスト自体のなかにサールの議論の裏をかくような仕掛けを潜ませて、徹底した反批判を展開している。「反復可能性」の議論をはじめ、デリダの言語論を知るには最重要テクストの一つ。

『絵葉書――ソクラテスからフロイトへ、そしてその彼方へ』(*La Carte postale, de Socrate à Freud et au-delà*, Aubier-Flammarion, 1980. 邦訳名『絵葉書 I――ソクラテスからフロイトへ、そしてその彼方』若森栄樹・大西雅一郎訳、水声社、二〇〇七年)

四つのテクストから成る。全体のほぼ半分を占める「送る言葉たち」(envois)は、デリダと目される書き手が女性の受け手に宛てたと思われる、一九七七年六月三日から一九七九年八月三〇日までの日付をもつ手紙文を集めたもの。「思弁する――〈フロイト〉について」は、フロイトの主として『快楽原則の彼岸』の読解。「真理の配達人」はラカンの「盗まれた手紙についてのセミネール」の脱構築の試み。「まったく/全体について」は、精神分析家ルネ・マジョールとの対話。この書を一貫しているのは、精神分析の問題であり、またそれと手紙、郵便といった送付の「テクノロジー」の問題を結びつけようとする関心である。郵便は、差延やエクリチュールとして問題になってきた事態、つまりアルケーもテロスもなくただ再現前だけが無際限につながっている、という事態を捉えるためのもう一つのモデルと考えられる。幽霊、灰、アルシーヴ、アナクロニーなどのモチーフも次第に前景に浮かび上がってくる。

『哲学における最近の黙示録的語調について』(*D'un ton apocalyptique adopté naguère en philosophie*, Galilée, 1983. 白井健三郎訳、朝日出版社、一九八四年)

一九八〇年七月、スリジー・ラ・サルで開かれた国際コロキウム「人間の目的＝終末――ジャック・デリダの仕事から出発して」での講演。カントが同時代の神秘主義的言説を批判した「哲学における最近の尊大な語調について」(一七九六)から出発し、神秘主義ともカント的啓蒙とも異なる「新たな啓蒙」としての脱構築の位置を追究する。神の死、人間の死、主体の死、歴史の終わり、哲学(形而上学）の終わり、……その他もろもろの終末論タイプの言説の流行から距離をとり、のちの「メシアニズムなきメシア的なもの」につながる「黙示録的なもの」のモチーフを提起している点でも注目される（本書第五章3参照）。

『耳伝――ニーチェの教育と固有名の政治』

(*Otobiographies, L'enseignement de Nietzsche et la politique du nom propre*, Galilée, 1984. 邦訳名『他者の耳』浜名優美・庄田常勝訳、産業図書、一九八八年／「アメリカ独立宣言」宮﨑裕助訳、『思想』二〇一四年一二月号）

一九七六年に米国ヴァージニア大学でなされた講演で、アメリカ建国二〇〇周年にちなみ、冒頭にアメリカ合衆国独立宣言の分析がある。法創設行為の原暴力をめぐる『法の力』の思想が、具体例に即して呈示されていて貴重だ（本書第四章2参照）。ニーチェの教育論の部分では、ニーチェを旗印にした「唯一の政治」がナチズムであったことに「まったく偶然なものはなにもない」と断言。一方でニーチェのテクストの未来は開かれており、他方で「ナチズムとはなにか」は依然として謎である。そこで「私たち」には、ニーチェの読解をとおしてナチズムを思考するという「使命」があり、それはハイデガーについても、マルクス、フロイトについても同じだ、といわれる。フランスでハイデガー論争が起こるのは一一年後である。

『シボレート――パウル・ツェランのために』

(*Schibboleth, pour Paul Celan*, Galilée, 1986. 飯吉光夫・小林康夫・守中高明訳、岩波書店、一九九〇年）

八四年一〇月、ワシントン大学（シアトル）で開かれたパウル・ツェラン国際シンポジウムでの講演に基づくテクスト。「シボレート」とは、逃亡するエフライム人たちが「シ」を発音できなかったために自分の帰属を知られ、殺されてしまったという聖書「士師記」の記述に由来し、「合言葉」を意味する。ショアーを生き延びたユダヤ系の詩人であり、パリのエコール・ノルマルでデリダの同僚でもあったツェランの詩の言葉をめぐって、日付、名、割礼、灰、シボレート、秘密、幽霊といったモチーフが交錯する。日付も名も割礼も、根源的な書きこみ（原エクリチュール）として、特異性の抹消と痕跡の亡霊的再帰による約束とのダブル・バインドに構造化された「日々のホロコースト」である。デリダは、ユダヤ人としての割礼から「字義どおりのあらゆる割礼を消去すること、この限定された刻印を消去すること」によって、「だれでもないもの」に開かれた約束に賭けようとするように思われる。

『海域《パラージュ》』（*Parages*, Galilée, 1986. 邦訳名『境域』若森栄樹訳、書肆心水、二〇一〇年）

モーリス・ブランショのテクストをめぐって書かれた論文二本（「パ［歩み＝ない］」と「生き延びること」）および講演二本（「明確にされるべきタイトル」と「ジャンルの法」）を収める。すべて七〇年代後半のもの。「生き延びること」は最初、イェール学派のマニフェストと受け取られた『脱構築と批評』に英語で発表された（LIVING ON, Border Lines, in *Deconstruction and Criticism*, The Seabury Press, 1979）。デリダはここでブランショから、「不可能なもの」としての死や「来なさい」のモチーフなど、多くのことを学んでいる。

『ユリシーズ・グラモフォン――ジョイスのための二つの言葉』（*Ulysse gramophone, Deux mots pour Joyce*, Galilée, 1987. 邦訳名『ユリシーズ グラモフォン』合田正人・中真生訳、法政大学出版局、二〇〇一年）

八二年一一月パリで行なわれたコロキウム「ジェイムズ・ジョイスのために」での講演「ジョイスのための二つの言葉」と、八四年六月フランクフルトで行なわれた「ジェイムズ・ジョイス国際シンポジウム」での講演「ユリシーズ・グラモフォン」の二つから成る。前者は、ジョイスの『フィネガンズ・ウェイク』に出てくるHE WARという「二つの言葉」をめぐり、後者は『ユリシーズ』中に頻出するYes（はい、そう、しかり）という言葉をめぐる考察。HE WARは「彼は戦争する」「彼は存在した」

「それは真実だった」などと読め、翻訳や解釈のダブル・バインドと「根源的暴力」の問題を提起する。Yesは、あらゆる言語に同伴するがいかなる言語としても同定しえない、語る主体以前の根源的な「肯定」と他者への関係を表わす（本書第三章3参照）。

『精神について——ハイデッガーと問い』（*De l'esprit, Heidegger et la question*, Galilée, 1987. 港道隆訳、平凡社ライブラリー、二〇一〇年）

八七年三月、国際哲学カレッジがパリで開いたコロキウム「ハイデガー——開かれた問い」での講演。「私は亡霊と炎と灰についてお話ししようと思う」という冒頭から、ハイデガーとナチズムの関係を思考する一つの試みであることが示唆される。形而上学の用語として『存在と時間』以来、括弧なしには使われなくなるはずの「精神」(Geist) が、ナチズム期に公然と使われ、のちに再び抑圧されるのはなぜなのか。この問いは、ハイデガーと生物学的人種主義の差異をマークすると同時に、フッサール、ヴァレリー、理性主義的ないし民主主義的な「精神」の哲学とナチズムとの共通の地平を問う道をも拓《ひら》く。人間主義と動物の扱い、ユダヤ的なものの排除の問題のほか、ハイデガーのZusageの思想のなかに、あらゆる問いに先立つ根源的な約束の次元を見てとっている点も注目される。ちなみにファリアスの著書がフランスで出版され、いわゆるハイデガー論争がはじまったのは、この講演の半年後、この書が出版される直前だった。

『亡き灰／火灰』（*Feu la cendre*, Des Femmes, 1987. 邦訳名『火ここになき灰』梅木達郎訳、松籟社、二〇〇三年）

タイトル冒頭のfeuは、死去した人を「亡き……、故……」と呼ぶ場合のほか、名詞で「火」を意味するともとれるので、「火灰」とも訳せる。Il y a là cendre.（そこには灰がある）という文をめぐって、性を異にする複数の声が対話する謎めいたテクスト。問題の文は、『散種』所収の「プラトンのパルマケイアー」（初出は雑誌『テル・ケル』一九六八）の末尾と、『散種』全体の末尾に付された献辞のなかに現われていたが、永久にわがものにしたと思っていたその文が、以来「私なしで生きてきた」ことを認めざるをえなくなった、とデリダはいう。『弔鐘』と『絵葉書』にあった「灰」や「焼き尽くすこと」や「ホロコースト」を語る文が引用され、灰に帰したものの痕跡とその消去をめぐる対話が展開される。「灰は正しい。なぜなら痕跡なしに、まさしくそれは他の痕跡以上に痕跡となり、他の痕跡として痕跡となるからだ」。女優キャロル・ブーケとデリダの声によるカセット版もある。

『プシケー——他者の発明』(*Psyché, Inventions de l'autre*, Galilée, 1987. 邦訳名『プシュケー——他なるものの発明 I』藤本一勇訳、岩波書店、二〇一四年)

七八年から八七年までに書かれた二六のテクストから成る六五〇頁の大著。「まったき他者の到来(in-venire)」としての「他者の発明(invention)」をいい、脱構築を「この他者の到来の準備をすること」と定義する「プシケー——他者の発明」(発明が単数形である点を除けば書名と同タイトル)をはじめ、リクールとの論争を含む「隠喩の後退」、『全体性と無限』以後のレヴィナスに対する応接であり、そのテクストにおける性的差異の問題を提起した「まさにこの瞬間、この作品において、私はここにいます」、ベンヤミンの言語論、翻訳論を扱った「バベルの諸塔＝比喩」、アパルトヘイトを論じた「人種主義の最後の言葉」と「ネルソン・マンデラの感嘆あるいは反射＝反省の法」(本書第一章3参照)、déconstruction の不可能な定義を試みた「日本人の友への手紙」、ハイデガーにおける性的差異、人間と動物、技術などを論じる「ゲシュレヒト」IとII、擬ディオニュシオスやエックハルトなどキリスト教否定神学と脱構築との関係を詳論し、プラトンのコーラ、ハイデガーとの関連にも触れた「いかにして語らないか——否認」、根源的肯定の「ウィ」がなぜ複数化されねばならないかを論じた「ウィの数／多くのウィ」などが、とくに重要である。バルト、フローベール、建築家P・アイゼンマンやB・チュミも論じられている。

『記憶＝回想《メモワール》——ポール・ド・マンのために』（*Mémoires, pour Paul de Man*, Galilée, 1988）

八三年に死去した脱構築批評の「盟友」ポール・ド・マンに捧げられた短文と講演録「記憶のなかで——魂について」、「ムネモシュネー」、「記憶＝回想の技」、「アクト——与えられた言葉＝約束の意味」を集めた第一部、八七年に勃発したポール・ド・マン論争におけるデリダの最初のテクスト「貝殻の奥に潜む潮騒のように……ポール・ド・マンの戦争」のみの第二部から成る。ド・マンのテクストの読みをとおして、喪のダブル・バインド、主体に対する他者関係の先行性、不可能かつ必然的な約束など、デリダにとって枢要なモチーフが浮上する。第二部の「貝殻の奥に……」（部分訳『現代思想』一九八九年四月臨時増刊号）に対しては、脱構築批判派からの反論があり、デリダがさらにそれに反論したのが「ビオデグラダーブル」である（Biodegradables, in *Critical Inquiry*, 1989, Summer）。

『哲学への権利／法から哲学へ』（*Du droit à la philosophie*, Galilée, 1990. 邦訳名『哲学への権利』第一巻、西山雄二・立花史・馬場智一訳、みすず書房、二〇一四年）

七四年のGREPH（哲学教育研究グループ）結成宣言から九〇年の「哲学および知識論委員会報告書」（J・ブーヴレスとの共著）まで、哲学教育の制度面に関する活動の過程で書かれた実践的文書と、大学、哲学、教育などをテーマに理論的考察を行なった多くのテクストを収録し、六五〇頁を超える大著（本書第一章3参照）。近代ヨーロッパ的な大学の理念を規定してきたカント、シュライエルマッハー、ヘーゲル、フンボルト、フィヒテ、シェリング、クーザン、ハイデガーなどの言説の脱構築的分析をとおして、国際哲学カレッジの創設につながったような、現代の新たな知的責任の論理が追究されている。部分訳として『ヘーゲルの時代』（白井健三郎訳、国文社、一九八四）がある。

『盲者の記憶――自画像およびその他の廃墟』(*Mémoires d'aveugle, L'autoportrait et autres ruines*, Réunion des musées nationaux, 1990. 鵜飼哲訳、みすず書房、一九九八年)

九〇年一〇月二六日から九一年一月二一日まで、デリダはルーヴル美術館の「偏見＝決意」(Parti pris) と題する展覧会シリーズの第一回目の企画者として招かれ、「盲目」をテーマとした展覧会を企画した。ルーヴル所蔵の古典絵画のなかからこのテーマに沿って選ばれたデッサンや油絵を材料に、「盲目」と「信」をめぐる考察が展開される。絵の巧みな兄ルネ・デリダへのカイン・コンプレックスなど、自伝的記述も豊富。

『時間を与える――1 贋金』(*Donner le temps, 1. La fausse monnaie*, Galilée, 1991)

七七～七八年にエコール・ノルマルで、翌年にイエール大学で行なわれたセミナーに基づく。モースの古典『贈与論』はもとより、レヴィ＝ストロース、ハイデガー、バンヴェニスト、さらにボードレールのテクスト「贋金」などの読解をとおして、贈与のアポリア（本書第五章1参照）の厳密な定式化とその例証が追究される。贈与 (don) はデリダにとって、「灰としての痕跡のある種の経験」と一致する「絶対的忘却」の思想でもあり、本書ではまだ示唆されているだけの「赦し」(pardon) の問題につながっていくはずである。

『他の岬』(*L'Autre cap*, Minuit, 1991. 高橋哲哉・鵜飼哲訳、みすず書房、一九九三年)

九〇年五月、トリノで開かれた国際コロキウム「ヨーロッパの文化的同一性」での講演「他の岬」と、八九年一月の『ル・モンド』特別号「フランス革命の世界」に掲載されたインタビュー「日延べされた民主主義」から成る。前者は、冷戦構造崩壊直後の不透明な世界情勢のなかで、ヨーロッパ中心主義と反ヨーロッパ主義のいずれにもつかず、ヨーロッパの最良の記憶を引き受けながら、ヨーロッパをその他者に向けて開いていく「責任」の論理を展開したもの。後者は、「世論」についての独自の分析をとおして、「来たるべき民主主義」のイメージを練り上げようとしたもの。

『**割礼告白**』(Circonfession, in *Jacques Derrida*, Le Seuil, 1991)

G・ベニントンとの共著『ジャック・デリダ』は、頁の上三分の二程度にベニントンによるデリダ思想の解説「デリダベース」が、下三分の一にデリダ自身のテクスト「割礼告白」が書かれている。circonfession は circoncision(割礼)と confession(告白)を組み合わせたデリダの造語で、「割礼告白」とでも訳せるだろう。病床の実母ジョルジェット・サファール・デリダと自分の関係を、聖アウグスティヌスとその母モニカとの関係になぞらえ、アウグスティヌスの『告白』からの引用を連ねながら、「だれにも理解されない私の宗教」にかかわる自伝的な叙述を行なっている。デリダにおけるユダヤ的なものの問題を考えるには最重要のテクスト。

『**中断符点**』(*Points de suspensions*, Galilée, 1992)

七五年から九一年までのインタビュー記録のなかから二一本を選んだもので、四〇〇頁に及ぶ。巻末には六八年から九二年までのインタビューで、著書に未収録のもののリストがあって便利(六三本)。性的差異とフェミニズムについて述べた「コレグラフィー」や、J-L・ナンシーと「主体」の問題をめぐって対話した「〈正しく食べなければならない〉あるいは主体の計算」(鵜飼哲訳でナンシー編『主体の後に誰が来るのか』現代企画室に所収)などがとくに注目される。

『**マルクスの亡霊たち**』(*Spectres de Marx*, Galilée, 1993. 増田一夫訳、藤原書店、二〇〇七年)

サブタイトルは「負債の国家、喪の作業、新インターナショナル」。本書第五章2で紹介したように、九三年四月カリフォルニア大学リヴァーサイド校で開かれた国際コロキウム「マルクス主義はどこへ行く?/マルクス主義は衰滅するのか?」での講演に加筆したもの。存在論に対し、幽霊論ないし幽霊記述（*spectrographie*）を構想し、その政治的射程を強調する一方、「メシアニズムなきメシア的なもの」の思想を明確に打ち出した。本書の本文では扱えなかったが、デリダは、今日のハイテク・メディアが創り出すシミュラークルの空間、リアルタイム、サイバースペース、ヴァーチャル・リアリティといった現象も、幽霊的なものの問題系に属すると考え、来たるべき民主主義の構想にとってキー・ポイントになると主張する。幽霊的なものを廃棄しようとしたマルクスは、卓越した「技術」の思想家でもあった。

『法の力――権威の神秘的基礎』（*Force de loi, Le《Fondement mystique de l'autorité》*, Galilée, 1994. 邦訳名『法の力』堅田研一訳、法政大学出版局、一九九九年）

第一部「法＝権利から正義へ／正義への権利」と第二部「ベンヤミンの名《プレノン》」から成る。第一部は、本書第四章で述べたように、八九年一〇月にニューヨークのカードーゾ・ロー・スクールで開かれたコロキウム「脱構築と正義の可能性」での講演が基になっており、第二部は、そのニューヨーク講演では配られただけで読まれず、九〇年四月のカリフォルニア大学ロサンゼルス校でのコロキウム「ナチズムと〈最終解決〉――表象の限界を探究して」で講演として読まれたテクストに基づいている。法＝権利と正義にかんする思想を全面展開した第一部を受けて、第二部はベンヤミンの『暴力批判論』の読解であり、デリダはそこから法創設の暴力や法と正義の差異について多くを学びつつ、法措定暴力と法維持暴力の区別、神話的（ギリシャ的）暴力と神的（ユダヤ的）暴力の区別がいずれも脱構築されることを強調する。デリダにとって『暴力批判論』は、「まだあまりにハイデガー的、メシアニズム的‐マルクス主義的、始源‐終末論的」だとされる。「後書き」（Post-Scriptum）に示された、ナチズムをめぐる諸見解も興味深い。第二部は丹生谷貴志訳（『批評空間Ⅰ』一九九二年第七号）がある。

『友愛の政治』（*Politiques de l'amitié*, Galilée, 1994.

邦訳名『友愛のポリティックス』全二巻、鵜飼哲・大西雅一郎・松葉祥一訳、みすず書房、二〇〇三年）

一〇章から成る「友愛の政治」と、八九年九月にシカゴのロヨラ大学で行なった講演「ハイデガーの耳——フィロポレモロジー（ゲシュレヒトⅣ）」を含む。「友愛の政治」は、アリストテレスに帰せられながら確証のない「おお友よ、友はいない」という奇妙な文が、モンテーニュ、フロリアン、カント、ニーチェ、ブランショらの友情論において反復引用されていることを導きの糸として、プラトン、キケロから現代までの「友愛」概念の諸条件を検討する。カール・シュミットの友‐敵理論の展開の分析や、「博愛＝兄弟愛」（fraternité）の理念の男性中心主義的図式をめぐる分析、「ハイデガーの耳」では、ポレモス（闘争）優位のハイデガーの図式のなかで『存在と時間』の「友の声」にかんする指摘が注目される。

『マル・ダルシーヴ——フロイトの刻印＝印象』

(*Mal d'archive, Une impression freudienne*, Galilée, 1995. 邦訳名『アーカイヴの病——フロイトの印象』福本修訳、法政大学出版局、二〇一〇年）

九四年六月、ロンドンのフロイト・ミュージアムで開かれた「記憶——アーカイヴの問題」をテーマとした国際コロキウムでの講演。書名の *Mal d'archive* は、アルシーヴ（記録史料、文書）の欠乏状態、アルシーヴを求め欲しがっている状態、アルシーヴに悪酔いしている状態など、いくつかのニュアンスに解せる。初期の「フロイトとエクリチュールの光景」や「プラトンのパルマケイアー」の線に沿って、デリダはここでも生きた内的記憶、アナムネーシスではなく、外的場所をもち技術に媒介されたヒュポムネーシスに定位し、それをアルシーヴと重ねる。フロイトの精神分析を「心的アルシーヴ」の問題として捉えなおす考察、ユダヤ史家J・H・イェルシャルミのフロイト論とユダヤ性の議論をめぐる〈記憶のポリティクス〉の分析（本書第五章3参照）、フロイトの『グラディーヴァ』論についての解釈などを含む。

『アポリア』(*Aporias*, Galilée, 1996. 邦訳名『アポリア——死す——「真理の諸限界」を［で／相］待—期する』港道隆訳、人文書院、二〇〇〇年)

九二年七月、スリジー・ラ・サルで行なわれたコロキウム「越境——ジャック・デリダの仕事をめぐって」での講演。初期の「ウーシアとグランメー」からの「アポリア」のモチーフの一貫性、重要性を確認したうえで、ここでは「死」という極限的なケースについてその問題が検討される。P・アリエスの「死の歴史学」やL－V・トマの「死の人類学」に対して、ハイデガーの『存在と時間』の死へのアプローチを際立たせつつ、死が「不可能性の可能性」であることによって、本来性と非本来性をはじめとするハイデガーのもろもろの二項対立が脱構築されることを示していく。「究極のアポリアとは、アポリアとしてのアポリアの不可能性である」。

『抵抗——精神分析の／について』(*Résistances, de la psychanalyse*, Galilée, 1996. 邦訳名『精神分析の抵抗』鵜飼哲・守中高明・石田英敬訳、青土社、二〇〇七年)

順にフロイト、ラカン、フーコーを中心に精神分析を論じる三つの講演を集めたもの。「抵抗」は、九一年一一月ソルボンヌで開かれた「分析の観念」をテーマとしたフランス—ペルー共同コロキウムでの発表（鵜飼哲訳『みすず』九六年七、八、九月号）。「ラカンの愛に叶わんとして」は、九二年五月ユネスコで開かれたコロキウム「哲学者たちとともにいるラカン」での発表（守中高明・高木繁光訳、『イマーゴ』九四年二月臨時増刊号）。「フロイトに公正であること——精神分析の時代における狂気の歴史」は、九一年一一月サンタンヌ病院で開かれた精神医学史・精神分析学史国際学会主催の『古典主義時代における狂気の歴史』刊行三〇周年記念コロキウムでの発表（石田英敬訳『批評空間Ⅱ』一九九四年第一・二号）。

『他者の一言語使用』(*Le Monolinguisme de l'autre*, Galilée, 1996. 邦訳名『たった一つの、私のものではない言葉——他者の単一言語使用』守中

高明訳、岩波書店、二〇〇一年）
　九二年四月、バトンルージュのルイジアナ州立大学で行なわれた国際コロキウム「他所からのこだま」での講演を基にしたもの。「私は一つの言語しかもたないが、それは私の言語ではない」。こうした言語状況のもつ可能性を、自身のアルジェリアでの言語経験についての自伝的・理論的分析を交えながら考察していく。ローゼンツヴァイク、レヴィナス、アーレントの言語論についての長い注（とくにアーレントの「母語」についての見解に対する厳しい批判）や、あらゆる言語の原約束が「来たるべき言語の唯一性」にかかわるという指摘など、注目点は多い。

『アデュー――エマニュエル・レヴィナスへ』（*Adieu, à Emmanuel Lévinas*, Galilée, 1997. 藤本一勇訳、岩波書店、二〇〇四年）
　九五年一二月二七日、パンタン墓地で読まれたレヴィナスへの弔辞「アデュー」と、九六年一二月ソルボンヌで行なわれた集会「顔とシナイ――エマニュエル・レヴィナスへの讃辞」での開会講演「迎え入れの言葉」を合わせたもの。「迎え入れの言葉」は、いくつかの留保をおきながらも可能なかぎりレヴィナスに寄り添い、彼の哲学を「歓待」の思想として読みとこうとする。顔の倫理がはじめから第三者との関係つまり正義の法的次元を含んでいることが指摘され、無条件の歓待の倫理と条件づけられた歓待の政治との関係が問われるが、後者が前者に依存するという「形式的命令」の必然性は、特定の演繹の正当性を保証せず、両者の異質性ないし断絶こそがそのつどの特異な決定にチャンスを与えるとされる。女性的なものや父性の問題の見なおし、戦争と平和の観念をめぐるカントやカール・シュミットとの比較、顔、歓待、幽霊の関連づけ、レヴィナスのシオニズムの約束性と範例性との分析など、重要な論点を多数含む。

『万国の世界市民たち、もう一努力だ！』（*Cosmopolites de tous les pays, encore un effort!*, Galilée, 1997. 港道隆訳、『世界』一九九六

年一一月号）
　九六年三月二一、二二日、ストラスブールのヨーロッパ評議会で開かれた第一回避難都市会議で発表された文章。ヨーロッパ地方自治体会議と国際作家議会の主導のもとに国際避難都市ネットワークを組織するという実践的文脈で、移民、国外追放者、避難民、無国籍者、外国人一般などの庇護《ひご》権の問題を、国家主権に制約された現行の国際法の根本的変革を視野に収めつつ考察したもの。アーレントからストア派、ユダヤ教、キリスト教の伝統にさかのぼり、カントの「普遍的歓待」の原理によって国際法の現状を批判すると同時に、カントのこの原理のもつ限界を指摘する。

『触覚、ジャン＝リュック・ナンシーに触れる』（*Le toucher, Jean-Luc Nancy*, Galilée, 2000. 松葉祥一他訳、青土社、二〇〇六年）
　親友ジャン＝リュック・ナンシーに捧げられた著作。タイトルは「ジャン＝リュック・ナンシーに触れる（論じる）」「触れること、ジャン＝リュック・ナンシー」とも読める。アリストテレス『デ・アニマ』の触覚のアポリアと、フロイトの「精神＝魂（プシュケー）は延長されている」という謎めいた一節から出発し、プラトン、デカルト、バークリー、カント、メーヌ・ド・ビラン、フッサール、レヴィナス、メルロ＝ポンティ、ベルクソン、ドゥルーズ＝ガタリ、ディディエ・フランク、ジャン＝ルイ・クレティアンなどの読解をとおして、「触覚主義」としての現前の形而上学を暴く。こうした哲学的伝統との距離を測りつつ、ナンシーの「分有」「共同体」の思考が検討され、また、病者に触れると同時に触れられることで救済するキリストの身体や、福音書と聖餐式（「これは私の身体である」）を持つキリスト教との距離において、ナンシーの「キリスト教の脱構築」が検討される。自己に触れること、自己触発（auto-affection）の根源に他者の侵入、異他触発（hétéro-affection）が見出され、接触不可能なもの（l'intouchable）、不可能な救済が論じられる。本書に対するナンシーの応答として、『私に触れるな』（*Noli me tangere*, Bayard, 2003）

が出版された。

『ならず者たち』（*Voyous*, Galilée, 2003. 鵜飼哲・高橋哲哉訳、みすず書房、二〇〇九年）

副題「理性論二編」のとおり二つの論考から成る。第一論考「強者の理性（ならず者国家はあるか？）」は二〇〇二年七月のスリジー・ラ・サルのコロック「来たるべき民主主義（ジャック・デリダの周りに／をめぐって）」の際に、第二論考「来たるべき啓蒙の『世界』（例外、計算、主権）」は同年八月のニース大学のコロック「理性の将来、諸合理性の生成」の際に発表された。講演の約一年前に起きた「9・11同時多発テロ」と、その後のブッシュ大統領（当時）による「ならず者国家」ないし「悪の枢軸」に対する「対テロ戦争」強行の同時代的状況を踏まえつつ、「ならず者」の語源と系譜の追跡を含め、政治神学、自由・平等、民主主義、啓蒙など多岐にわたり理論的考察を行う、デリダの代表的デモクラシー論である。民主制が留保つきでのみ論じられてきたプラトン、アリストテレス以来の伝統に対して、差延の運動として、民主主義が生き残るために自殺的に働くという逆説的「自己免疫性」の概念を提起し、いかなる民衆（デモス）の権能（クラトス）にも還元されない「来たるべき民主主義」の思考を展開する。ジャン＝リュック・ナンシーの共同体論における「兄弟愛」や、カントの統整的理念が批判的に読解され、フッサールの「超越論的病理学」は「超越論的自己免疫」と再規定される。同時代的出来事である「対テロ戦争」も自己免疫性の観点から検討され、出来事の中立化に抗して、至高性（主権性）と無条件性の間で不可能な決定を下す責任が論じられる。

『動物を追う、ゆえに私は（動物で）ある』（*L'animal que donc je suis*, Galilée, 2006. 鵜飼哲訳、筑摩書房、二〇一四年）

一九九七年七月、スリジー・ラ・サルで行われたコロック「自伝的動物」でのデリダの講演。タイトルはデカルトの「我思う、ゆえに我あり」に似せつつ、フランス語の「である（être）」と「追う

(suivre)」を掛けることで、哲学的自我論と存在論の問題系のうちに動物／人間の関係と人間に対する動物の先行性の問題を書き込む。デリダの代表的動物論と目されるが、動物論と呼ぶことが不可能なまでに、伝統的動物論とは一線を画す様々な議論と仕掛けが施されている。デリダが自分の裸を猫に見られて恥じたという有名な自伝的エピソードから始まり、人間が裸を恥じるようになった原罪以前に遡行し、『創世記』のアダムによる動物の命名、以来人間と動物の支配関係が確立された場面が読解される。デカルトの動物＝機械論、カントの『人間学』、レヴィナスの「他者」と「顔」、ラカンの「偽装の偽装」の検討をとおして、伝統的動物論における責任＝応答可能性と反応の区別や、言語を欠き、もっぱら見られるもの、理論の対象として動物を規定してきた動物論の伝統そのものを問いに付す。最終章は即興で行われたハイデガーについての講演であり、動物一般についての本質命題（「動物は世界貧困的である」）のうちにアリストテレス以来の「欠落（ステレーシス）」の伝統が確認され、人間に固有なものとされる「〈として〉構造」を低減してゆくことがハイデガー読解の戦略として提示される。

『獣と主権者 I』(*Séminaire: La bête et le souverain, volume I (2001-2002)*, Galilée, 2008. 西山雄二他訳、白水社、二〇一四年)

社会科学高等研究院（EHESS）で二〇〇一〜二〇〇二年に行われたセミネール。「秘密」「証言」「歓待」「偽証」「赦し」「死刑」などの個別の小テーマとともに、一九九一年以来の大きなテーマ「責任の問い」のうちに属し、その最後に位置する。獣と主権者はともに法の外の存在であることを共有するため、獣「と(et)」主権者をつなぐ接続詞が、獣は主権者「である(est)」という繋辞に転換しうること、またこれら二者および神はいずれも応答せず、法の前で責任を負わないという共通性を持つことから、広大な「存在‐動物‐人間‐政治‐神学」が企てられる。これは具体的には、プラウトゥスが書き、ラブレー、モンテーニュ、ベーコン、ホッブズ、ルソーらに引用された「人間は人間にとって狼である」という一節を政治哲学史のなかで跡づける「狼の系譜学」として、またラ・フォンテーヌの寓話『狼と子羊』を参照しつつ、実行される。本セミネールの数ヵ月前に起こった「9・11同時多発テロ」に対するメディアと知の観点からの分析、テロルを政治的情念としたホッブズ読解、敵を獣とする帝国主義戦争を批判するシュミットと異なる脱構築の定式化など、同時代的状況を哲学的理論的に考察する。その他、ラカン、ドゥルーズ、アヴィタル・ロネル、ヴァレリー、ツェラン、ロレンス、ハイデガー、エランベルジェ、マラン、アリストテレスなどの読解をとおして、「獣」の名詞形であり人間に固有なものとされる「愚かさ」や、「操り人形」、主権者の「威厳」とファルスの屹立、「不気味なもの」などの主題が検討される。アガンベンの主権的振る舞いや、「ビオス」と「ゾーエー」の区別に対する批判もなされている。

『死刑 I』(*Séminaire: La peine de mort, Volume I (1999-2000)*, Galilée, 2012. 高桑和巳訳、近刊)

社会科学高等研究院で一九九九〜二〇〇〇年に行われたセミネール。死刑支持説と死刑廃止論はともに、脱構築されるべき哲学的論理を共有してきたため、後者はつねに前者へ転換されうるものであった。「死刑に抗する哲学なし」。したがって本セミネールの狙いは、この論理を脱構築しつつ、哲学的死刑廃止論の可能性を問うこととなる。カントやヘーゲルにおいて、死刑は人間的理性の回復であり、刑法の超越論的条件をなすとされるゆえに、死刑の脱構築はロゴス中心主義の脱構築となる。さらにソクラテス、キリスト、ジャンヌ・ダルク、ハッラージュらの死の考察をとおして、国家主権が宗教的権威に代わって死刑を執行することが明らかにされ、死刑の脱構築は政治神学的主権の問題として位置づけられる。死刑による抑止力の無益さを批判するベッカリーアを、さらにカントはその功利主義のゆえに批判し、利害=関心を超えた定言命法と人間的尊厳の観点から同害報復の等価性を要求するとき、再度死刑を計算可能なものに還元しているという指摘がなされる。ニーチェやボードレールは、このようなカントの支持説と廃止論のうちに、利害＝関心の存在を暴く。無限性、不死性に依拠した従来の死刑論に対して、〈いつ死が訪れるとも知れない私の死の有限性〉の思考が模索される。その他、ユゴー、ロベール・バダンテール、ジュネ、カミュ、ブランショ、シュミット、フロイト、ラカン、「人間と市民の権利の宣言」「世界人権宣言」などの読解をとおして、ギロチンから電気椅子、致死注射に至るまでの残酷さの軽減の歴史、「啓蒙」についての考察や、残酷さ（cruauté）と血（ラテン語 *cruor*）の考察がなされる。

キーワード解説

現前の形而上学　métaphysique de la présence

デリダがハイデガーから受け継いだ最大のモチーフの一つは、西洋哲学の本質が形而上学であり、そこでは存在や真理が現前性として理解されているという視点だろう。ハイデガーは『存在と時間』で、存在論の歴史を支配してきたギリシャ的存在了解では、存在の意味はパルーシアないしウーシアと規定されたが、これらは「存在論的‐存在時的」には現前性（Anwesenheit）を意味するという。プラトンやアリストテレスでは、パルーシアはイデアの現象世界への臨在、ウーシアは存在者、実体、本質などを意味するが、ハイデガーはこれらのギリシャ語が日常用語としては財産、不動産を意味したことに着目する。財産、不動産が所有者のもとに、いつでも自由に手の届くものとしてあるのと同じように、存在者の存在は恒常的現前性（beständige Anwesenheit）として了解されたというわけだ。そしてこれはまた、存在者が現在（Gegenwart）という特定の時間様態を基準として了解されたということでもある。

デリダでも、現前性（présence）は、存在者や意味や真理が現に目の前にあること、現在という時間様態において現に在ることとともに、手元にあって自由になること、自己の所有に属し、自己に固有なものとして領有＝自己固有化（approprier）されていること、されうることというニュアンスがある。この意味で、現前の形而上学の脱構築が自己中心の制限されたエコノミー（家政、経済）に対して、何一つ自己に戻ってこない贈与の探究であることは必然的なのである。現前性は形而上学の歴史において、直観に対する事物の形相（エイドス、イデア）としての現前、実体・本質（ウーシア）としての現前、今あるいは瞬間の点（スティグメー）としての時間的現前、コギト・意識・主観性の自己への現前、他者と自己との相互主観的共現前など、さまざまな規定をとって現われる。初期のデリダは、とくにこの現前性の優位がロゴス中心主義、音声中心主義と一体として現われ、意味や事象そのものの純粋現前を確保するためパロール（音声言語）が特権化され、エクリチュール（文字言語）が貶《おとし》められる事情を明らかにした。八〇年代以降も、根源的な肯定のウィ、贈与、正義、責任、メシア的なものなど、デリダの追究する経験はつねに現前性の地平においては「不可能な」経験として、現前性の支配を逃れる経験として考えられている。

階層秩序的二項対立　oppositions hiérarchisantes

形而上学的言説は、価値的に序列づけられ、しばしば正負反対の価値をもつ二概念の対によって支配され、構築されている。内部／外部、自己／他者、同一性／差異、本質／見かけ、起源／反復、真理／虚偽、善／悪、生／死、精神／物質（身体）、知性的／感性的、時間的／空間的、固有／疎遠、自然／技術（文化、文明）、人間／動物、男／女、西洋／東洋、現実／虚構、まじめ／不まじめ、哲学／文学、意味／記号、パロール／エクリチュール、充実したパロール／空虚なパロール、良き（聖なる）エクリチュール／悪しきエクリチュール、……。形而上学的欲望は、二項を厳密に区別したり、単なる差異ではなく対立の関係においたり、前項を優位に後項を劣位においたり、前項から後項を派生させたり、前項の純粋現前を求めて後項の要素を抹消したり、さまざまな操作を行なうが、両者の境界線を厳格に維持することが基本的な前提である。ここから、現前の形而上学のロゴス中心主義、音声中心主義、ファロス中心主義、肉食‐男根ロゴス中心主義、ヨーロッパ中心主義など、種々の性格が出てくる。形而上学といっても、けっして単に哲学者の言説だけが問題なのではなく、また単に「西洋」だけの問題でもなく、あらゆるジャンルの言説、日常的常識にもこうした前提は浸透している。

脱構築的言説は、こうした広義の形而上学的思考を支配している諸概念の階層秩序的二項対立を解体し、現実の力関係を変形すべく介入する。パロール／エクリチュールのケースが典型的だが、通常は、劣位におかれたもの（エクリチュール）が何らかの形で優位におかれたもの（パロール）の可能性の条件にかかわっていることを示し、両者の境界線が厳密には決定不可能であることを暴露《ばくろ》することによって、既成の価値序列とは別の関係、別の〈他者との関係〉の可能性を開こうとするのである。その場合、既成の価値序列がただ逆転されただけで、二項の境界線が問いなおされず、かつて劣位にあった項が純粋現前してかつて優位にあった項を支配するなら、それは逆転された形而上学、もう一つの形而上学にすぎない。

差延　différance

フランス語の動詞 différer が、「異なる」と「延期する、時間的に遅らせる」という二つの意味をもつところから、その現在分詞を名詞化し、「差異」の意味しかもたない従来の名詞 différence と区別したもの。デリダの造語だが、現在では一般の辞書にも見出し語として出ている。空間的差異化＝間化(espacement)であるとともに、時間的差異化＝待機(temporisation)でもあるような「諸差異の産出の運動」を表わし、différence と différance の差異は、発音上はまったく同じため声によっては知覚されず、文字として書かれてはじめて意味をもつことから、形而上学の音声中心主義が抹消してきた差異の運動、原エクリチュールの運動を象徴するとされる。

現前の形而上学は、なんらかの現前する存在者であれ、現前する意味であれ、また時間的現在であれ、一般に現前する同一者を根源的なものと想定している。しかし、およそあらゆる同一者は、他者との差異においてのみ、またそれ自身の反復においてのみ同一なものとして構成されるのであり、この差異と反復、すなわち差延の運動に権利上先立つ同一者は存在しない。経験的主体のアイデンティティ、超越論的主観性の自己への現前(présence à soi)の同一性など、主観性の同一性はあらゆる客観性の同一性と同様、「差延の一効果」であり、「差延のシステムのうちに書きこまれた一効果」である。要するに、他者への関係を抹消した〈自己自身〉なるものはけっして存在しえない。階層秩序的二項対立のいかなる項も純粋現前しえないのは、差延がつねに他者への関係を持ちこむことによって、同一者の現前を無限に延期するからである。こうした差延は、現前の形而上学が想定するどんな根源よりも〝根源的〟な運動であるが、同定可能な根源の同一性そのものが差延の効果にすぎないから、差延の根源性とは根源の不在以外の何ものでもない。

　差延の思想には、ソシュールの「差異」の原理、フッサールの「内的時間意識」の現象学、ハイデガーの「存在論的差異」など、種々の先行思想の影響が見え、デリダ自身はニーチェの影響を強調しているが、いずれにせよ、実体的同一性より差異と関係を先立てる発想を突きつめたところに成立した思想である。パロール／エクリチュールの階層秩序的二項対立が、原エクリチュールへと脱構築されるように、同一性／差異の階層秩序的二項対立が、差延へと脱構築されるといってもよい。

反復可能性　itérabilité

　言語的であるか非言語的であるかを問わず、なにごとかを意味する単位としてのマーク (marque) 一般は、権利上、その機能がただ一回の出来事のなかに尽きてしまうのではなく、異なるコンテクストで反復して機能しうるのでなければならないということ。たとえば任意の言語表現は、それがパロールとして語られようと、エクリチュールとして書かれようと、それが発せられる瞬間にそれに現前している内的・言語的コンテクスト、外的・非言語的コンテクスト、語る主体や書く主体の現前、それらの生き生きした意味志向や意図の現前などが、すべて消失してしまったとしても、別のコンテクストにおいて繰り返し機能することができるのでなければ、そもそものはじめから言語表現としては機能しえない。逆に、すべてのマークは、それを当のマークとして認知させる最小限の反復可能性さえあれば、権利上、どんな要素の現前にも依存せず、無数の異なるコンテクストにおいて、無数の異なる意味をもって機能することができる。ここからデリダは、言語、記号、マーク、一般に何らかの意味をもつ経験すべてを、現前性、同一性、根源性、本来性、固有性、自然性といった理念から解放し、何よりも主体の意志的支配から解放しようとする。反復可能な意味機能の単位は、どんな主体の意志や予期、予定、計算をも超えて、まったく予想外のコンテクストで、まったく予想外の仕方で反復され、生き残っていくことがありうるのだ。同様の反復可能性は、法の考察に当たっても重要な意味をもつ。

マークは、marque、marche、margeといった連想から、「歩み」や「縁、余白」といったものに結びつけられる一方、動詞（marquer）では線を引く、書きこむ、刻印するという意味から、痕跡、エクリチュール、割礼などのモチーフとも通じ合っている。ある下地、身体、場所（コーラ）に書きこまれたマークは、その刻印の原暴力、切断の外傷を差異を含んで反復し、忘却しつつ記憶しつづけるだけでなく、つねに他のコンテクストで新たに機能することの約束を担って残りつづけるのである。生き延びること（sur-vivance）や遺抗（restance）といったモチーフとも密接に関連する。また、デリダはマークの経験に人間／動物の形而上学的二項対立を脱構築する可能性を見ている。

ウィ、ウィ　oui, oui

ウィはフランス語の肯定の副詞で、英語のイエス（yes）やドイツ語のヤー（ja）に当たる。「はい、しかり」を意味し、否定の副詞ノン（non）——「いいえ、否」——に対立する。デリダが問題にするのはしかし、もはやノンに対立するウィではなく、他の語と並び一つの言語体系（フランス語）を構成する一語彙《ごい》ではない。それは、言語以前に到来し、パロールであれエクリチュールであれ、語であれ文であれ、およそ何らかの言語が発せられるときにはつねにすでにそれに伴い、それを可能にしているような根源的な肯定である。私はあらゆる言語行為において、他者に語ることを肯定し、受信者としての他者の到来を肯定している。私は口を開くやいなや、「私はあなたに語る」ということを言語以前に肯定し、他者に約束している。この約束は他のさまざまな言語行為と並ぶ言語行為の一種ではなく、あらゆる言語行為に伴い、あらゆる言語行為が可能になる空間そのものを開く根源的な約束、言語以前の約束である。たとえ私が嘘をつく場合でも、偽証する場合でも、この構造は変わらない。ノンを言うときにもこのウィは前提されており、どんなメタ言語もこのウィを前提しているのだから、このウィはどんなメタ言語によっても対象化しえない、あらゆる言語行為の超越論的条件なのだ。

この根源的なウィ、根源的な約束は、それ自身すでに他者の呼びかけへの応答であるかぎり、じつは根源的とはいえず、他者に先立たれている。私が実際の発話以前に、またあらゆる発話とともに、無意識のうちにウィを発しているとき、私はつねにすでに他者からウィを発するよう求められているのであり、その呼びかけを無意識のうちに聞いてしまっているのである。私のウィはつねに第二のウィで、他者のウィに先立たれている。デリダはここに、主体がつねにすでに自己に先立つ他者への応答可能性のうちにおかれているという責任の構造を見いだす。他方、約束が約束であるためには、それが約束として記憶され、反復されつづけることが必要であることから、ウィはつねにすでに、その最初の瞬間からウィの反復、ウィ、ウィでなければならないとされる。根源的約束は、それ自身のうちに、約束の記憶を保持するという記憶の約束を含んでいなければならないのだ。反復可能性は、ウィの約束のなかに分割可能性と空虚化の危険を導き入れるが、それは同時に散種と他者への遺贈のチャンスでもある。ウィ、ウィは、まったき他者の到来としての出来事、正義、歴史、未来＝来たるべきもの（à-venir）の肯定の思想なのである。レヴィナス、ジョイス、ポール・ド・マン、ニーチェ、ローゼンツヴァイク、ハイデガー、ミシェル・ド・セルトーなどとの比較考察が重要である。

アポリア aporie

ギリシャ語で一般に、通過できないこと、出口がないこと、手段がないことなどから、解決困難な矛盾、難問を意味するが、デリダは文脈によって、パラドクス（逆説）、アンチノミー（二律背反）、ダブル・バインド（二重拘束）、さらには「不可能なもの」などと使い分けている。しばしば脱構築は所与の言説の自己矛盾を暴露し、それを自壊に導くことを目的としているかのように誤解されるが、肝心なのは、ロゴス中心的諸価値を前提とした矛盾の暴露ではなく、固定化し、自明化した既成の言説的・制度的構築物を決定不可能な他者の経験——アポリアの経験——に開くこと、そしてその経験のなかで決定の責任を問いなおすことである。アポリアの経験のないところには正義も責任もなく、いいかえれば他者との関係がない。アリストテレスの時間のアポリアまでさかのぼる初期の「ウーシアとグランメー」(『余白』)から最近の『アポリア』まで、デリダの思考はある意味で一貫して「アポリアの思考」である。

他者との関係はアポリアである。他者を他者として知るためには他者を知ってはならない。他者を知るためには他者を私の世界の一部とし、私の理解可能な地平に他者をとりこみ、他者の他者性を内化、同化しなければならないが、そのとき他者はまったき他者ではなくなってしまう。他者は到達不可能なものとして到達されねばならない。固有名や署名もアポリアである。それらは反復可能性や模倣可能性によってしか、固有性や一回性や独自性を保証できない。唯一絶対の他者に「アブラハムよ」と呼びかけるとき、「神よ」と呼びかけるとき、これらの呼びかけの宛て先はすでに分割され、散種されている。贈与もアポリアである。それは贈与として現われないかぎりにおいてしか純粋な贈与ではありえない。赦しはアポリアである。赦しが赦しの名に価するのは、それが赦しがたいもの、赦しえないものを赦すときにほかならない。正義も責任もアポリアである。他者の特異性＝単独者性に絶対的に責任を負おうとすれば、他の他者たちには無責任にならざるをえず、すべての他者をまったき他者として尊重するという正義の要請は、不可能なもの、アポリアの経験として維持されるのである。その他、死、愛、歓待、証言、喪の作業など、アポリアとして論じられる経験は少なくない。

差延や反復可能性は、このアポリアの経験の構造を形式化しているともいえる。それらは、同じものと他なるもの、同一性と差異性という二重の要求が、両者のどちらにも絶対に還元されえない仕方で交渉しあい、そのつど有限な決定、解釈、判断が無限につづけられていく場面を表わしている。『アポリア』で不可能性の可能性（ハイデガー）としての死のアポリアを探究したデリダは、「究極のアポリアとは、アポリアそのもの［＝そのものとしてのアポリア］の不可能性である」といっている。不可能なものの経験であるアポリアは、それ自体としては経験不可能であり、それ自体の他者との汚染＝混交においてしか経験されえないのだ。

メシア的なもの　le messianique

メシア的なものとは、他なるもの、他者の到来としての未来、来たるべきもの（à-venir）としての未来へと開かれた経験の構造をいう。未来との関係といっても、メシア的なものは、現象学的・解釈学的な地平（horizon）の観念とは異なる。地平はそのギリシャ語の原義からいっても、ある限界を区切るものであり、到来する他者がいかにして到来するかをあらかじめ先取りし、規則化する働きをする。メシア的なものとはむしろ地平の断絶であり、未来に投げかけられたあらゆる予測——プログラム、プロジェクト、計算——を超えて、まったき他者として到来するものとの関係なのだ。

メシア的なものはまた、メシアニズムから区別される。それは「メシアニズムなきメシア的なもの」であり、メシア性（messianicité）とも呼ばれる。特定のメシアの現前を予想し、歴史の成就としての終焉を予想するあらゆるメシアニズム——ユダヤ教、キリスト教、イスラム教をはじめとする宗教的メシアニズム、ヘーゲル主義、マルクス主義、ポスト－マルクス主義的な目的論的歴史哲学、党や階級や民族や国家や文明など特定の現前する存在者に歴史の意味を担わせる範例主義的普遍主義、とくに範例主義的ナショナリズムなど——は、未来との関係をつねに特定の規則に従属させ、まったき他者の到来としての歴史、出来事としての歴史の次元を抹消してしまう。メシア的なものにおいてもメシア＝未来が待たれるが、けっして現前しえないものとして待たれるのであり、現前とは別の仕方で到来するもの、しかし「いま、ここ」にも到来しうる切迫したものとして、待つことなく待たれるのである。

　メシア的なものの思想は、ベンヤミン、ブランショ、レヴィナスらと共鳴する部分が大きい。歴史哲学的射程をもつが、一方では、言語の根源的約束、肯定の「ウィ、ウィ」などとも結びつき、他者との関係のあらゆる場面で語られる経験の構造である。この未来への関係には、主体の予測を超えて「過去から」到来する記憶、亡霊の回帰、幽霊的他者との関係も含まれる。また、「メシア的なもの」という表現は依然としてアブラハム的宗教の範例性を連想させるので、デリダがこれをあくまでコンテクスト上の要請から採用された「歴史的」なものだ、ともいっている点を忘れてはならない。

自己免疫性　auto-immunité

　自由と民主主義を標榜するアメリカ合衆国は、9・11以降、「悪の枢軸」ないし「ならず者国家」つまり自由と民主主義の「敵」に対して戦争すると称し、自国内の治安警備を拡大強化することで、民主的自由を制限し、自由と民主主義の敵に自ら似ることとなった。自由と民主主義を謳う自国を守るために、自国の民主的自由を制限するこの自壊作用を、デリダは「自己免疫性」と呼ぶ。アルジェリアの一九九二年選挙において、過半数の獲得が確実視されていたイスラム救国戦線（FIS）が、軍事クーデターによって政権獲得を阻止された例も、その典型である。いずれも民主主義の敵を排除するために非民主的手段が取られ、民主主義は自壊し、その実現は繰り延べられている。

　民主主義の生は、このような生と死のダブルバインドのうちに、生き延びること（survie）として位置づけられる。この生死の差異は、自己支配の同一性には解消されえない他なるものであり、それこそが民主主義の終わりなき運動を可能にしている。そうした終わりなき運動として、民主主義は「来たるべき民主主義」なのである。

読書案内

デリダについての日本語の研究書、解説書、参考書の現状を見ると、まだ初期デリダの思想を論じたものに偏っている。本書で紹介したような、その後のデリダの思想が本格的に論じられるのはまだまだこれからであろう。以下では、いくつか入門的な単行書をあげておく。

(1)デリダと脱構築を主たる対象とするもの

クリストファー・ノリス『**デリダ——もうひとつの西洋哲学史**』(富山太佳夫・篠崎実訳、岩波書店、一九九五年、原著は一九八七年)

デリダの思想の哲学的要求を重視する立場からの入門書。八〇年代半ばまでをカヴァーしており、読みやすい。

高橋允昭『**デリダの思想圏**』(世界書院、一九八九年)

初期デリダが打ち出した「形而上学の脱構築」の意味を、ニーチェ、ハイデガー、ヘーゲルなど最も哲学的な部分との関連で集中的に説く。

ヘンリー・ステーテン『**ウィトゲンシュタインとデリダ**』(高橋哲哉訳、産業図書、一九八七年、原著は一九八四年)

ウィトゲンシュタインを分析哲学の脱構築者と捉え、デリダとの類似点を探ったもの。初期デリダの哲学的理解に優《すぐ》れているが、言語論中心。

クリストファー・ノリス『**脱構築的転回——哲学の修辞学**』(野家啓一・森本浩一・有馬哲夫訳、国文社、一九九五年、原著は一九八三年)

脱構築的視点で、キルケゴール、ベンヤミンから分析哲学まで、現代思想のテクストを読もうとしたもの。

ジョナサン・カラー『**ディコンストラクション**』I

Ⅱ（富山太佳夫・折島正司訳、岩波現代選書、一九八五年、原著は一九八二年）

脱構築批評についての代表的概説書。フェミニズム批評とのつながりなどについても参考になるほか、巻末の文献リストが充実している。

マーク・テイラー**『さまよう――ポストモダンの非／神学』**（井筒豊子訳、岩波書店、一九九一年、原著は一九八七年）

「神の死の神学」に近い立場から、デリダの脱構築を解釈したもの。

マイケル・ライアン**『デリダとマルクス』**（今村仁司・港道隆・中村秀一訳、勁草書房、一九八五年、原著は一九八二年）

八二年までの段階で、デリダとマルクス主義の形而上学批判としての接点を積極的に見いだそうとしたもの。

ドゥルシラ・コーネル**『限界の哲学』**（仲正昌樹監訳、御茶の水書房、二〇〇七年、原著は一九九二年）

法を「怪物」と評するフェミニスト法哲学者が、米国の法解釈の現場と近現代思想を往復しつつ、法と論理に関するデリダの脱構築の批判的かつ「肯定的」意義を力説する論集。

リチャード・バーズワース**『デリダと政治的なもの』**（Beardsworth, R., *Derrida & the political*, Routledge, 1996）

未邦訳だが、デリダの思想を「アポリア」論の観点から統一的に解釈し、その政治的－哲学的意味を取り出している。

東浩紀**『存在論的、郵便的――ジャック・デリダについて』**（新潮社、一九九八年）

「ゲーデル的脱構築」ないし「否定神学的脱構築」と、「デリダ的脱構築」ないし「郵便的脱構築」を区別し、後者の可能性を追究した独創的なデリダ論。

鵜飼哲**『ジャッキー・デリダの墓』**（みすず書房、二〇一四年）

　デリダの高弟の一人が、デリダ没後一〇年にして初めて著した「デリダについて」の書。「終わらざる出来事」であるデリダの死をめぐって展開される多彩な思考。

(2)一部を当ててデリダを論じたもの

リチャード・J・バーンスタイン**『手すりなき思考――現代思想の倫理‐政治的地平』**（谷徹・谷優訳、産業図書、一九九七年、原著は一九九一年）

　二つの章をデリダに当てている。八〇年代までの範囲で、「倫理‐政治的地平」こそデリダの思考の出発点とし、それを暴力批判と「追放＝亡命《エグザイル》」のモチーフに見いだす明快な論考。

ヴァンサン・デコンブ**『知の最前線――現代フランスの哲学』**（高橋允昭訳、TBSブリタニカ、一九八三年、原著は一九七九年）

　第五章「差異」をデリダとドゥルーズに当て、初期デリダの哲学的問いかけの意味を巧《たく》みにまとめている。

スーザン・A・ハンデルマン**『誰がモーセを殺したか――現代文学理論におけるラビ的解釈の出現』**（山形和美訳、法政大学出版局、一九八七年、原著は一九八二年）

　デリダをユダヤ教タルムードの異端的解釈学に位置づける大胆な論考。ただデリダのユダヤ性に関しては、今日では、最近までの展開を押さえたジョン・カプート**『ジャック・デリダの祈りと涙――宗教なき宗教』**（Caputo, J., *The Prayers and Tears of Jacques Derrida, Religion without Religion*, Indiana U.P., 1997）が必読文献である。

足立和浩**『人間と意味の解体――現象学・構造主義・デリダ』**（勁草書房、一九七八年）

　副題のとおり、初期デリダの思想を現象学と構造主義の展開の延長上に位置づけて論じる。

鵜飼哲『**抵抗への招待**』（みすず書房、一九九七年）
第Ⅵ部に九〇年代のデリダの「政治的」言動を追ういくつかの貴重な論考を収める。

鵜飼哲『**主権のかなたで**』（岩波書店、二〇〇八年）
主権性の脱構築をはじめとする後期デリダのモチーフを、現代のアクチュアルな政治的・思想的諸問題につなぐ。

高橋哲哉『**逆光のロゴス——現代哲学のコンテクスト**』（未来社、一九九二年）
第三部でデリダを論じる。本書で立ち入ることができなかったフッサール現象学や言語行為論との関連については、こちらを参照していただきたい。

(3)主な雑誌の特集

『**現代思想**』一九七五年三月号「**デリダ——現代フランス思想の展開**」
『**現代思想**』一九八二年二月臨時増刊号「**デリダ読本——手紙・家族・署名**」
『**理想**』一九八四年一一月号「**デリダ**」
『**現代思想**』一九八八年五月臨時増刊号「**デリダ——言語行為とコミュニケーション**」
『**現代思想**』一九八九年八月号「**闘うデリダ——言語のポリティクス**」
『**情況**』一九九八年一〇月号「**デリダと政治的なもの**」
『**現代思想**』一九九九年三月号「**デリダ**」
『**現代思想**』二〇〇四年一二月号「**緊急特集　ジャック・デリダ**」
『**思想**』二〇〇五年第一号「**デリダへ**」
『**別冊「環」**』第一三号「**ジャック・デリダ　一九三〇—二〇〇四**」（二〇〇七年）
『**思想**』二〇一四年第一二号「**一〇年後のジャック・デリダ**」
『**現代思想**』二〇一五年二月臨時増刊号「**総特集　デリダ　一〇年目の遺産相続**」

原本あとがき

予定の四〇〇枚を超え、さらに五〇〇枚を超えたところで時間切れとなった。デリダの「現在」の重要テーマ「信」までなんとか辿《たど》りついたことでもあり、とりあえずここでいったん筆をおくことにしたい。

まえがきにも述べたとおり、本書で与えられた紙幅のなかにデリダの重要テーマを漏《も》れなく盛りこむことは私にはできなかった。デリダとハイデガー、デリダとフロイトないし精神分析、デリダと文学、芸術といったテーマは、それぞれがそれだけで優に一書を必要とする膨大《ぼうだい》な問題領域であり、ここではまったく立ち入ることができなかったし、デリダとレヴィナスの問題についても実質的な議論は他日を期さなければならない。一種の「正義」論としての脱構築にとって、言語と法を貫くもう一つの大きなテーマである「技術」についても、本来なら少なくとも一章を割《さ》くべきであったかもしれない。宗教論も本格的な議論はこれからである。デリダについては、ほとんどすべてがこれからなのであり、今後これらのテーマをめぐって優れたデリダ論が陸続と現われてくれることを期待したい。

講談社学術局の宇田川眞人さんから本書執筆のお誘いを受けたのは、ちょうどデリダのもとでの一年半の研究滞在を終えて帰国したばかりの九四年春だった。学生時代から読んではきたものの、自分をいわゆるデリダ研究者だと思ったことは一度もなく、ただ最も刺激的な思想的挑発をそこから受けとるためだけに勝手な読み方をしてきた私は、この機会に一度デリダについてまとめておくのもいいかもしれないなどと、いま顧《かえり》みるとかなり安易な気持ちでお引き受けしてしまったように思う。定期便のように送られてくる新著で増える一方のテクスト、広大かつ多様な問題領域、そしてなにより要約や整理を拒否する独特の言説戦略に対してどう切りこんでいったらいいのか、私は考えれば考えるほど分からなくなり、書きはじめるまでに結局ほぼ三年を費やしてしまった。一向に見通しが得られず悩んでいた私を静かに見守り、くりかえし勇気づけてくださった宇田川さんがいなければ、私はこの仕事を途中で投げ出してしまっていたかもしれない。

実際の編集作業を担当してくださったのは、同じ学術局の川島克之さんである。川島さんは、「イサク奉献」の写真は絶対にニースで見たシャガールの絵にしたい、といった類《たぐ》いの私のわがままをすべて寛大に受け入れてくださり、お礼の申し上げようもない。デリダの宗教論や神学の見方に深い関心をお持ちで、その鋭い問いかけによって挑発されることがなかったら、本書はおそらくはるかに底の浅いものになっていただろう。川島さんとの対話が、執筆の苦行をずいぶん楽しいものにしてくれた。

宇田川さんと川島さんには、脱稿が遅れに遅れてしまったことを深くお詫《わ》びするとともに、本書の完成にまで導いてくださったことに心から感謝申し上げたい。

デリダをテーマとした本である。私のデリダ理解になにか少しでも取り柄があるとすれば、その部分はまちがいなく、鵜飼哲、増田一夫、港道隆という三人のデリダ読みとの友情に負っている。とくに、学生時代からかれこれ二〇年近くデリダを共通の関心事として続いてきた増田氏との対話がなかったら、私のデリダ理解はとうていこの程度のレベルにも達していなかっただろう。この場を借りて三氏の友情に感謝したい。

本書でデリダやプラトン、その他の著作から引用する場合は、邦訳がある場合には一々出典を明記せず使わせていただいた。そのさい、若干の訳語や表現を変更させていただいた箇所があることをお断りしておく。訳者の方々のご理解を請いたい。

この半年余り、ほとんど休日もない状態で本書の執筆に追われた。ご迷惑をおかけした人びとは多いが、家族にもとんだ窮屈な思いをさせてしまった。曲がりなりにも宿題を果たせたのは、これらすべての人たちのおかげである。

一九九八年一月二九日　早暁

高橋哲哉

文庫版へのあとがき

本書は、一九九八年に講談社「現代思想の冒険者たち」シリーズの一冊として江湖に送り出され、二〇〇三年に同シリーズのセレクト版として再版された拙著『デリダ　脱構築』の文庫版である。原著は、執筆時に通覧できた一九九七年までのデリダの思想を扱っており、セレクト版から本書まで本文の内容に変更は加えていない。したがって、一九九八年から二〇〇四年の死去までの間に、また死後に出版されたデリダの著作については本書の範囲外になる。ただし、巻末の「略年譜」、「主要著作ダイジェスト」、「キーワード解説」、「読書案内」には若干の追補を行なった。また、図版・写真については大幅な削除を余儀なくされ、とくに思い入れのあったシャガールの「イサク奉献」を残せなかったのは残念でならない。

ジャック・デリダが没して、早や一〇年を越える時が流れた。二〇一四年は没後一〇年を記念して、欧米でも日本でも、デリダの思想をめぐるシンポジウムや学会、雑誌特集などさまざまな企画が展開された。社会科学高等研究院（ＥＨＥＳＳ）等で長年にわたって続けられた「セミネール」や講義の原稿の出版（全四三巻の予定）が開始されたこともあり、デリダへの関心は衰えていないように見えるが、一方では、脱構築を「現代思想」の一エピソードとして過去帳に収め、早くも忘れ去ろうとするような動き、脱構築が開いた広大な問いの存在を否認する動きが始まっている兆候も見られる。本書によって、デリダを本格的に読もうとする人が少しでも増えてくれれば幸いである。

本書や私のデリダ解釈を「政治的デリダ」と特徴づける見方があるようである。言うまでもないが、「言語」と「法」を二つの焦点とする「正義論」としての脱構築という解釈は、本書でその一端を示したような根拠に基づくもので、私が「政治的デリダ」なるものをでっち上げたわけではない。本書刊行後、最晩年および死後に出版されたデリダの著作は、この解釈をむしろ補強しつつあるように思う。デリダへの入口はもちろん無数にありうるし、出口もまた多様でありうる（唯一の正しい解釈があるわけではない）。私自身、デリダを読み始めてから一〇年以上の間、現象学研究者として全く「非政治的」な読み方をしていた。ただ、一九九〇年代以降、「脱構築」を語るなら、「脱構築不可能なもの」としての「正義」が「脱構築」を駆動させる、と語ったデリダを無視できなくなったことは確かである。

蛇足を承知で念のために付け加えれば、「政治的」な諸問題をめぐる私の著作や発言を「政治的デリダ」に結びつけ、デリダ思想の「応用」だとか「歪曲」だとかを云々するのは全くの誤解である。そうした著作や発言は、当然ながら時々の状況に応じて私自身の「決断」で行なっているもので、デリダ思想の「適用」や「応用」などではない。そんなことはやろうとしてもできないし、「決断」（＝「決定」）に関するデリダの思想にも反していよう（そうしたデリダの「決断」論の影響はあるかもしれないが、それは「決断」の内容にまで及ぶものではない)。

文庫化にあたっては、講談社学術文庫の稲吉稔さんのお世話を忝くし、その適切なアドバイスによって大いに助けられた。厚く御礼申し上げたい。解説の労をとってくださった宮崎裕助さん(新潟大学准教授)、「主要文献ダイジェスト」など追補に協力してくださった島田貴史さん(東京大学大学院総合文化研究科博士課程)のお二人にも、感謝の意を表したい。

二〇一五年四月一二日

高橋哲哉

解説　「新たな決定の思想」を再導入する

宮﨑裕助

「デリダについては、ほとんどすべてがこれからなの」だ——。

本書がそう記して「あとがき」を閉じたのは一九九八年。いまから一七年も前のことになる。当時はまだ、日本語オリジナルのものではデリダのまとまった概説書や入門書の類いが存在していなかった。日本語デリダを日本語に導入した第一世代である豊崎光一の小著（『余白とその余白または幹のない接木』小沢書店、一九七四年）や高橋允昭の論集（『デリダの思想圏』世界書院、一九八九年）はあったが、それらはまだ試行的ないし実験的な書き物にとどまっていた。

本書はまさにこの言葉を「あとがき」に記すことをもって、たんにデリダについて日本語で書いただけでなく、デリダの企てを一人の哲学者の一貫した思想として解読することで、日本語の書物ではじめてまとまった仕方で明確なデリダ像を提示するということを成し遂げたのである。かくして本書は、「デリダについては、ほとんどすべてがこれから」と言いうるような、日本語のデリダ読解の基点を確立したのだ。

それが並大抵の達成ではないことは容易に推察されるだろう。なによりもデリダは当時まだ現役であり、旺盛な著作活動を多方面に展開しながら次々と新刊を上梓する最中にあった。ますます膨脹してやまないデリダの著作集成の全体をいわばいったん冷凍保存し、その主要な位相を初期から一貫したかたちで切り出してみること。しばしば読者を途方に暮れさせるデリダの多種多彩な書き物に正面から取り組み、その核心を再構成してみること。それまでデリダの読者が——少なくとも日本語圏では——しばしば試みてはごくごく不充分なかたちでしか成しえなかった困難な課題を、本書は、入門書という制約を引き受けるなかで正面突破したのである。

たしかに、デリダについての通り一遍の紹介であれば当時すでに数多く存在していた。いわく、パロール（話し言葉）によるエクリチュール（書き言葉）の抑圧の告発、現前の形而上学批判、差異の戯れ（差延）を介した二項対立の脱構築、等々。英語圏では、デリダの思想は「ディコンストラクション」として八〇年代にはすでに流行思想と化しており、日本でもそうしたうわべをなぞる類いの祖述は以前からあった。

しかしデリダのテクストほど、生半可な理解によって解説したり安易にパラフレーズしたりすることが、みずからを裏切ってしまうようなテクストはないだろう。デリダにとってテクストとは、読者のあらゆる手の内をテクスト自身があらかじめ書き込んでいるかのようであり、それはいわば、読者が読む以前に読もうとしていることをテクスト自身に先回りされて読まれてしまっているかのようなのだ。実際デリダのテクストにあっては、それを読み込めば読み込むほどテクストそのものがつねに「半歩先」に行っていることを痛感させられるのである。本書がこのことにどれほど自覚的であるかは、本書の劈頭に現われる次のようなデリダの（想定上の）言葉からはっきりしている。「私を読んでごらん。きみにそれができるかな？」

まずは本書の構成を一瞥しておこう。第一章はこの種の入門書の定石通り、伝記的な記述でデリダの生涯がたどられている。第二章からはデリダのテクストそのものに即した解説が始まり、概ね時系列に即して展開されていく。内容的には、ごく大雑把な括りで言えば、哲学（第二章）、言語（第三章）、法・政治（第四章）、宗教（第五章）というように構成されており、これは網羅的なものではないが、デリダの著作を時代順に並べたときに見てとれる外面的傾向をある程度反映した区分になっている。その主題の選択はけっして恣意的なものではない。

第一章の小伝は、現在からみてもこれほど簡にして要を得た記述はないというぐらい、デリダの生涯と関連するエピソードが的確にたどられている。デリダの生い立ち、アルジェリアのユダヤ人として少年期にフランスの市民権を一時的に剝奪されたその境遇、学校嫌いの「不良少年」デリダ、高等師範学校受験失敗を経て入学、アグレガシオン（高等教育教授資格試験）合格、ハーヴァード大学留学、高等師範学校への就職、そして相前後して『《幾何学の起源》序説』によりデビューし、脱構築の哲学者として次第に名を馳せていく経緯、その後の世界的な活躍の軌跡、等々。

もちろん本書の記述は一九九八年時点のものであり、当然のことながら二〇〇四年に生涯を閉じたデリダの晩年への言及はない。没後一〇年以上を経たいまでは浩瀚《こうかん》な伝記も出版されており（ブノワ・ペータース『デリダ伝』白水社、二〇一四年）、本書の記述を補う情報はいくらでも知ることができる。しかしそれを踏まえてもなお、第一章で簡潔かつバランスよくまとめられたこの小伝は、短時間でデリダの生涯を知りたい向きにはきわめて有益な記述になっていることを特筆しておきたい（当時伝記を書くのに役立つまとまった資料はデリダのいくつかの自伝的テクストとデリダと共著でジェフリー・ベニントンが出した入門書〔未邦訳〕ぐらいしかなかっただろうから、九八年時点ではこれは世界的にみても最良のデリダ小伝のひとつだったはずだ）。

第二章は、デリダの代表作「プラトンのパルマケイアー」に即して、プラトンに始まる西洋形而上学の歴史に重ね合わせるかたちで、デリダの初期からの哲学的活動の要点を解明するものとなっている。この論文を収めるデリダの著書『散種』（一九七二年）は、最近になってようやく日本語訳が刊行されたが（ジャック・デリダ『散種』藤本一勇・立花史・郷原佳以訳、法政大学出版局、二〇一三年）、それまではフランス語原典にあたることのできない読者が「プラトンのパルマケイアー」の要点を知るには本書の第二章を読むのが最善の選択だった。また、脱構築的な読解（五七頁以下）、代補（九一頁以下）、差延（一〇八頁以下）といった鍵語の正確な説明も含まれており、そうした点は、ある程度デリダの著作に通じた者にとっても繰り返し参照されるべきところだろう。

本書の本領が発揮されるのはしかし、なんといっても第三章以降の展開である。第三章のはじめの方の頁には次のような一文がある。

> 脱構築はある意味で、新たな「決定」(décision)の思想であるといえる。それは決定不可能性の思想であると同時に、決定の思想でもあり、同時に決定不可能性の思想でもあることこそ、脱構築をして新たな決定の思想たらしめているといえるだろう。(一二五～一二六頁)

本書が一個のデリダ論として旗幟鮮明にしている最も中心的な論点とは、脱構築が新たな「決定」の思想だという主張である。すなわちデリダの脱構築の思想は、決定不可能性の優柔不断さに甘んずるのでも、ましてや、現代版のニヒリズムやシニシズムでもない。それどころかまったく反対に、制限なき肯定の思想なのだ。誤解してはならないがこれは、従来の形而上学的な決定(ロゴス中心主義や音声中心主義など)に対して、新たな別の決定を対抗的に打ち出すのが脱構築だ、ということではない。

いま引用した文にも示されているように、脱構築があくまで決定不可能性や「不可能なものの経験」にこだわりながらこれを尊重しようとすることは確かだ。脱構築にとってこうした不可能性の水準はけっして妥協できない一線である。しかし肝心な点は、脱構築がけっしてそれで終わるのではなく(だからニヒリズムや否定神学のようなものではない)、当の不可能性を経由してこそはじめてその名に値する決定を真に呼び込みうるのだということ、かつそのようにして当の決定を遂行する思想であるということなのだ。どういうことだろうか。

たとえば、理論が演算プログラムのように、実行すべきことをあらかじめ決定しておいてくれるのだとしたら、それは、行為する「私」が「決定」する以前に決定されていたことにならないだろうか。それは「私」が決定したのではなく「理論」が「決定した」（というより「計算」や「演繹」にすぎないが）ということ、つまり決定していないことになるのではないか。

では「私」という「主体」が決定すればそれは「決定」と言えるのだろうか。そもそも「主体」にみずからの行動を思うままに統御しうるような主権的能力が宿っているというのは本当だろうか。全能の決断力のもとに決定を下しうるかのような「主体的決断」という想定ほど、欺瞞的な決定論はないのではないか。それは責任を引き受けるやり方に見えて、「主体」という手垢に塗《まみ》れた形而上学的産物に決定の権能を委ねてしまう、最も無責任な決定ではないのか。デリダに言わせれば（ひと昔前に実存主義者たちがアンガジュマンとして人々を鼓舞したような）そうした主体的決断もまた、決断や決定という言葉にはふさわしくない不正確かつ不充分な議論なのである（こうしたデリダの決断論批判はサルトル批判のみならず、カール・シュミット流の決断主義への批判にも及ぶ。この点にかんしては、拙著『判断と崇高』〔知泉書館、二〇〇九年〕第六章「決断の帰趨」を参看いただけると幸いである。この拙論は本書の問題提起の延長線上に書かれている)。

では、デリダの「新たな決定の思想」とはどのようなものか。言語の反覆可能な構造に基づくテクストの「散種」、他者からの呼び声たる「ウィ」、アメリカ独立宣言の「署名」、キルケゴールを介した「アブラハム的決定」や、マルクスの「メシアニズムなきメシア的なもの」等々——初期デリダの形而上学批判から、言語論を経て、後期の法哲学や宗教論的な著作へと至る道筋のなかで「決定の思想」としてデリダの一貫した思考の営為を解明したことが、本書の最重要の論点をなすのである。それらの諸相を本書から読み取ってゆくことは、本書の読者にとって最もスリリングな経験となるだろう。

実のところデリダ自身にあってさえ、脱構築を積極的に「決定の思想」と定義することは、初期から七〇年代に至る諸テクストでは必ずしも明示化されていないことだった。本書がこの視点を打ち出すに至ったのは、まさに八〇年代半ば以降のデリダの著作の変化、つまり、法や政治や宗教の諸テーマが前景化するようになった点を受けてのことにほかならない。実際この「変化」については、当時から研究者のあいだではデリダの「政治・倫理的転回」としてしばしば取り沙汰されていた。

このことを受けて、デリダが哲学や文学をめぐる初期の洗練された著作を投げ捨て、以前より素朴に政治的なメッセージを繰り返すようになってしまったとみなし、デリダの「知的転向」を断じる者もいた(リチャード・ローティは「私的なアイロニスト」から「公共哲学者」へのデリダの「転回」を皮肉り、スラヴォイ・ジジェクは、脱構築が政治的実践としてはたんなる「文化左翼」のそれにすぎないのだと揶揄した）。

こうした「政治・倫理的転回」を実体化して「デリダの知的転向」のようなものを引き出す議論は、いまでもけっして珍しいものではない。とくに関連して述べておくなら、たしかに「脱構築は正義である」という『法の力』（一九八九年）のあまりにストレートな一文は、脱構築をポストモダンの退廃的思想とみなしてきたデリダの敵対者をこれまでになく挑発する一方、デリダの長年の読者にとってさえスキャンダラスに響くものであった。というのはつまり、正義論を臆面もなく論じ始めたかにみえるデリダは、旧知のフォロワーにとっても「知的転向」――デリダの敵対者たちの場合とは逆の意味で――に感ぜられたことも事実なのだ。

本書の明晰かつ判明な筆致は、こうした誤解――やはりこれは誤解なのだ――をデリダ自身のテクストに即して丹念に解きほぐし、きっぱりと斥けている。「「脱構築は正義なのである」ということは、いわんや、ジャック・デリダの哲学が正義であるとか、ジャック・デリダその人が正義の人であるとか、を意味するわけではまったくない。デリダの「正義」論からみると、それはありえないことである。むしろ、デリダの「正義」論はそういった想定をこそただちに不正と断ずるようなものなのだ」（一九九頁）。

「脱構築は正義である」という一文の真意を本書がいかに汲み取っているのかを確認する作業は、読者にお任せすることにしよう。ともかくも本書は、以上のような点で、難解をもって鳴るデリダの思想の要点を比類のない仕方で明確にしており、日本語の読者への導入役を果たしてくれる最良の書物であるということは間違いない。もちろんデリダを取り巻く現在の状況は、本書が出た当時とは大きく変わってしまったところがある。したがって、本書をいまもなお「最良の導入役」と言うには、確かにいくつかの留保が必要である。

「あとがき」に記されている通り、本書がとくに文学、芸術、精神分析との関連を論じることができなかった点については、読者自身が補っていかなければならないだろう（一点補足すれば、精神分析との関係では、本書が出た約半年後に、東浩紀『存在論的、郵便的』〔新潮社、一九九八年〕が刊行されたことが指摘されるべきだろう。『存在論的、郵便的』は、とくに『絵葉書』〔一九八〇年〕のような実験的文体を駆使したデリダの著作の意義を追究しようとしている点からして、内容的にも方向的にも本書と好対照を成しており、本書をひと通り読んだ後で『存在論的、郵便的』と対比的に検討すれば、読者はデリダの見方について多くの有益な示唆を得られることだろう）。

本書が刊行された九八年以後も、デリダは旺盛な執筆活動を続けながら多くの著作を刊行した。デリダの死から一〇年以上経ったいまもなお、死後出版も含め、膨大な遺稿に基づいた著作の刊行が続いている。最後に少しだけ触れておくと、最晩年のデリダが9・11テロののち間もなくして取り組んだ民主主義論『ならず者たち』（鵜飼哲・高橋哲哉訳、みすず書房、二〇〇九年）、同時期に同じくテロの余波の危機感のなかで展開された講義録『獣と主権者 I』（西山雄二・郷原佳以・亀井大輔・佐藤朋子訳、白水社、二〇一四年）、遺稿集となったデリダの一連の動物論『動物を追う、ゆえに私は（動物で）ある』（鵜飼哲訳、筑摩書房、二〇一四年）、さらに二〇一三年には初期のデリダが一九六四年から高等師範学校で行なったハイデガー講義の草稿（未訳）が出ている。しかも講義録の出版は全四三巻（！）が予定されており、まだ始まったばかりだ。また現在では、デリダの遺稿の多くがアメリカ合衆国のカリフォルニア大学アーヴァイン校と、フランスはカーンにある現代出版資料研究所（IMEC）に整理・保管され、研究者向けに公開されている（さらにこうした没後一〇年のデリダ研究の状況を一望しうる資料として二つの雑誌特集『思想』二〇一四年一二月号「一〇年後のジャック・デリダ」〔岩波書店〕と『現代思想』二〇一五年二月臨時増刊号「デリダ――10年目の遺産相続」〔青土社〕も付け加えておきたい）。

「デリダについては、ほとんどすべてがこれからなの」だ――冒頭に掲げた本書の言葉をあらためて引いておけば、果たして現在ではどうか、と問い直されることになるだろう。本書刊行後一七年が経ち、近年になって多少なりともデリダの訳書が出そろうようになり（未訳の書物もかなり残っているが）、また、デリダ研究や海外の動向の紹介も少しずつではあるが継続的に現われ始めていることを考慮すれば、さすがに「ほとんどすべてがこれから」という段階は脱したと言ってよいだろう。

　しかし少しは前進したにせよ、実のところ「まだ大半がこれから」と言い直しうる程度である（かく言う筆者もその責を担う者の一人である以上、内心忸怩たるものがあるが）。それだけに、いま述べておいたいくつかの留保を念頭に置きさえすれば、本書が力強い文体で提示した明晰かつ的確なデリダ像は、日本語でデリダの思想を理解しようとする者であればまずは誰もがくぐり抜けるべきスタンダードとして、いまもなお色褪せてはいないのである。

（新潟大学人文学部准教授）

ラ 行

欧 文

サ　行

索　引

本文に出てくる人名・書名・事項のうち，その語の理解に役立つページを掲げた。『　』は書名，「　」は論文，講演，インタビュー，キーセンテンスを示す。

ア　行

KODANSHA

本書の原本は、一九九八年三月、小社より「現代思想の冒険者たち」第二十八巻として刊行されました。

高橋哲哉（たかはし　てつや）

1956年生まれ。東京大学教養学部教養学科フランス分科卒業，同大学院人文科学研究科博士課程単位取得。専攻は哲学。東京大学大学院総合文化研究科教授。著書に『逆光のロゴス』『記憶のエチカ』『戦後責任論』『「心」と戦争』『証言のポリティクス』『反・哲学入門』『教育と国家』『靖国問題』『犠牲のシステム福島・沖縄』などがある。

講談社学術文庫

定価はカバーに表示してあります。

デリダ　脱構築《だつこうちく》と正義《せいぎ》

高橋哲哉《たかはしてつや》

2015年5月8日　第1刷発行
2024年1月29日　第8刷発行

発行者　髙橋明男
発行所　株式会社講談社
東京都文京区音羽 2-12-21 〒112-8001
電話　編集（03）5395-3512
販売（03）5395-5817
業務（03）5395-3615

装　幀　蟹江征治
印　刷　株式会社ＫＰＳプロダクツ
製　本　株式会社国宝社
本文データ制作　講談社デジタル製作

ISBN978-4-06-292296-8

「講談社学術文庫」の刊行に当たって

これは、学術をポケットに入れることをモットーとして生まれた文庫である。学術は少年の心を養い、成年の心を満たす。その学術がポケットにはいる形で、万人のものになることは、生涯教育をうたう現代の理想である。

こうした考え方は、学術を巨大な城のように見る世間の常識に反するかもしれない。また、一部の人たちからは、学術の権威をおとすものと非難されるかもしれない。しかし、それはいずれも学術の新しい在り方を解しないものといわざるをえない。

学術は、まず魔術への挑戦から始まった。やがて、いわゆる常識をつぎつぎに改めていった。学術の権威は、幾百年、幾千年にわたる、苦しい戦いの成果である。こうしてきずきあげられた城が、一見して近づきがたいものにうつるのは、そのためである。しかし、学術の権威を、その形の上だけで判断してはならない。その生成のあとをかえりみれば、その根は常に人々の生活の中にあった。学術が大きな力たりうるのはそのためであって、生活をはなれた学術は、どこにもない。

開かれた社会といわれる現代にとって、これはまったく自明である。生活と学術との間に、もし距離があるとすれば、何をおいてもこれを埋めねばならない。もしこの距離が形の上の迷信からきているとすれば、その迷信をうち破らねばならぬ。

学術文庫は、内外の迷信を打破し、学術のために新しい天地をひらく意図をもって生まれた。文庫という小さい形と、学術という壮大な城とが、完全に両立するためには、なおいくらかの時を必要とするであろう。しかし、学術をポケットにした社会が、人間の生活にとってより豊かな社会であることは、たしかである。そうした社会の実現のために、文庫の世界に新しいジャンルを加えることができれば幸いである。

一九七六年六月　　　　野間省一

哲学・思想・心理

新田義弘著（解説・鷲田清一）
現象学とは何か

《客観的》とは何か。例えばハエもヒトも客観的に同一の世界に生きているのか。そのような自然主義的態度を根本から疑ったフッサールの方法論的改革の営為を追究。危機に瀕する実在論的近代思想の根本的革新。

1035

市川　浩著（解説・河合隼雄）
〈身《み》〉の構造　身体論を超えて

空間がしだいに均質化して、「身体は宇宙を内蔵する」という身体と宇宙との幸福な入れ子構造が解体してゆく今日、我々にはどのようなコスモロジーが可能かを問う。身体を超えた錯綜体としての〈身〉を追究。

1071

G・ル・ボン著／櫻井成夫訳（解説・穐山貞登）
群衆心理

民主主義の進展により群集の時代となった今日、個人の理性とは異質な「群集」が歴史を動かしている。その群集心理の特徴と功罪を心理学の視点から鋭く分析する。史実に基づき群集心理を解明した古典的名著。

1092

森　三樹三郎著
老子・荘子

東洋の理法の道の精髄を集成した老荘思想。無為自然に宇宙の在り方に従って生きることの意義を説いた老荘。彼らは人性の根源を探究した。仏教や西洋哲学にも多大な影響を与えた世界的思想の全貌を知る好著。

1157

加藤尚武《ひさたけ》著
現代倫理学入門

現代世界における倫理学の新たなる問いかけ。臓器移植や環境問題など現代の日常生活で起きる道徳的ジレンマ・難問に、倫理学はどう対処し得るのか。現代倫理学の基本原理を明らかにし、その有効性を問う必読の倫理学入門書。

1267

プラトン著／三嶋輝夫訳
プラトン対話篇**ラケス**　勇気について

プラトン初期対話篇の代表的作品、新訳成る。「勇気とは何か」「言と行の関係はどうあるべきか」を主題に展開される問答。ソクラテスの徳の定義探求の好例とされ、構成美にもすぐれたプラトン初学者必読の書。

1276

中沢新一著
純粋な自然の贈与
古式捕鯨の深層構造を探る「すばらしい日本捕鯨」、モースの思想的可能性を再発見する「新贈与論序説」などを収録。贈与の原理を経済や表現行為の土台に据え直し、近代の思考法と別の世界を切り開く未来の贈与価値論。

1970

廣川洋一訳・解説
アリストテレス「哲学のすすめ」 大文字版
哲学とはなにか、なぜ哲学をするのか。西洋最大の哲学者の「公開著作」十九篇のうち唯一ほぼ復元された、哲学的に重要な著作を訳出、解説を付す。古代社会で広く読まれた、万学の祖による哲学入門が蘇る！

2039

福永光司著
荘子 内篇
中国が生んだ鬼才・荘子が遺した、無為自然を基とし人為を拒絶する思想とはなにか？　荘子自身の手によるとされる「内篇」を、老荘思想研究の泰斗が実存主義的に解釈。荘子の思想の精髄に迫った古典的名著。

2058

中沢新一著（解説・鷲田清一）
フィロソフィア・ヤポニカ
一九二〇年代以降、西田幾多郎と日本的・独創的哲学＝「京都学派」を創造した田邊元。二〇世紀後半から展開する現代思想、ポスト構造主義、「野生の思考」、認知科学を先取りしていた田邊の豊潤な哲学に迫る！

2074

渡邊二郎編・岡本宏正・寺邑昭信・三冨　明・細川亮一著
ハイデガー「存在と時間」入門
二十世紀の思想界に衝撃と多大な影響を与え、現代哲学の源流として今なおその輝きを増しつづける〝現代の古典〟。その思索の核心と論点をわかりやすく整理し、解説しなおしたハイデガー哲学の決定版入門書。

2080

鷲田清一著
だれのための仕事　労働vs余暇を超えて
たのしい仕事もあればつらい遊びもある。仕事／遊び、労働／余暇という従来の二分法が意味を消失した現代社会にあって「働く」ことと「遊ぶ」ことのかかわりを探究し、人間活動の未来像を探る清新な労働論。

2087